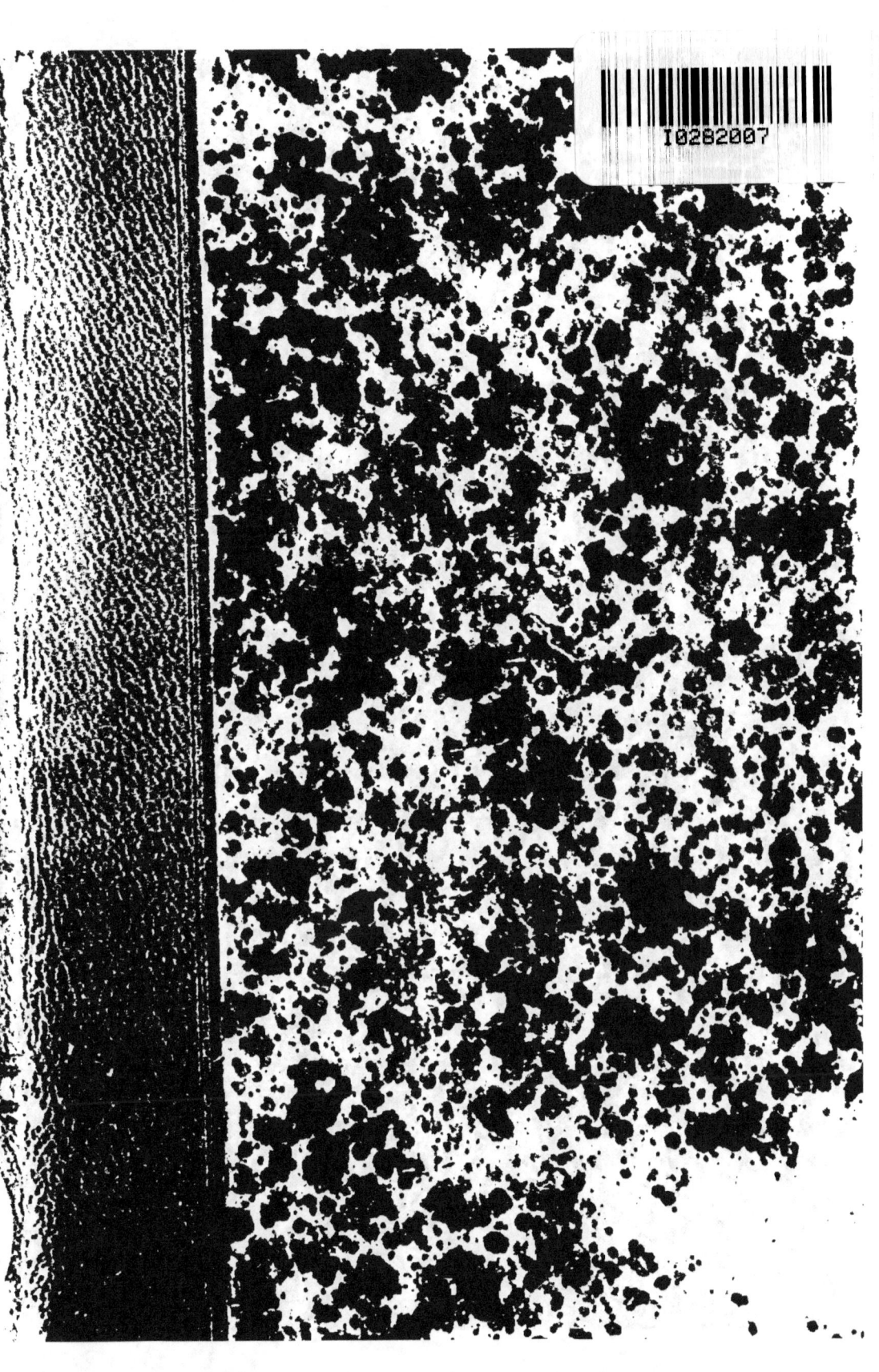

Demain

RÉPONSE

A

LA FIN D'UN MONDE

J. DE PENROCH'

DEMAIN

RÉPONSE A

LA FIN D'UN MONDE

DE ÉD. DRUMOND

PARIS
LETOUZEY ET ANÉ, ÉDITEURS
17, RUE DU VIEUX-COLOMBIER, 17
—
1889

AVANT-PROPOS

Lorsque parut le dernier ouvrage d'Edouard Drumont : *La Fin d'un monde*, ce titre résonna comme un glas funèbre ; il sembla au plus grand nombre que le fier croisé qui s'est donné pour mission de frapper d'estoc et de taille sur le peuple juif, excité par une ardeur prophétique, allait annoncer la date de l'effondrement de notre monde sublunaire et paraphraser les magnifiques pages de l'Apocalypse.

Il n'en était rien.

Le volume a paru, écrit avec cette verve endiablée qui a fait la renommée de l'auteur, mais nous n'y avons pas trouvé ce que le titre semblait promettre.

Drumont analyse les dernières crises d'un

siècle tourmenté qui touche à sa fin; il découvre les plaies dont il a eu à souffrir; il met le doigt dans quelques-unes; mais il ne donne en somme qu'une étude très fouillée, très honnête, de l'état de la société actuelle, nous laissant, malgré lui peut-être, l'espérance, et ne prouvant pas que tout est fini pour notre vieux monde.

Son titre avant la lecture du livre faisait penser à la mort; lecture faite, il laisse la conviction que tout n'est pas pourri en France et que si nous touchons à la fin d'une crise sociale, derrière les nuages sombres de l'horizon on peut découvrir les clartés naissantes de temps nouveaux.

Si Drumont croit sincèrement que la France se meurt, il se trompe.

Elle est malade, elle souffre, mais elle ne mourra pas.

C'est par l'épreuve, c'est par le sacrifice qu'elle se relèvera; et de la description de la bataille définitive dont il nous donne un si chaud récit, nous ne voulons retenir que la fin, c'est que c'est Dieu qui sera le vainqueur.

Oui, un jour viendra, et il n'est pas loin peut-être, où la vieille Europe tremblera, secouée par les éclats de la poudre et le roulement des canons; un jour viendra où le sabot des chevaux de guerre s'enfoncera dans les sillons ensemencés; un jour viendra où toute cette jeunesse de vingt ans, qui a sucé le lait d'une république libre-penseuse et dévergondée, se trouvera exposée aux balles ennemies; ce jour viendra, et il faut qu'il vienne, parce qu'il faut que la génération gâtée d'aujourd'hui disparaisse avant d'avoir pu donner l'être et ses idées à des générations nouvelles; mais derrière ces monceaux de morts, derrière tous ces cadavres d'incroyants, un astre de paix se montrera : la Croix!

Le christianisme, ce grand civilisateur du monde, ce grand pacificateur des peuples, a trop de sève pour mourir, lui; il vivra, et de même qu'il refit la société à l'époque où l'empire romain chancelait sur ses bases, il relèvera notre vieux monde vermoulu, en lui inoculant son propre sang, toujours jeune, toujours riche et toujours nouveau.

Les civilisations de l'antiquité se sont évanouies; Ninive, Babylone ne sont plus que des souvenirs, mais elles sont mortes justement parce qu'il leur manquait ce palladium qui s'appelle la croix; la croix qui, en dépit des décisions folles d'un conseil municipal égaré, dominera quand même notre grand Paris où, si le bien et le mal se coudoient, le bien l'emporte encore sur le mal; la croix qui, du haut de Montmartre, étendra bientôt ses bras sur nous, enfonçant de profondes racines dans ces collines fécondées par le sang des martyrs qui leur ont valu leur nom.

La France est du reste intimement liée aux destinées de l'Eglise.

Elle est sa fille aînée, une fille égarée peut-être, mais pas une fille perdue; et de même que les portes de l'enfer ne prévaudront pas contre l'Eglise, de même la révolution, émanation de cet enfer, ne jettera pas notre France aux abîmes.

Elevons donc nos cœurs; que la foi robuste de nos pères nous protège contre les défaillances si facilement explicables des temps présents et après avoir beaucoup pleuré peut-être, mais énergiquement lutté, nous laisserons à nos neveux une patrie purifiée par la souffrance et prête à jouer le grand rôle auquel Dieu l'a destinée.

Qu'on n'aille pas conclure de ce que nous disons là que si M. Drumont désespère et ne croit qu'à la désagrégation de la société, c'est qu'il est homme de peu de foi.

A Dieu ne plaise que nous soutenions semblable thèse.

Drumont croit, il est bon chrétien, mais il lui manque deux choses : la charité et la paix.

La charité, il lui est bien difficile de l'avoir dans le milieu où il vit, milieu de dénigrement perpétuel, de jalousies inavouées, d'ambitions rivales, de médisances et de calomnies incessantes.

Il ne voit autour de lui, dans le monde du journalisme parisien et de la politique, que des hommes qui ont juste du christianisme ce qu'il en faut pour ne pas être pris pour des musulmans ; il a été bercé sur leurs genoux, il a été longtemps nourri de leurs préjugés et malgré lui, fatalement, dans certaines circonstances, il verse dans leur ornière, adoptant la théorie du talion, œil pour œil, dent pour dent ; se laissant vaincre, lui l'Attila des Juifs, lui qui n'a peur de rien, par la crainte des sourires qu'il eût rencontrés peut-être sur le boulevard, si, chrétien jusqu'au bout, il avait refusé le duel de Meyer.

Vous nous direz que lorsqu'on ne veut pas se battre, on n'outrage pas les gens. C'est absolument juste ; et c'est précisément parce que la charité manque à Drumont, qu'incapable de résister au plaisir d'enlever le morceau quand il a sous la dent un adversaire, il n'a pas pu échapper au préjugé qui le condamne au duel.

Il pouvait fouailler Meyer sans aller jusqu'à l'outrage et alors il ne lui devait aucune réparation.

Quand on se mêle de vouloir diriger l'opinion et de jouer un rôle, on s'expose à la critique et il faut la supporter.

En allant au-delà de cette critique permise, quelque sévère qu'elle pût être, Drumont est tombé dans la méchanceté, dans la médisance, et a dû répondre à la provocation qui lui était envoyée.

C'est une tache qui dépare l'homme qu'elle a marqué.

Il est cependant bien excusable, l'excellent ami, et son excuse, s'il ne la peut donner, ceux qui le connaissent la devinent; c'est justice que de la proclamer.

Drumont a la dent dure, il manque de charité parce qu'il n'a pas la paix, cette tranquillité intérieure qui rend l'homme doux et compatissant à ses semblables.

Il est inquiet, il a l'humeur noire, il voit l'humanité sous son jour le plus défavorable, et la vie pèse par moments d'un poids formidable sur ses épaules.

Il y a une raison à tout cela, et la voici.

Lorsqu'un cœur d'homme, cœur généreux, sans détour, loyal et franc, a été douloureusement meurtri, il pousse, au milieu des belles fleurs qui ornaient sa riche nature, une plante amère engendrée par la douleur.

Plus il va et plus cette fleur d'amertume se développe; elle envahit tout, déteint sur tout, et lorsque l'occasion s'en présente, elle croît dans d'étranges proportions, enlaçant de ses lianes épineuses tout ce qui se trouve à sa portée.

Il y a dix ans, Drumont n'eût écrit ni la *France juive*, ni la *Fin d'un monde*. A cette époque, il était heureux, il aimait et il était aimé.

Il courait les grands chemins, les chemins verts de France, ayant au bras la compagne de sa vie; il recherchait en artiste les vieux restes des âges écoulés; il dénichait dans les fermes de vieux bahuts de chêne à têtes d'anges et à colonnes torses; il mangeait dans de vieilles faïences, assaisonnant le menu tout modeste des campagnards qu'il visitait de joyeux éclats de rire auxquels un écho bien cher répondait.

Si son esprit de penseur n'osait pas envisager l'avenir, s'il craignait ce demain qu'il ne connaissait pas, si quelque chose de vague comme le soupçon des souffrances qui devaient l'atteindre un jour, effleurait quelquefois son âme, il n'avait pas le temps de critiquer et de mordre, il souriait à tout et à tous.

Un jour, l'âpre douleur l'a terrassé ; elle s'est attachée à ses flancs.

Quand l'être chéri avec lequel il avait été si heureux n'a plus été là, il a pleuré, puis une sourde irritation a germé en lui, son cœur s'est aigri, il a pris le monde en horreur, et ne voulant pas avouer sa souffrance, il s'est mis à persifler tout ce qui ne lui a pas paru parfait, et à déchirer à belles dents tout ce qui lui a semblé blâmable.

Dans cette voie, il pouvait aller très loin, il n'y a pas manqué ; trop souvent, il a dépassé la mesure.

Dans son horreur du Juif moderne, du Juif déicide, il a enveloppé le Juif antique, et le judaïsme d'autrefois, religion primitive ordonnée par Dieu même.

Ce n'est pas sans surprise que l'on voyait sur la couverture de la *France Juive* illustrée l'auteur bardé de fer, la croix sur l'épaule, foulant aux pieds un vieillard, le front percé de deux gloires, tenant en main les tables du Sinaï.

On n'y avait pas songé, mais ces gloires indiquaient Moïse, ces tables étaient le Décalogue !

Or, Moïse et le Décalogue sont sacrés pour les chrétiens comme ils l'étaient pour les Juifs d'avant l'ère chrétienne.

Et les mots à effet sur la *Vocation d'Abraham*, sur l'histoire du peuple de Dieu, sur ses mœurs, sur ses traditions, tout cela constituait de fâcheux écarts auxquels on ne songeait pas, entraîné qu'on était par l'impatience du moment, par les affolements d'une irritation et d'un énervement qu'on ne pouvait pas dominer.

S'il eût réfléchi cinq secondes, Drumont n'eût certes pas oublié tout cela, et au lieu d'envelopper tous les Juifs, anciens et modernes, dans une même malédiction, il se serait souvenu qu'en somme le premier pasteur de cette Église catholique, à laquelle il est fier d'appartenir, était Juif, que la sainte Vierge, qu'il aime et qu'il prie, était Juive, et que le Christ lui-même, devant le nom duquel il courbe le front, avait inondé le Calvaire du sang le plus pur qui fût dans la tribu de Juda, du sang d'une vierge, sa mère, issue de la race royale de David !

Pourquoi Drumont ne se souvient-il pas de

toutes ces choses lorsqu'il pourchasse le Juif?

Parce qu'il frappe en furieux, parce que son fouet mû par la colère et la douleur ne réfléchit pas et tombe un peu trop facilement sur toutes les épaules qui se trouvent à sa portée.

Certes, dans sa *France Juive* il y avait des exagérations; mais son œuvre, en somme très courageuse, très honnête, et très vraie en certains points, ne souleva pas les critiques, les récriminations justes qui éclatent de tous côtés depuis qu'on a lu la *Fin d'un monde*.

C'est dans ce dernier volume surtout, que la fleur d'amertume dont nous parlions plus haut, s'est étalée.

Elle y a pris des proportions gigantesques et, ma foi, les personnalités qu'elle a voulu enlacer ne se laissent pas faire sans crier.

De là les nombreuses protestations dont la presse s'est faite l'écho.

Il y a cependant une grande vérité qui se dégage du fouillis de documents et d'anecdotes que nous sert dans ce dernier ouvrage le chercheur infatigable; cette vérité, c'est que la Révolution avec ses programmes si entraînants, aboutit après un siècle, à la faillite la plus épouvantable.

Drumont a constaté le fait, mais il n'en a pas dit le pourquoi ; c'est ainsi du reste qu'il a toujours procédé lorsqu'il a fait toucher du doigt une faiblesse, un travers, un vice.

Il dénonce, mais il n'explique pas.

Ce pourquoi, il faut le dire ; la Révolution, bonne à son origine, a versé dans le sang dès ses débuts et s'écroule définitivement dans la boue parce qu'elle a mis à son frontispice les droits de l'homme et qu'elle a totalement oublié les droits de Dieu.

La Révolution s'inspirant de principes chrétiens nous eût menés au progrès ; païenne, elle a engendré le désordre et la ruine.

Dans cette réponse à la *Fin d'un monde*, nous essayerons de détruire l'effet des reproches injustes faits par Drumont à des hommes qu'il eût dû considérer comme inviolables parce qu'ils étaient ses amis ; nous nous efforcerons surtout de calmer les scrupules et le trouble que des théories prises par l'auteur au pied de la lettre ont fait naître dans trop d'esprits ; nous tâcherons enfin de mettre la *Fin d'un monde* au point.

Drumont a vu les choses à travers une loupe; il s'agit de les regarder à l'œil nu. C'est ce que nous allons faire.

Mais auparavant, allons, si vous le voulez bien, faire une visite à celui dont nous voulons nous occuper; aussi bien, tout parisien qu'il est, Drumont n'est pas un boulevardier, et la province ne le connaît que par le portrait qui se trouve en tête de sa *France Juive illustrée*.

Il est là non pas dans son naturel, mais tel qu'on s'attife lorsqu'on va chez le photographe. Ce n'est pas Drumont.

Le Drumont de la *France Juive* et de la *Fin d'un monde*, il faut le surprendre au coin du feu, la plume à la main, dans son *home*, pour le trouver lui-même; c'est là que nous irons le chercher.

C'est loin, très loin même; rue de l'Université, dans les numéros deux cent et tant, bien au-delà de l'Esplanade des Invalides.

Le quartier est calme, c'est presque la province ; la nuit venue, on se croirait à cent lieues de Paris.

La maison est du côté gauche en venant de l'Esplanade, une grille donne accès dans une grande avenue tout au bout de laquelle, caché par un rideau de lierre et de plantes vertes, est le petit cottage, la partie de l'immeuble occupée par lui.

On y est chez soi complètement; le parterre, grand comme une douzaine de mouchoirs de poche, qui précède le rez-de-chaussée, est séparé de celui du voisin par de hautes grilles qui, du reste, courent tout le long du bâtiment.

On sonne ; la cloche a des éclats bruyants qui jurent avec la tranquillité du lieu, et une bonne sur laquelle plus de quarante printemps ont certainement passé vient vous ouvrir.

— M. Drumont est-il chez lui?

— Oui, monsieur, donnez-vous la peine d'entrer. Nous voilà dans le sanctuaire, c'est petit, c'est chaud, c'est surtout original.

Il y a de la couleur locale; quand on a lu la *France Juive*, on pense que l'auteur ne doit pas se loger comme tout le monde et on pense vrai.

L'escalier est étroit et un peu raide, il est tout tendu de vieilles tapisseries, de vieux rideaux en portières ; dans tous les coins il y a des appliques et par terre un tapis qui assourdit les pas.

Dans le couloir qui mène au salon on a peine à se mouvoir deux de front.

La bonne vous fait entrer et vous dit :

— Monsieur va venir.

L'escalier, les corridors étaient petits, le salon est de proportions semblables, très sombre avec ses grands carrés de vieil Aubusson cloués aux murs, et ses meubles antiques retrouvés et acquis aux quatre coins de France.

Le canapé est vieux, les bahuts sont vieux, les chaises sont vieilles, les tentures sont vieilles, tout sent l'antiquité, et les bibelots des consoles disent les goûts du maître.

Il y a dans cette pièce des promiscuités étonnantes qui expliquent ce qui paraît un mystère dans le caractère de Drumont.

Des images pieuses à côté de gravures très

profanes, une vieille statue de la Sainte Vierge au faite d'un bahut moins ancien qu'elle.

En examinant tout cela, on devine qu'on se trouve chez un chrétien rudement taillé qui, à côté des saines et si pures doctrines de sa religion, laisse cependant traîner des idées et des procédés qui les choquent.

La Vierge du salon à côté des gravures ou bibelots profanes, c'est la foi profonde du maître de céans coudoyant, dans son for intérieur, la pratique du duel; quelque chose de choquant comme une panoplie faite d'un crucifix, d'un fleuret, d'un chapelet et d'un gant d'escrime.

Des pas sourds retentissent au bout d'un bon moment.

C'est lui!

Il est bon, il est gracieux, il est accueillant, mais comme il constitue bien ce qu'on appelle un type!

Il ne vous a jamais vu, il ne vous connaît même pas de nom; croyez-vous qu'il va passer une redingote avant de descendre? Allons donc! Le voilà dans des pantoufles aux quartiers brisés, son pantalon gris est encore maculé de la boue qu'il a ramassée en courant le matin dans les rues pour aller chez son éditeur rue Drouot, et il n'a pas eu le temps d'en changer, il n'y a pas pensé.

Son coin de feu, un veston de couleur indécise, n'est pas boutonné, il laisse voir sa chemise, une chemise qui sort toute bouffante de sa ceinture et qui cache une poitrine de laquelle, après tant de sanglots, se sont échappés tant de cris furieux.

C'est un débraillé d'artiste.

Il porte une alliance, un anneau d'or, mais pas à l'annulaire comme tout le monde; lui, c'est au doigt du milieu qu'il le garde.

La tête est belle; elle est plus originale encore que tout le reste; une bouche fine, un peu sarcastique; un nez en bec de perroquet et de petits yeux vifs et brillants, étincelants sous des lunettes que devait inévitablement réclamer son nez lorsqu'il prit la forme bourbonnienne qui le caractérise.

Les cheveux sont longs et noirs; il les porte ainsi sans doute par amour pour ces Aryens dont il est fier de descendre; sans doute aussi parce qu'autrefois les cheveux longs étaient l'indice de la force et de la puissance et qu'il est un fort parmi les forts, un puissant parmi les puissants, puisque rien ne trouve grâce devant lui.

Sa coiffure est étonnante! Théophile Gauthier portait un grand béret; Drumont se couvre le chef d'un énorme bonnet en peau de mouton.

C'est peut-être original, ce n'est certes pas beau!

Quand on le voit ainsi, on est porté à croire qu'une voix dure va sortir de sa bouche et qu'avec son faux air d'un cosaque du Don ou de l'ogre du *Petit Poucet* il va vous croquer tout cru! Erreur; c'est le meilleur garçon du monde, il est complaisant, un peu sceptique par exemple; mais avec tout son esprit, d'une naïveté charmante.

Il vous dira très bien et du ton le plus naturel du monde qu'un tel est un bien brave homme, et pour preuve il ajoutera : « Il a répandu la *France Juive* dans tout son canton. »

Le cher ami, il mesure la bonté des gens à

l'enthousiasme dont ils ont fait preuve à la lecture de ses courageux éreintements de la Juiverie!

Zola, même en cherchant, n'a jamais trouvé de ces mots-là !

Ils prouvent que Drumont considère l'œuvre qu'il a entreprise comme une mission, qu'il l'accomplit religieusement et qu'il ne doute pas que ses emballements souvent injustes lui soient pardonnés en raison de sa bonne foi et de l'ardeur qu'il met à accomplir ce qu'il croit son devoir.

Et cependant se posant comme catholique et comme catholique pratiquant, il fait juger sévèrement notre sainte religion.

Le duel qu'il ne repoussa pas, les dures vérités dont il abusa, le ferme propos de ne plus recommencer qui semble lui manquer, sont sévèrement jugés par les chrétiens eux-mêmes.

Cependant Drumont a son excuse, il a souffert et souffre encore.

Il a soif de justice, soif de vérité et il ne trouve autour de lui que passe-droit, mensonge et infamie. Il est doux par nature, et il est devenu violent par entrainement. C'est un désillusionné !

Il n'y a qu'un remède à son mal, et c'est en terminant ce volume que nous le lui indiquerons, lorsque nous lui aurons signalé les côtés dangereux de son œuvre, lorsque nous aurons essayé de lui prouver que les hommes seraient heureux s'ils savaient mettre en pratique la grande parole du Christ : « Aimez-vous les uns les autres. »

I

L'héritier. — Un clou chasse l'autre. — Ce que nous espérons de l'héritier de demain. — La question des biens nationaux. — Ce qu'en pense l'Église. — Une première faute de Drumont. — La députation du Morbihan. — Le bisaïeul de de Lamarzelle. — Les Francs-maçons d'autrefois. — Le rôle des fils. — Ce que fait l'aristocratie. — Où est refugié le dévouement. — Les éducateurs du peuple. — Ce que sera la prochaine émeute. — Flambez, finances! — Le bien d'autrui tu ne prendras. — La digue qui arrêtera le torrent. — La France vivra. — Les chutes prochaines. — Le sauvetage social s'organise. — La *Fin d'un monde* a eu tort de toucher à ceux qui le préparent.

Le premier chapitre de la *Fin d'un monde* est intitulé « l'héritier ». Ce titre s'imposait puisque l'auteur voulait rechercher quel serait, demain, le successeur du bourgeois orgueilleux et vicié que nous a légué la révolution.

Cet héritier, dit-il avec raison, ce sera le peuple.

Eh mon Dieu oui, fatalement ce sera le peuple, mais pas le peuple qui fait actuellement du tapage dans les réunions socialistes, pas le peuple qui se dispose à jouer du fusil au premier signal des meneurs.

Ce peuple-là, aussi pourri que les bourgeois qu'il aspire à dépouiller pour jouir à son tour, ira grossir le tas de morts que fera dans nos champs la prochaine guerre, et c'est le bon peuple, le peuple honnête et croyant qui ramassera dans le sang chaud de la bataille l'héritage de la société actuelle.

C'est ainsi que cela doit être.

En 89, la bourgeoisie ne fit la révolution que pour prendre la place de la noblesse; la prochaine fois c'est le peuple qui, par la force des choses, mettra les bourgeois de côté et deviendra le maître.

Un clou chasse l'autre. Il est à croire qu'il sera plus raisonnable que ne le furent jadis les gentilshommes dont les fautes précipitèrent la ruine, plus honnête surtout que les bourgeois qui les remplacèrent. Il ne volera certainement pas comme l'ont fait ses devanciers, mais ayant le pouvoir en main, il réglera plus équitablement les bénéfices et les charges, et se bornera à remettre toute chose en sa place, comme il convient.

La révolution avait promis la terre aux paysans, elle ne la leur a pas donnée.

Les socialistes promettent à leurs disciples le partage équitable des biens, ils feront, comme leurs prédécesseurs, banqueroute à leurs promesses.

Si les bourgeois parvenus tremblent actuellement dans leur peau, c'est qu'ils ne réfléchissent pas, c'est que leur conscience troublée les empêche de raisonner sainement.

On leur enlèvera leurs places, on les arrachera à leurs sinécures, on collera peut-être au mur ceux qui ont trop ouvertement profité de leur passage au pouvoir, mais ces exécutions seront exceptionnelles et la propriété restera la propriété.

Proud'hon a dit : « La propriété c'est le vol. » Ma foi, Drumont ne le dit pas, mais il a l'air de le penser.

Pour quelques-uns cela fut vrai il y a 90 ans.

Pour les détenteurs de biens nationaux, la propriété ne fut en somme que le vol déguisé, mais si ceux qui acquirent alors à prix ridicules des biens d'émigrés ou des domaines ecclésiastiques ont été coupables d'une spoliation, il y a longtemps qu'ils ont rendu compte à Dieu de leur faute et il ne faut pas la faire retomber sur leurs enfants. C'est le tort qu'a eu Drumont dès les premières pages de son livre.

En principe, le Concordat a réglé définitivement cette question ; le doute n'est pas possible à ce sujet ; l'Église infaillible a déclaré que la conscience des héritiers de biens nationaux pouvait être en repos.

Il serait héroïque de se dépouiller, de rendre à l'Église ce qui était à l'Église et aux gentilshommes ce qui était aux gentilshommes; mais dans ce bas monde l'héroïsme est une exception et Drumont, en dépit de ses efforts, ne le fera pas devenir la règle.

Dans ces conditions, à quoi bon aller relever dans de vieux documents, les noms de ceux qui ont été mêlés jadis à l'affaire des biens nationaux?

Est-ce dans le but de les faire rendre?

Ce serait tenter l'impossible.

De l'avis de l'Église elle-même, les détenteurs actuels en sont les légitimes propriétaires, je l'ai déjà dit, et ne doivent rien à personne.

Est-ce dans le but de déconsidérer ces détenteurs?

Un pareil sentiment ne saurait trouver place dans le cœur droit de l'auteur de la *Fin d'un monde*.

Son coup de trique sur l'échine de la députation du Morbihan est donc un de ces accès d'humeur auxquels il cède trop facilement et qui font plus de mal que de bien.

C'est surtout pour un orateur catholique que Drumont s'est montré dur ; il a été cruel pour cet ami de M. de Mun, qui avait droit à plus d'égards.

Son bisaïeul, dit-il, figurait sur la liste des francs-maçons de Vannes en 1816 ; sa famille est devenue riche par l'acquisition des biens du clergé ; et il ajoute :

« Le Celte, cet éternel malchanceux de l'his-
« toire, a versé inutilement son sang une fois
« de plus et on lui a enlevé jusqu'à la poésie
« de son sacrifice. Les Jacobins ne se sont pas
« contentés de se mettre dans la propriété
« de ceux qu'ils égorgeaient, ils se sont mis
« encore dans leur légende. »

Et là, un renvoi conduit à une note insérée en bas de la page où on lit :

« M. de L... s'écriait sans rire à un congrès catholique de Nantes : « Nos pères ont lutté
« comme des héros et le souvenir de leur
« exploits est toujours vivant (1). »

Cette phrase porte sur les nerfs à Drumont, il ne la peut pas souffrir dans la bouche d'un homme dont le grand-père était franc-maçon et acquéreur de biens nationaux. Préférerait-il lui entendre dire : « Nos pères ont coupé beau-

---

(1) *Fin d'un monde* : page 19.

coup de têtes, mais n'en ont pas fait tomber assez; un jour viendra où nous complèterons leur ouvrage, et ce jour-là, nous leurs descendants, nous serons tous autour de la guillotine pour encourager le bourreau de nos applaudissements et l'aider au besoin. »

Évidemment, mon cher Drumont, si le jeune député Breton que vous avez attaqué tenait un pareil langage, vous le cloueriez au pilori et vous auriez raison; il proclame le contraire, se déclare du parti des braves gens, et vous l'en blâmez !

Il doit trouver, et il n'a pas tort, qu'il est assez difficile de vous contenter.

Du reste, si vous l'aviez mieux connu, vous n'eussiez pas écrit les quelques lignes que je citais plus haut. Leur résultat a été de froisser profondément un homme que vous auriez dû considérer comme un ami, de lui apprendre des choses qu'il ne savait peut-être pas et de lui enlever près de quelques-uns le prestige dont ont besoin tous les défenseurs de grandes causes.

Je ne sais si son grand-père a jamais fait guillotiner des nobles et des prêtres; ce que je sais puisque vous le prouvez, c'est qu'il fut franc-maçon et maître pour une poignée d'assignats de domaines magnifiques.

A cela je répondrai qu'il y a 80 ans, bien des gens honorables faisaient partie de la franc-maçonnerie, ne soupçonnant pas son but anti-religieux et prenant tout simplement la secte pour une société de bienfaisance; une société de secours mutuels.

Cette illusion qui n'est plus admissible, était possible en 1816, elle était même probable chez le grand-père de l'homme que vous avez attaqué.

Je n'en veux pour preuve que l'éducation que ses parents lui firent donner à lui : de Lamarzelle, il faut bien le nommer, puisque vous n'avez pas hésité à le faire dans votre intempestif et regrettable coup de boutoir, a été élevé à Vannes, chez les Jésuites, il y a fait ses études.

Est-il croyable qu'un franc-maçon connaissant le but de la secte ait fait éduquer les siens chez les hommes qu'il devait considérer comme ses plus mortels ennemis?

Le grand-père était mort, direz-vous, quand son arrière-petit-fils fut mis au collège : soit, mais ses héritiers vivaient, et si les traditions du grand-père avaient été ce que vous laissez croire, elles eussent un peu déteint sur la descendance, et ce n'est pas au collège Saint-François-Xavier que le dernier du nom eût fait son éducation.

A Nantes, dans le discours incriminé, de Lamarzelle était sincère comme il l'est partout.

Dans son collège de Vannes, il a été bercé des récits de la chouannerie, il y a connu le vieux frère Yvon, un ancien chouan entouré de respect; il y a vécu côte à côte avec les de Brissac, les de Pioger, les de Lambilly, les de Polignac, les de Pi...dan, les du Réau, les Daudier, les de Quatrebarbes, les de Cadoudal; il y a vu pendant toute son enfance, inscrite en lettres énormes, sur le manteau d'Arlequin du théâtre de la grande salle du collège, la fière devise : *Potius mori quam fœdari*, et il n'est pas étonnant que sa nature ardente et généreuse se soit tellement identifiée au milieu dans lequel il se trouvait qu'il ait pu dire, en toute sincérité, le mot que vous lui jetez dans les jambes!

Je crois avoir prouvé que le titre de F.˙. d'un aïeul n'avait pas déteint sur son descendant; il me reste à dire que les biens nationaux dont parle Drumont n'ont pas enrichi, comme il semble le croire, celui qui les avait acquis.

M. de Lamarzelle est peut-être riche aujourd'hui, je l'ignore, mais s'il l'est c'est sans doute par son mariage.

Il y a vingt ans, son père était imprimeur à

Vannes, et lorsque le député actuel usait ses fonds de culotte sur les bancs du collège des Pères, il n'avait ni les habitudes ni les allures d'un enfant dont les parents ont une grosse fortune.

Voilà des explications loyales; je n'en donnerai du reste pas d'autres au cours de cette critique; puissent-elles faire oublier à un des plus énergiques défenseurs des droits de Dieu et de l'Église, à l'un des bons soldats du parti royaliste, la douloureuse surprise qu'a dû lui causer le coup de fouet immérité de Drumont. Certes, avec ce dernier, j'admire le courage de Cadoudal, la fierté des victimes dont les os reposent à la Grande-Chartreuse (j'y ai des parents), mais, tout petit-fils de proscrit que je sois, bien qu'ayant été ruiné par la Révolution, bien que n'ayant encore pour vivre que le produit de mon travail, je ne rendrai jamais les fils responsables de ce que firent les pères? Si les pères ont failli, c'est aux fils à réhabiliter leur mémoire; si les pères sont tombés, c'est aux fils à se redresser et à entrer résolument dans le chemin du grand et du vrai.

Les dévouements d'autrefois ne nuisent pas à ceux d'aujourd'hui, et si Cadoudal revenait sur la terre, il serait le premier à se féliciter de voir combattre pour la cause qu'il défendait si bien, ceux dont les pères avaient jadis fait fausse route.

N'oubliez pas, mon cher Drumont, qu'il y a plus de joie dans le ciel pour un pécheur qui revient à Dieu que pour dix justes qui persévèrent !

Du reste, qui donc défendrait Dieu, le roi, la société, si les nouveaux champions auxquels vous reprochez de s'être mis en avant n'étaient pas là ?

L'aristocratie d'autrefois ?

Hélas ! à Paris comme en province, elle s'occupe beaucoup plus de courses, de sports de toute espèce que de politique et de science sociale.

Quels sont les gentilshommes de quarante ans foncièrement chrétiens qui se mêlent à la lutte actuelle !

Ils sont rares !

Il y en a cependant, et c'est dans l'Œuvre des Cercles catholiques d'ouvriers qu'on les trouve. Œuvre à laquelle la *Fin d'un monde* a eu aussi le tort de toucher.

Quand l'héritier de la société actuelle entrera en possession, ce sont ces gentilshommes chrétiens qui lui serviront de tuteurs pendant sa minorité, et si l'héritage se fait attendre, si le peuple devient le maître de la situation à sa majorité, c'est encore à eux, à leur dévouement, et aux principes solides qu'ils auront inculqués à ce peuple que nous devrons de ne pas voir se réaliser les menaces de la révolution sociale.

Je ne vais pas jusqu'à dire que les temps nouveaux qui se préparent naîtront sans secousse et sans difficulté; il y aura évidemment un moment d'effervescence, un moment de folie, mais il durera peu et ce sont bien plus les situations politiques, les fortunes énormes comme celles de la haute finance qui seront menacées, que la propriété mobilière.

En 1789, on s'empara des biens fonds; à la prochaine crise sociale, on ne mettra le feu qu'aux valeurs fiduciaires, on ne touchera pas à la terre.

Cette exécution du grand-livre de la dette publique, ce seront les socialistes libre-penseurs qui l'opéreront; mais ils n'en profiteront pas.

De quelque façon, en effet, que l'Église comprenne la propriété, elle n'admettra jamais que l'on prenne le bien d'autrui, même à ceux qui l'ont mal acquis.

Si elle ordonne la restitution, elle n'excuse pas le vol, et le partage des biens tel que les socialistes le rêvent serait tout simplement un vol.

Une législation nouvelle ordonnera sans doute l'expulsion des agioteurs, leur comparution devant les tribunaux formés spécialement pour les juger et leur faire rendre gorge s'il est prouvé qu'ils ont mal acquis l'or qu'ils possèdent ; mais les lois divines n'admettant pas que l'individu prenne à un autre individu ce qu'il lui semble que ce dernier a de plus que lui, et le peuple étant en passe de redevenir sérieusement chrétien, l'Église, avec son incontestable autorité, sera là pour empêcher les excès.

Elle sera là pour mettre un frein aux convoitises, et c'est en apprenant dès aujourd'hui au peuple à respecter sa puissance, à suivre ses conseils, que ce peuple naturellement bon, deviendra, politiquement parlant, l'héritier de la société actuelle et se gouvernera lui-même avec sagesse et honnêteté.

La démocratie succédant à la bourgeoisie dans la conduite des affaires du pays, devra être chrétienne sous peine de disparaître à son tour, mais cette fois avec la patrie elle-même.

Or, j'ai la certitude intime que dans les desseins de Dieu la France a encore un rôle important à jouer dans le monde. Je suis convaincu que l'Église et la France intimement liées.

comme je l'ai déjà dit, vont voir se lever un avenir nouveau plein de gloire et de prospérité; donc la démocratie évitera les écueils contre lesquels se sont brisées et l'aristocratie et la bourgeoisie, le scepticisme et l'irréligion.

Quand la Révolution a éclaté, la noblesse luxueuse depuis la Renaissance, sceptique depuis l'apparition de la Réforme, corrompue et irréligieuse depuis Voltaire, Jean-Jacques et Louis XV, était mûre pour tomber sous la faulx.

Elle a été coupée, et bons et mauvais se sont couchés dans le sillon sanglant.

La bourgeoisie ne valait guère mieux, les idées de 1830 ont achevé de la corrompre; la juiverie l'a initiée au culte du veau d'or, la franc-maçonnerie l'a pourrie d'athéisme, il faut qu'elle tombe à son tour.

Reste le peuple, l'héritier de l'une et de l'autre.

Il sera bon; en lui il y a de la ressource.

On essaie bien de le corrompre, de l'entraîner, de le pervertir, et malheureusement on réussit quelquefois ; c'est ainsi qu'on a des fous furieux qui ne rêvent que pillage et incendie; mais tandis que les suppôts de l'enfer en rage tâchent d'accomplir leur œuvre de perdition, ce qui reste de sain de l'ancienne noblesse et de l'ancienne bourgeoisie, s'unit fraternellement pour lutter contre le mal et sauvegarder l'âme de ce peuple auquel appartient l'avenir.

Cette tâche est grande et belle, mais elle n'est pas l'œuvre d'un jour.

Elle sera bénie de Dieu.

Elle est patriotique et chrétienne; aussi ceux qui s'y adonnent méritent-ils le respect de tous.

La *Fin d'un monde*, en touchant à quelques-uns d'entre eux, n'a pas eu la main heureuse; elle pouvait mieux faire que d'attaquer d'aussi bons Français, d'aussi généreux chrétiens.

II

Pourquoi les rois s'en vont. — Les leçons de l'histoire. — Les vues de Dieu sur la France. — A Paray-le-Monial. — Louis XIV et la bienheureuse Marguerite-Marie. — Le roi n'obéit pas. — Singulières coïncidences. — A Patay. — Montmartre. — Le rôle du journal *La Croix* en cette affaire. — La bourgeoisie et la révolution. — Les travailleurs victimes de 1789. — Ce qu'ils réclamaient dans leurs cahiers. — Les cabaretiers et leurs réclamations. — Ils n'ont pas changé. — Suites de l'isolement de l'ouvrier. — Les turpitudes de l'usine. — Les Cercles catholiques et les ouvriers. — L'action de l'œuvre sur toutes les classes. — La *Jeunesse Française*. — Une journée à Angoulême. — M. Maurice Georgeon. — Les ouvriers de Paris. — Une retraite à Athis. — Un soir de 14 juillet. — Réflexion d'un brave petit soldat. — Il ne faut pas désespérer de l'avenir.

Lorsqu'un peuple s'écarte de ses destinées, ce sont les malheurs qui l'y ramènent.

Lorsque les princes et les rois cessent de remplir la mission pour l'accomplissement de laquelle Dieu les avait mis sur la terre à la tête des peuples, il permet que des catastrophes les suppriment.

Dans le plan divin, les chefs d'État étaient destinés à servir de tuteurs aux nations, à donner le bon exemple à leurs sujets et à les mener sûrement au but final vers lequel tous les hommes doivent tendre : le salut éternel.

Dans l'histoire du peuple de Dieu, dans l'histoire juive, nous touchons du doigt cette vérité.

Lorsque le peuple israélite fut devenu assez nombreux pour former une nation, Dieu mit Moïse à sa tête et chargea ce dernier de lui donner une législation et de le conduire à la terre promise.

Les juges, les rois se succédèrent jusqu'au jour où, de faute en faute, ne voulant pas écouter les avertissements divins, les Juifs en arrivèrent au déïcide.

Ils n'étaient déjà plus nation proprement dite; les rois d'Israël avaient été supprimés et les Machabées, en dépit de leur héroïsme, n'avaient pu sauver leur patrie de la ruine; ils étaient sous la domination romaine lorsqu'ils mirent le comble à leurs forfaits et forcèrent Pilate à laisser tuer le Juste.

Aussitôt les malheurs prédits tombèrent sur cette nation perverse; le temple fut détruit, la ville prise, le peuple dispersé, et depuis cette époque, les descendants des déïcides sont disséminés dans le monde, n'ayant plus de patrie commune.

Ce fut leur châtiment.

Le culte qu'ils professent n'est plus celui de l'antique loi, ils n'ont plus le saint des saints.

En revanche, ils ont le veau d'or, et c'est autour de lui qu'ils se sont groupés.

Ces malheurs, cette décadence du peuple juif, nous les constatons également si nous voulons nous en donner la peine chez les nations modernes.

En France, ils sont particulièrement frappants.

De même que les Israélites, dans les projets de la Providence, étaient la race bénie de Dieu, celle dont il devait se servir pour nous donner un rédempteur; de même, dans l'avenir, les Francs devaient être ses instruments, la France sa nation privilégiée.

Les miracles les plus éclatants l'ont prouvé, mais un moment est venu où l'on n'a plus voulu le croire.

Louis XIV, à l'apogée de la gloire, reçut un jour, de Dieu même, un ordre qu'il ne voulut pas exécuter; il lui était transmis par une pauvre religieuse, aux dires de laquelle on ne voulut pas ajouter foi sans doute, et qu'aujourd'hui l'Église, qui ne se trompe pas, a déclarée sainte.

Le 18 juin 1689, Marguerite-Marie Alacoque, religieuse de la Visitation, à Paray-le-Monial, avait reçu de Notre-Seigneur Jésus-Christ la mission de dire au grand roi que Dieu voulait :

1º Qu'il se consacrât lui-même au Sacré-Cœur, et par son exemple qu'il obtînt la consécration des grands de la terre.

2º Qu'il fit régner le Sacré-Cœur dans son palais, qu'il le fît peindre sur ses étendards et graver dans ses armes.

3º Qu'il fit élever un édifice où l'image du Sacré-Cœur recevrait la consécration et les hommages du roi et de la cour.

Les désirs du Sacré-Cœur ne furent pas réalisés.

Dieu a l'éternité; les siècles sont pour lui des espaces de temps inappréciables, un grain de sable sur le rivage de la mer.

Il laissa s'écouler juste un siècle pendant lequel l'incrédulité et la luxure s'étalèrent à la ville comme à la cour; puis, un jour, lorsque la victime expiatoire fut mûre pour le sacrifice, lorsqu'elle eut consacré sa personne et son royaume au Sacré-Cœur, il la frappa et elle racheta de son sang les fautes de sa race.

Mais auparavant, en ce même mois de juin où il avait parlé sans être écouté, le peuple soulevé s'était précipité sur le palais des rois et en avait chassé la monarchie, comme en un autre mois de juin, les états-généraux qui devaient faire la révolution s'étaient trouvés au rendez-vous de Dieu pour être les instruments de sa justice.

Depuis lors, le Sacré-Cœur de Jésus, qu'on n'avait pas voulu faire figurer sur les étendards français, s'est cependant mêlé à eux dans une des luttes les plus sanglantes de ce siècle, à Patay.

Autour de la bannière immaculée des héros sont tombés, nouveaux Machabées, dont le sang généreux fertilisera le sol de la France chrétienne.

Depuis lors, le Sacré-Cœur, qui voulait un temple où on pût aller l'adorer, et qui n'avait pu l'obtenir du roi très chrétien, le tient du peuple plus chrétien encore; et la basilique de Montmartre s'élève aux frais de ces millions de catholiques qui sont les opprimés d'aujourd'hui et seront les sauveurs de demain.

Les ordres du Sacré-Cœur sont en voie de s'accomplir; un vaillant petit journal, *la Croix*, va porter aux quatre coins du pays les conseils nécessaires pour que la volonté de Jésus-Christ soit exécutée, et déjà de tous côtés on entend retentir les acclamations de la foule revenant à son Dieu.

La monarchie s'est effondrée dans le sang de 93 avec la noblesse; la bourgeoisie va elle-même crouler avec la république, son œuvre; et sur toutes ces ruines, le peuple apparaîtra, beau et fier, marqué du signe de la croix.

C'est alors que, s'inspirant du passé, il appellera à le diriger celui des descendants de saint Louis qu'il jugera digne de marcher à sa tête dans les voies de Dieu.

Drumont a remarquablement dépeint ce qu'ont été les actes de cette bourgeoisie dont le règne va finir, il l'a fait de main de maître, devançant l'histoire qui le racontera un jour à nos enfants, comme elle nous dit à nous les erreurs de nos pères.

Comme le dit la *Fin d'un monde*, c'est elle qui fit la Révolution, qui seule en profita et qui s'arrangea de façon à la rejeter sur le dos du peuple. Lorsqu'elle fut maîtresse, elle isola l'ouvrier en supprimant les corporations et le changea en bête de somme en multipliant les usines.

Et cependant les travailleurs dans leurs revendications, ne réclamaient rien de ce que la Révolution leur a légué!

J'ai là sous les yeux un recueil des doléances de divers corps de métiers; il est intéressant à consulter. La plupart demandent la diminution des impôts, l'administration des provinces par des états provinciaux, comme cela avait lieu pour le Dauphiné, afin d'arriver à une répartition proportionnelle dans les impositions.

Les maîtres *apotiquaires* réclamaient le monopole de la vente des médicaments.

Les maîtres imprimeurs libraires souhaitaient l'organisation de chambres syndicales, et la liberté du commerce.

Les boulangers protestaient contre l'éloignement des moulins et leur petit nombre autour des villes.

Les cordonniers demandaient l'abaissement du prix des cuirs.

Les menuisiers émettaient le vœu « qu'il soit défendu à tous les entrepreneurs, charpentiers, tailleurs de pierre, qu'ils se chargent de la menuiserie dans une maison qu'ils ont entreprise, et la fassent faire de nuit par des chamberlans (1). »

Les serruriers proposaient la même chose.

Les maîtres perruquiers demandaient au roi « de créer des lettres de leurs états de perruquiers, d'en donner la préférence aux membres de la communauté, attendu que ceux qui ont des enfants, n'ayant qu'une charge qui

(1) *Ouvriers logeant en chambre locante.* (Académie, Édition du dictionnaire de 1694.)

ne peut servir qu'à un seul, ont quelquefois le malheur d'en voir plusieurs garçons perruquiers pendant leur vie, ce qui n'arriverait pas, s'ils pouvaient obtenir du roy la grâce qu'ils réclament de sa justice et de sa bonté. »

Aucun corps de métier ne demandait la suppression des corporations.

Je pourrais citer le volume tout entier dans lequel j'ai puisé ces quelques citations, c'est l'ouvrage d'Alfred Leroux (*Archives historiques de la Marche*) sans rencontrer deux protestations contre les jurandes, les maîtrises, les corporations de métiers.

J'ai dit que je n'en rencontrerais pas deux, parce qu'en effet j'en ai trouvé une.

Or, de qui émane-t-elle ?

Des maîtres cabaretiers !

Ces braves gens, qui ont été un peu de tout temps les plus graves ennemis du peuple, en ce sens que c'est trop souvent dans leur caisse que passe l'argent rudement gagné pendant la semaine, réclamaient « la suppression de toutes les jurandes, n'acceptant que les seules maîtrises des chirurgiens et apothicaires (1), » sans doute pour soigner ceux qui allaient prendre chez eux de trop sérieuses indigestions.

(1) Alfred Leroux. *Archives historiques*.

Je dois ajouter qu'à côté de cette suppression ils réclamaient aussi « celle des Chartreux, des Trappistes, des Feuillants et des Bernardins, et la vente de leurs biens au profit de l'État sous la retenue d'une pension en faveur de chaque individu (1). »

C'est à eux seuls, que la Révolution a donné satisfaction.

Les directeurs de zincs et d'assommoirs ne se sont pas montrés ingrats ; ils sont restés les plus chauds défenseurs des doctrines révolutionnaires, ils sont les plus fidèles électeurs des Jacobins de toutes nuances, et c'est chez eux que les *bons bougres* vont se monter la tête et fixer la date de la prochaine émeute en *étranglant un douanier*.

Les travailleurs ne demandaient donc pas ce que la bourgeoisie leur a imposé, et à ce point de vue ils ont été tout d'abord ses victimes.

Comme le fait remarquer Drumont avec beaucoup de raison, une fois l'ouvrier isolé, sans défense, il a été taillable et corvéable à merci.

C'est alors que le bourgeois l'a entassé dans l'usine, le faisant machine à produire de la marchandise.

(1) Alfred Leroux. *Archives historiques*.

Quand l'homme a paru trop cher à payer, on a pris la femme ; on l'a enlevée à son foyer, à ses enfants, pour l'atteler à une tâche qui a ruiné sa santé et détruit son intérieur.

Enfin quand on a cru pouvoir économiser encore sur les salaires on a pris les enfants ; et les pauvres petits au lieu d'aller au catéchisme, de vivre dans les jupes de maman, se sont trouvés jetés au hasard des circonstances dans des ateliers malsains au physique comme au moral.

On ne leur a même pas laissé le droit d'aller à la messe ; ils ont vécu dans une dangereuse promiscuité, et l'on a vu des petites filles de moins de 14 ans, grandes avant l'âge, privées des soins de leur mère, de la tutelle de leur père, exténuées par un travail dont elles avaient assez, essayer de se faire admettre dans des maisons de prostitution pour vivre sans rien faire et boire et manger à leur aise.

Telle est l'œuvre de la Révolution et de la bourgeoisie nourrie de ses principes.

Drumont l'a marquée d'un fer rouge comme les condamnés d'autrefois, mais il n'a pas dit quels étaient ceux qui travaillent sans trêve ni merci pour réparer les désastres qu'elle a causés depuis le commencement de son règne désastreux.

Les lutteurs, les défenseurs du peuple sont les de Mun, les de Lamarzelle, les Keller, les Harmel, tous les hommes enfin qui se sont franchement rangés sous la bannière du Christ, le père des pauvres, le consolateur des affligés, le protecteur des faibles.

Ils vont lentement, mais ils vont sûrement.

Voilà quinze ans à peine qu'ils se sont mis à l'œuvre et leurs travaux portent déjà leurs fruits.

Quelle est la grande ville dans laquelle les ouvriers catholiques, ne forment pas un joli bataillon?

Quelle est la sous-préfecture dans laquelle il n'existe pas un petit noyau d'ouvriers chrétiens, groupés par les membres de l'œuvre des cercles.

Ceux-là, ont repris l'habitude de respecter le dimanche, d'accorder à Dieu et au repos ce jour qui leur est consacré.

Ils seront dix mille à Rome aux pieds du souverain Pontife l'an prochain au mois de septembre, délégués par leurs camarades pour aller porter au vicaire de Jésus-Christ l'expression de leur dévouement filial. Ils seront cent mille dans les ateliers de France à s'unir de cœur à cette imposante manifestation et dans dix ans, quand le régime pourri que nous subissons n'existera plus qu'à l'état de mauvais souvenir, ces ouvriers chrétiens auront fait souche, ceux que la guerre inévitable aura épargnés donneront à leur patrie un peuple sain et fort, intelligent et libre, qui fera revivre avec les grandes traditions du passé, les gloires antiques de la France.

Ils n'y auront pas grand mal, car j'ai pu le constater aussi bien dans les centres industriels, comme à Montceau-les-Mines, que dans les chantiers ambulants, comme pendant la grève des terrassiers de la Corrèze, l'ouvrier non seulement n'est pas méchant, mais a un cœur d'or.

C'est un grand enfant qui se laisse mener par qui veut le prendre, qui écoute qui lui parle, qui est très ignorant et qui subit l'influence désastreuse de la mauvaise presse subventionnée par la juiverie.

Les travailleurs qui ont appris à lire à l'école, se nourrissent de la *Lanterne*, parce qu'on leur a dit que ce journal-là prenait leur défense et qu'ils l'ont cru.

D'autres dévorent le *Cri du peuple* toujours pour la même raison ; mais le jour n'est pas loin, où une autre feuille raisonnable et honnête, celle-là, la *Croix*, sera dans les mains calleuses de tous ces rudes soldats du travail.

Ce cher petit journal qui fut critiqué même par d'excellents chrétiens, qui a bravé force tempêtes, la croix en tête, va franchement de l'avant.

Tous les jours son tirage augmente, tous les jours de nouveaux ouvriers l'achètent, tous les jours il reçoit de nouvelles adhésions et le bien qu'il est appelé à faire est incalculable.

Lorsque les ouvriers qui le lisent seront suivis par ceux qui hésitent encore, un grand pas sera fait.

La *Croix* a son rôle dans la restauration sociale que nous attendons; se mettant en dehors des partis qui divisent et froissent, restant sur le terrain catholique, le seul sur lequel les bonnes volontés de tous les camps peuvent se grouper, elle aura sa large part dans le succès final, parce qu'elle aura été toujours sur la brèche au plus fort de la mêlée.

Il ne faudrait pas croire, en effet, que la *Croix* est lue seulement par des catholiques pratiquants; elle est déjà à l'heure qu'il est entre toutes les mains.

Elle s'est imposée à plusieurs titres.

D'abord elle possède pour le peuple un indiscutable avantage, celui de ne coûter presque rien; ensuite, elle dit toujours la vérité, elle s'exprime dans des termes clairs, compris des plus humbles intelligences et sait lorsque l'obligation s'en impose, fustiger vigoureusement ceux qui sans vergogne portent atteinte à la liberté, à la moralité, ou à l'honneur du peuple.

Au début, elle étonne, elle irrite même quelquefois les esprits prévenus, ceux de ces bourgeois libéraux qui avec leur manie de tout laisser dire et de tout laisser faire, nous ont conduits où nous en sommes; mais comme elle est admirablement rédigée, comme elle est foncièrement honnête, comme elle résume admirablement tout ce qui se passe, elle devient une nécessité, et ses adversaires de la veille deviennent ses plus fidèles lecteurs du lendemain.

Ce petit journal dont l'action sociale est profonde et incontestable, est une œuvre de Dieu, bénie et protégée par lui. Il aide d'une façon indiscutable l'Œuvre des Cercles catholiques d'ouvriers et est l'arme principale de ceux qui persuadés que la France ne sera sauvée que lorsqu'elle sera redevenue foncièrement chrétienne, travaillent sans relâche et sans découragement à atteindre ce but.

Cependant la *Croix* ne tire encore qu'à cent mille exemplaires parce qu'elle a contre elle la bourgeoisie qui personnifie le régime actuel.

Elle stupéfie en effet tous ces adorateurs de l'argent, tous ces chercheurs de millions. Toute la clique qui traînait ses bottes éculées au quartier latin de la fin de l'empire et qui est aujourd'hui casée dans les ministères, les préfectures et les trésoreries générales, tout ce monde de noceurs dont a si bien parlé Drumont dans son second chapitre, ne comprend pas qu'on travaille pour la gloire, sans gagner deux cents pour cent.

En face de ce journal, dont les rédacteurs ne gagnent rien, dont les numéros ne coûtent pas cinq centimes, dont on jette à profusion les exemplaires aux quatre points cardinaux du pays, ce monde-là s'étonne et s'inquiète.

— Voilà qui n'est pas naturel, dit l'un.
— C'est un traquenard, répond l'autre.
— Méfions-nous, s'écrie un troisième.
Et tous en chœur.
— Attention! voilà des gens qui affectent un profond mépris pour le lucre, il y a quelque chose là-dessous.

Et parbleu, je le crois bien qu'il y a quelque chose là-dessous; il y a le doigt de Dieu et vous ne le verrez que lorsqu'il vous aura crevé les yeux.

Drumont a bien raison quand il fustige sévèrement tous ces gaillards-là; et mon Dieu! à leur égard, je ne lui reprocherai pas d'avoir manqué au précepte de la charité; il ne faut pas oublier qu'un jour Jésus notre maître et notre modèle, s'adressant aux Pharisiens, les opportunistes et les jacobins d'alors, les appela : race de vipère !

Drumont fait donc bien de stigmatiser, sans les nommer, les bourgeois qui n'aspirent qu'à vivre de cette bonne vache à lait qui s'appelle l'État, et de ridiculiser cette jeunesse des écoles enviant les bonnes affaires de papa, les jolis coups de bourse de grand-père et les articles fructueux du cousin Paul devenu journaliste par spéculation; mais à côté de ceux qui sur le boulevard Saint-Michel fredonnent, en pensant à tous ces jolis tripotages, le gai refrain :

> Nous entrerons dans la carrière
> Quand nos aînés n'y seront plus...

il eût dû placer la légion de ceux qui, sous la conduite de professeurs chrétiens, qui, sagement conseillés, bienveillamment groupés par leurs anciens maîtres, font aussi partie de la jeunesse des écoles et se disposent à devenir des hommes sérieux de demain.

C'est sur ceux-là que le vrai peuple compte. Tandis que leurs camarades des brasseries ne rêvent qu'au bonheur qui leur échoira, le jour où ils se présenteront dans leur village, au suffrage des électeurs disposés à les envoyer s'engraisser au Parlement, après avoir passé par le conseil municipal et le conseil général ; ils se préparent aux grandes luttes qui jetteront par terre le temple du mensonge et le temple de l'argent, pour faire place à celui des législateurs intègres et des travailleurs régénérés.

Ces jeunes hommes ils habitent, comme les autres, le pays où se sont illustrés les Rodolphe, les Colline et les Musette ; mais au lieu de songer à la gaudriole, comme leurs devanciers, ils pensent à demain, et ce demain ils le préparent.

C'est encore l'Œuvre des Cercles qui s'est occupée d'eux et qui s'est chargée de les grouper.

Sous le nom de la *Jeunesse française*, elle les a organisés en société ; elle a pris en main la direction de leurs travaux, de leurs études, de leurs distractions, de leurs plaisirs même, et avec un soin jaloux elle veille sur eux, les met à l'abri des dangers du présent, et les prépare aux travaux de l'avenir.

Ce n'est pas seulement à Paris que cette association de la *Jeunesse française* s'est formée, groupant les étudiants chrétiens, aussi bien de l'Institut catholique que des Facultés de l'État; c'est aussi dans les grandes villes de province, où tous les jeunes gens ne passent pas leur vie au cercle, au théâtre, et leurs nuits hors de chez eux.

Dans toutes les villes, ces membres des comités de l'Œuvre des Cercles, ont réuni les jeunes hommes de bonne volonté, ils les ont initiés au plaisir intime que procure le bien accompli, et ils leur ont demandé d'être pour demain ce qu'ils sont eux-mêmes pour aujourd'hui.

Là où la proposition a été acceptée, et elle l'a été presque partout, l'œuvre de la *Jeunesse française* a été fondée, comprenant parmi ses membres, non seulement des étudiants, mais des clercs d'avoués, des employés de la banque, des surnuméraires de diverses administrations, toute la jeune pépinière en un mot sur laquelle reposent les destinées du pays.

Et que font-ils, ces cœurs droits et dévoués, pendant que leurs camarades qui n'ont pas voulu les imiter, vont à la musique, usent leurs bottes sur le mail de l'endroit, et bavardent comme des commères sur leurs bonnes fortunes et le dernier souper de la petite X...? ils font œuvre de chrétiens et de patriotes.

A Angoulême, où j'ai été appelé un jour

à assister à une de leurs journées, j'ai été témoin des faits suivants :

Comme pendant la semaine ils ont tous leurs occupations, c'est le dimanche qu'ils se réunissent.

Le matin, ils vont à la messe dans la chapelle du cercle, construite grâce à l'heureuse initiative des bons catholiques de la ville à la tête desquels est un avocat distingué, M. Maurice Georgeon.

Son rôle social dans la Charente est capital.

C'est un homme froid mais d'un cœur excellent ; peut-être un peu hautain avec ceux qui l'abordent pour la première fois, mais adoré des ouvriers, aimé de la jeunesse, et surtout, ce qui lui donne une incontestable autorité, doué d'un remarquable talent oratoire.

Profondément chrétien, il a étudié les hommes (il en a vu de bien méprisables dans sa carrière d'avocat), et il s'est rendu compte que pour être écouté d'eux, c'est toujours à leur cœur qu'il faut parler ; il n'y manque jamais et il réussit toujours.

Cette messe dont je parlais plus haut réunit aussi le patronage des jeunes ouvriers, qui est sous la surveillance des membres de la *Jeunesse française*. Pendant toute la journée, les enfants du peuple jouent, soit dans la cour, soit dans la grande salle du cercle, surveillés par les jeunes gens.

A midi, deux d'entre eux montent à la bibliothèque et font le service du public qui vient prendre, rapporter ou échanger des volumes.

L'après-midi, dans une réunion présidée par le comité des cercles, on donne lecture des travaux faits par les membres de l'association sur une question économique ou sociale proposée comme sujet d'étude à une séance précédente.

On va aux vêpres.

Le troisième dimanche du mois, c'est à l'église Saint-André qu'on se rend; et là, jeunes et vieux, un cierge à la main, font la procession du Saint-Sacrement.

Quand des garçons de dix-huit à trente ans, sont ainsi compromis dans le bien, il n'y a pas à craindre qu'ils aillent se fourvoyer dans de mauvais lieux; ils forment la réserve solide dont la France aura besoin bientôt.

Il ne faut pas croire cependant qu'ils sont sevrés de toute distraction; outre les soirées intimes qu'ils organisent entre eux, outre les fêtes qu'ils montent au cercle, tous les salons de la ville leur sont ouverts; dans les réunions mondaines du carnaval, toutes les mères de famille se font un devoir de les inviter et beaucoup rêvent peut-être de les avoir pour gendres.

C'est parfait, dira Drumont en lisant ces lignes, mais ces messieurs sont des fils de famille; or ce sont les ouvriers qui me préoccupent.

Je sais bien qu'il y a les patronages de province, mais l'ouvrier parisien, le jeune gavroche à blouse blanche, celui qui sort de dessous les pavés à toutes les révolutions, il n'a pas cette heureuse tutelle du christianisme, il ne la veut pas, et il n'a pas le temps de la vouloir.

Erreur.

Allez à Athis, mon cher ami, et consultez les bons frères qui dirigent cet établissement aux environs de Paris, ils vous apprendront des choses surprenantes.

Dans cette délicieuse propriété, contre les murs de laquelle viennent s'échouer tous les échos de la grande ville, plusieurs fois par an, des enfants de prolétaires, des ouvriers aux doigts marqués des glorieux stigmates du travail, échappés pour trois jours de leurs ateliers, viennent se réconforter dans une bonne retraite.

Il y a deux ou trois ans, cette retraite prêchée par un religieux de la Compagnie de Jésus dont le nom ne fait rien à la chose, avait groupé plus de quatre cents jeunes ouvriers dont l'ainé n'avait pas vingt-six ans.

Comme les patrons ne laissent pas facilement prendre le large à leurs apprentis, on s'arrange toujours de façon à ce que l'un des trois jours de la retraite soit férié, de façon à ce que l'absence du travail se réduise à 48 heures.

Cette année-là, la clôture de la retraite avait lieu le 14 juillet au soir.

La nuit était venue, et tous ces braves enfants parcouraient en procession les allées de l'enclos toutes brillantes de lanternes vénitiennes et de verres de couleurs.

Ils s'arrêtaient à chaque statue de saint qu'ils rencontraient encadrée dans des bosquets, et là, le Père prédicateur leur adressait un mot, puis on se remettait en marche.

Pendant l'espace de temps qui s'écoulait entre la fin de la petite allocution et la reprise des chants, on entendait au loin le brouhaha de la capitale en fête ; les brises du soir apportaient des lambeaux de hourras, l'écho de bruyantes détonations, et par instants le ciel s'illuminait, brusquement éclairé par l'explosion lointaine d'une pièce d'artifice.

La procession venait de se terminer et l'on causait des douces joies de la journée, lorsque les éclats joyeux d'un orchestre attaquant les premières notes d'un quadrille charivarique arrivèrent jusqu'aux oreilles des retraitants.

— Ils s'amusent là-bas! dit mélancoliquement le Père, mais vous reposerez cette nuit plus tranquillement qu'eux.

Alors, un grand jeune homme de vingt-quatre ans, qui, au service militaire, avait obtenu une permission de quinze jours et était venu en passer trois à Athis, s'approcha du religieux et sortant de sa poche un papier froissé :

— Tenez! voyez ce qu'on m'écrivait il y a trois jours lorsque je suis venu ici, c'était un rendez-vous pour ce soir, à cette heure, à l'Élysée-Montmartre!... Elle m'attendra long-temps!

Voyons, mon cher Drumont, avec une jeunesse comme celle-là, qui sait résister aux emportements du plaisir, aux ardeurs de l'âge, aux convoitises de la chair, aux putréfactions de l'atelier et de la caserne, croyez-vous qu'il faille voir l'avenir aussi noir que vous nous le montrez?

Croyez-vous que ces travailleurs-là feront cause commune avec les disciples de Karl Marx?

Certes, ils rêvent, eux aussi, de ne plus être traités en brutes, ils rêvent de ne plus trimer comme des bêtes de somme, ils comptent bien qu'un moment viendra où ils auront le droit de se reposer un jour sur sept, ils espèrent qu'ils ne seront pas toujours exploités; mais pour arriver à la réalisation de leur idéal, ils ne se joindront jamais aux bandes conduites par les chefs de la Commune pour lesquels vous vous montrez si indulgent, parce qu'au-dessus de leurs ambitions sociales, au-dessus des révoltes que leur esprit humain sent quelquefois germer en lui, plane la douce autorité de l'Église, le frein si léger du christianisme, la voix de Dieu qui leur crie : Ne va pas plus loin !

Ce sont ces ouvriers-là qui seront le peuple sur lequel nous comptons; et nobles, bourgeois, et artisans, la main dans la main, unis par les mêmes désirs, les mêmes affections, les mêmes croyances, poussés vers le même objectif, nous empêcherons que la *fin de ce monde* que vous avez voulu prédire soit irrémédiable.

Nous sauverons ainsi les restes de cette société qui s'en va toute disloquée par le vice.

Tandis que les violents, les corrompus et les incrédules seront emportés par le torrent qu'ils auront déchaîné, les doux, les chastes, les croyants referont la France, apporteront la paix à tous les hommes de bonne volonté, et ils triompheront, soyez-en sûr, le Christ le leur a promis lorsqu'il a dit : « Bienheureux ceux qui sont doux car ils posséderont la terre ».

III

La plaie du jour. — C'est la faute des chemins de fer. — Les Avignonaises d'autrefois et celles de 1889. — Les modèles de la maison Boucicaut. — Un remède radical. — Les accapareurs de blé. — Les anciennes ordonnances sur les marchands de grains. — Pas moyen de tripoter. — Le pain cher. — Les occupations de M. Carnot et du parlement. — Le tarif du pain il y a deux cents ans. — Ce qu'il vaut aujourd'hui. — Le remède proposé par les minotiers. — Ce qu'on fera demain. — La question des cuivres. — M. Lazare Weiller n'est pas Juif. — Drumont contre Hachette. — Que fait M. de Mun en cette affaire ? — Quel est le tribun moins en vue ? — Les procédés du Gouvernement. — Les orateurs qu'on écoute au Palais-Bourbon. — Mgr Freppel et la Gauche. — Son attitude à propos des crédits du Tonkin. — L'ascendant de M. de Mun. — Pourquoi il ne pouvait pas plaider la cause de la *France Juive*. — Drumont reconnaîtra qu'il s'est trompé.

En abordant la question des monopoles, il est certain que Drumont a touché à une des grandes plaies de notre époque de progrès.

Il est toutefois plus aisé d'étudier ce problème et de le condamner que de le résoudre.

La cause qui lui a donné naissance est facile à trouver ; je n'hésite pas à déclarer qu'elle gît dans la grande facilité des communications que nous ont procurée les découvertes de la science.

Il est bien certain que depuis l'invention des chemins de fer et des télégraphes, la concentration a été singulièrement facilitée.

Il y a soixante ans, il fallait huit jours pour aller d'Avignon à Paris, il en fallait par conséquent autant pour en revenir, et aucune des Avignonaises d'alors n'eût consenti à attendre trois semaines pour faire venir de la capitale un costume ardemment désiré.

Les Avignonaises de 1820 étaient aussi coquettes que celles de 1889, elles étaient aussi impatientes, et sans même aller courir jusqu'à Lyon ou à Marseille, elles se bornaient à s'adresser au grand magasin en renom de la Ville des Papes.

Aujourd'hui, la même maison de confection, bien qu'ayant augmenté ses assortiments, est dans un marasme complet, parce que les clientes de jadis ont changé de manière de faire.

Elles reçoivent le jeudi matin leur journal de mode, voient dans l'une des gravures le dernier modèle des visites imaginées par la maison Boucicaut et courent au télégraphe :

« Envoyez visite nº tant, contre remboursement. »

Une heure après, la première du rayon des grands magasins du *Bon Marché* a le petit papier bleu en main.

La visite indiquée est enlevée du mannequin sur le dos duquel on l'avait placée, elle est immédiatement mise dans un joli carton, portée à la gare de P. L. M., et le vendredi soir, le samedi matin au plus tard, elle arrive à sa destinataire franco de port et d'emballage.

Mon Avignonaise est ravie ; elle a été servie dans les quarante-huit heures et a eu pour cent cinquante francs, un vêtement que son grand faiseur de Provence n'aurait pas pu lui faire payer moins de deux cents.

Que voulez-vous faire à cela ?

Avec un autre gouvernement que la république dont nous sommes affligés, il y aurait peut-être moyen de remédier à cet état de choses, mais actuellement il n'y faut pas songer.

Les gens qui ne vont pas par quatre chemins seraient peut-être d'avis que le meilleur système à employer pour activer la décentralisation serait de chambarder les chemins de fer et les télégraphes ; ils auraient peu de chance d'être écoutés, et leur remède serait peut-être pire que le mal.

Beaucoup d'esprits éclairés sont encore partisans de la centralisation ; ils ont peine à comprendre que le système contraire est le seul qui puisse rendre un peu de prospérité au commerce de province ; on arrivera difficilement à les faire changer d'opinion.

Les uns s'obstinent dans une idée fausse ; les autres ont intérêt à favoriser la concentration et les monopoles.

Il est incontestable cependant, comme le fait remarquer Drumont, que l'accaparement des blés, des cuivres, en un mot, de toutes les matières premières, est un fait exorbitant.

Cet accaparement n'en existe pas moins ; personne n'ose l'empêcher.

Avant la révolution, cette révolution qui devait donner naissance à l'âge d'or, nos rois s'étaient préoccupés sérieusement de toutes ces questions, et la vente des grains, par exemple, dont nos gouvernants se moquent comme de colin-tampon, était l'objet de leur sollicitude.

Les historiens qui ne font partir les annales françaises que de 1789 ne parlent pas de cela. Il eût été gênant pour eux d'avoir à constater que la monarchie chrétienne de notre pays avait de ces soucis-là, tandis que les hommes du jour, au lieu de songer aux pauvres diablés, ne pensent qu'à remplir leurs poches.

Drumont a dit de quelle façon on procède aujourd'hui ; voyons un peu comment on opérait sous l'ancien régime, fertile en abus, cela est vrai, mais également fertile en excellentes institutions.

Au code de la police du royaume édité en 1744 chez Pierre Prault, libraire-éditeur à Paris, je trouve sous le titre : *Marchands de grains*, chapitre V, page 104 : « Il est important que ceux qui font commerce des grains soient connus du magistrat, afin qu'il soit en état de veiller sur leur conduite et de les obliger à remplir les engagements qui résultent de ce négoce. »

Il n'y avait pas moyen alors d'accaparer incognito les blés, de les apporter des pays étrangers et de préparer de jolis coups de bourse comme le font tous les affameurs actuels.

La loi disait en effet : « Que les marchands qui voudront faire le trafic des blés devront donner leurs noms, surnoms et demeures aux greffes royaux des lieux, sous peine de confiscation des dits grains. »

« Que lesdits marchands ne pourront faire achats de blés ni arrhemens d'iceux à deux lieues près des villes auxquelles ils habitent ; ni quant à la Ville de Paris, de sept à huit lieues près d'icelle, et ce, sur peine de confiscation des dits grains et de cent livres parisis d'amende.

« Que lesdits marchands n'iront au-devant des grains qui sont amenés aux dites villes par eau ou par terre.

« Ne pourront aussi acheter grains en verd ni iceux arrher avant la cueillette. »

Ces prescriptions dataient de 1577.

En 1699, comme l'accaparement des blés avait toujours été redouté, Louis XIV qui, à côté de nombreux défauts, avait du moins la qualité d'aimer son peuple et de veiller à ses intérêts, ordonnait que : « Pour prévenir l'abus des sociétés par lesquelles les associés pourraient se rendre les maîtres du prix des grains, il fût interdit aux marchands de contracter ces sociétés entre eux (1). »

La déclaration du roi, enregistrée au Parlement le 23 septembre 1699, ajoutait : « Que les sociétés que les marchands de grains pourraient contracter avec d'autres personnes pour raison de ce trafic, seraient rédigées par écrit et enregistrées au greffe de la justice. »

Un siècle auparavant, en 1577, un règle-

---

(1) Le code Napoléon contient bien un ou deux articles dans le même sens mais on ne les applique jamais

ment de police en date du 21 novembre ordonnait d'afficher dans tous les marchés les mesures de répression à employer contre « les intelligences qui sont entre les marchands de blés, les assemblées d'iceux ès tavernes, la forme défectueuse du paiement des grains vendus, etc., etc. »

Un arrêt du Parlement du 12 décembre 1592 faisait défense « aux porteurs de grains et à toutes autres personnes d'aller au-devant des marchands, leur découvrir le cours du marché des dits grains, FAIRE MONOPOLE ou avoir intelligence avec eux. »

En temps de cherté des grains, le règlement du 21 novembre 1577 défendait de vendre « grains en greniers mais seulement ès dites halles, marchés et places publiques. »

Il était en outre ordonné aux officiers de police, en temps de cherté du blé, « de contraindre les bourgeois qui avaient loué ou prêté leurs greniers à les déclarer, en second lieu d'obliger tous les marchands de grains à fournir le marché. »

Voilà comment les choses se passaient sous l'ancienne monarchie.

Quel est le Jacobin qui s'en doute? Quel est le député d'aujourd'hui qui connaît ces ordonnances du passé? Quel est celui qui songe à rappeler que nos lois actuelles ont conservé une ou deux de ces prescriptions, notamment celle qui a trait aux accaparements? La révolution en faisant table rase de toute notre vieille législation qui, on le voit, avait du bon, a ouvert la porte à tous les tripotages, à toutes les concussions; et tandis que nos rois se préoccupaient du prix du pain et de l'approvisionnement des marchés, M. Carnot qui se donne le luxe d'habiter leurs palais, fait bailler les carpes de Fontainebleau ennuyées de son air triste; et la Chambre qui, à défaut du président de la République, pourrait arrêter les spéculations scandaleuses qui ruinent l'agriculture française et font mourir de faim les misérables, passe son temps à renverser les ministères, à écouter M. Floquet, et à essayer d'enrayer la campagne des petits papiers malpropres de MM. Gilly et Wilson.

On a assez en France de toutes ces chinoiseries, on veut un gouvernement sérieux.

Les riches comme les pauvres en ont par dessus la tête.

Les Jacobins croient avoir tout dit quand ils ont appelé les députés de la droite les *marquis du pain cher.*

Or, ces ignares ne se doutent même pas de ce que coûtait le pain quand la France était gouvernée par les rois auxquels nos amis sont restés fidèles.

En 1699, le tarif suivant fut élaboré, et, l'année d'après, en 1700, il était affiché au marché de Paris et chez tous les boulangers.

PRIX DU BLÉ PAR SEPTIER	PRIX DU PAIN BLANC	PRIX DU PAIN BIS BLANC	PRIX DU PAIN BIS
à 10 liv.	1 s. 8 d.	1 s. 4 d.	9 d.
à 12 liv.	1 s. 10 d.	1 s. 6 d.	11 d.
à 14 liv.	2 s.	1 s. 8 d.	1 s. 1 d.
à 16 liv.	2 s. 2 d.	1 s. 10 d.	1 s. 2 d.
à 18 liv.	2 s. 4 d.	2 s.	1 s. 4 d.
à 20 liv.	2 s. 6 d.	2 s. 2 d.	1 s. 6 d.
à 22 liv.	2 s. 9 d.	2 s. 6 d.	1 s. 8 d.
à 24 liv.	3 s.	2 s. 8 d.	1 s. 10 d.
à 26 liv.	3 s. 4 d.	3 s.	2 s.
à 28 liv.	3 s. 6 d.	3 s. 4 d.	2 s. 2 d.
à 30 liv.	3 s. 9 d.	3 s. 6 d.	2 s. 4 d.
à 32 liv.	4 s.	3 s. 8 d.	2 s. 6 d.
à 34 liv.	4 s. 3 d.	3 s. 10 d.	2 s. 8 d.
à 36 liv.	4 s. 6 d.	4 s.	2 s. 10 d.
à 38 liv.	4 s. 9 d.	4 s. 3 d.	3 s.
à 40 liv.	5 s.	4 s. 6 d.	3 s. 2 d.

En voici l'explication : La première colonne qui indique le prix du blé par septier, sert de base pour fixer les chiffres qui se trouvent dans les suivantes.

Le septier, ancienne mesure réservée aux

grains, variait selon les localités (et, soit dit en passant, un des rares mérites que j'accorde aux hommes de la Révolution, c'est de nous avoir donné le système métrique; ils auraient dû s'en tenir à des réformes comme celle-là); à Paris, le septier valait 156 livres.

Or, d'après le tableau précédent, quand les 156 livres de blé se vendaient 10 livres ou 10 fr., la livre de pain blanc devait être payée 1 sou 8 deniers; la livre de pain bis blanc, 1 sou 4 deniers; la livre de pain bis, 9 deniers. Le denier était la douzième partie du sou, c'est-à-dire une monnaie inférieure à la moitié d'un de nos centimes.

Comparez ces prix à ceux que nous sommes obligés de payer aujourd'hui, et vous verrez la différence.

Actuellement, 156 livres de blé valent 31 fr. 20, étant donné que les 80 kilos nets sont payés 20 fr. pris chez le propriétaire, et le pain blanc coûte de 4 à 5 sous la livre; le pain de seconde qualité, de 3 sous 1/2 à 4 sous, et le pain bis environ 3 sous.

C'est à peu près le prix auquel se vendit le pain l'année du grand hiver de 1709, où les pauvres ne durent qu'à la charité des chrétiens de ne pas mourir de faim.

Le blé et le pain sous la République sont donc

un peu plus de trois fois plus chers que sous la Monarchie.

Aujourd'hui, 20 novembre 1888, ne me confiant pas en mes lumières pour traiter cette question du pain cher et de l'accaparement des blés, je suis allé voir des boulangers et des minotiers, et je les ai fait jaser. Les premiers se sont défendus comme de beaux diables.

— Nous, responsables de la cherté du pain! Mais, monsieur, vous ne connaissez pas le premier mot de la question! m'ont-ils dit; ce sont les minotiers qui nous obligent à faire payer cher.

— Pourtant, le blé est pour rien!

— Mais nous n'achetons pas de blé : nous ne prenons que des farines, et elles sont hors de prix.

— Cependant, chez moi, à la campagne, je donne mon blé au boulanger, et, en retour, il me fournit mon pain.

— A la campagne, c'est possible, mais, en ville, ce n'est pas ainsi que cela se passe.

J'ai donc couru chez un minotier pour prendre son avis.

J'aurais donné cher pour avoir le grotesque Floquet dans ma poche : il en eût entendu de belles!

— Que pensez-vous de la question des blés?

— Ce que j'en pense?... Vous me demandez ce que j'en pense?... Eh bien! c'est à croire que le gouvernement se f...iche de la République!

On a frappé les froments étrangers d'un droit de 5 fr. et les farines de froment d'un droit de 8 fr., c'était raisonnable ; mais, où on a commis la bêtise la plus monstrueuse, c'est quand on a mis un droit de 3 fr. sur les seigles et qu'on a laissé les farines de seigle indemnes de tout droit.

Qu'est-il arrivé? Qu'au lieu de faire venir du grain qui eût payé en entrant, on fait venir des farines pour lesquelles on n'a rien à débourser !

Résultat : le marché est inondé de farines étrangères, et ce qui est honteux, ce que je rougis d'avouer, c'est que je suis forcé de faire comme les autres et de m'approvisionner à l'étranger... Devinez où!...

— Dites, je ne trouverais pas.

— En Allemagne, monsieur! en Allemagne!...

Je lis tous les jours le *Petit Journal*; l'autre matin j'y voyais, dans le supplément, que M. Blaise Thiberte, un homme qui n'a pas l'air bête, faisait les cornes aux marchands de jouets qui font venir leurs poupées de Nuremberg et leurs soldats de plomb des bords de la

Sprée, il avait raison; mais il ne ferait pas mal de tailler aussi des croupières au gouvernement qui enrichit les Prussiens en permettant que leurs farines de seigle, produit de première nécessité, entrent chez nous en franchise et ruinent ainsi l'agriculture nationale.

— En somme, que demanderiez-vous si vous étiez député?

— Que les farines de seigle importées soient frappées d'un droit de 5 fr.

Voilà ce que pensent et disent les hommes intéressés à la question.

Ma conclusion sur ce point est donc facile à donner : le jour où nous aurons le gouvernement chrétien que nous désirons et que nous travaillons à fonder, nous lui remettrons sous les yeux les ordonnances de nos anciens rois; nous lui porterons les doléances de ceux qui vivent surtout de pain, et nous lui dirons : « Frappez les tripoteurs comme on les frappait autrefois; ne vous bornez plus à n'exiger des marchands de grains qu'une patente à l'abri de laquelle tous les accaparements sont possibles; ne tolérez pas surtout qu'on joue à la Bourse sur les blés et les farines comme sur les Rio-Tinto; veillez à ce que chacun fasse son métier, à ce que le baron X... et le comte Z... n'aillent pas mettre le nez dans les minoteries.

et surtout protégez la production française contre l'étranger. »

En entrant dans cette voie, notre gouvernement aura derrière lui le pays tout entier : les producteurs, parce qu'il les protégera, et les consommateurs, parce qu'il veillera à ce qu'on leur donne du pain à bon compte.

Passons à un autre ordre d'idées.

Dans ce chapitre des monopoles, Drumont s'est occupé des tripotages relatifs aux cuivres, et je n'ai pas à contredire ce qu'il a avancé, au contraire ; mais il a fait une légère erreur, qu'il convient de rectifier.

Il s'est occupé plus particulièrement d'un tréfileur des Charentes, qu'il a présenté comme Juif à ses lecteurs : M. Lazare Weiller.

C'est toute une histoire que la vie de cet industriel, qui fait du fil de laiton sur les bords de la Charente, et de la politique à la *République française*, sur les rives de la Seine.

Sa vie ne nous regarde pas, ni vous, ni moi. Mais je dois à la vérité de dire que Lazare Weiller n'est pas Juif ou, pour être plus exact, ne l'est plus. Il a des parents catholiques pratiquants à Angoulême et a lui-même abjuré le judaïsme il y a quelques années.

Voici dans quelles conditions :

Il songeait à se marier, et la jeune fille à

laquelle il rêvait ne voulait à aucun prix épouser un israélite.

Comme, après tout, Weiller ne tenait pas plus que cela au Talmud, l'affaire fut rapidement réglée.

Il ne m'appartient pas de rechercher quels furent alors les sentiments du nouveau néophyte; c'est une question de conscience qui n'intéresse que lui; aussi je me borne à constater un fait et à rectifier une erreur de Drumont.

Lazare Weiller se présenta à l'évêché; ce fut un des vicaires généraux qui eut mission de l'instruire, et son abjuration et son baptême eurent lieu devant témoins dans la chapelle particulière de l'évêque.

J'ai lieu de croire que la conversion fut sincère. Il se montra toujours très reconnaissant vis-à-vis de celui qui l'avait catéchisé, et lui offrit un jour, en souvenir de son baptême, un superbe calvaire moyen âge, enrichi d'émaux d'une certaine valeur, le tout encadré d'or, dans le style flamboyant.

Quels que soient les faits et gestes de M. Weiller, il ne faut pas le confondre avec les Juifs parisiens, il est bel et bien baptisé, et s'il ne pratique plus, ce que j'ignore, il faut l'attribuer au milieu dans lequel il vit.

Le ruban rouge a rapidement orné sa boutonnière, comme le dit Drumont; c'est une des conséquences de son intimité avec l'illustre Ferry.

Il appartient à un parti dans lequel on se sent les coudes et où on n'oublie pas les camarades quand on a la queue de la poêle entre les mains. Les conservateurs n'ont jamais pu se décider à en faire autant ; c'est un peu ce qui les a perdus.

A côté de la question des blés et des cuivres, Drumont s'est occupé du monopole de la librairie, et a décoché contre la maison Hachette, ses traits les plus acérés.

On n'a pas voulu accepter dans les bibliothèques de chemins de fer dont M. Hachette a la propriété, sa *France Juive* et sa *France Juive devant l'opinion; inde iræ.*

L'auteur touché au vif et plaidant sa propre cause, est éloquent et proteste contre l'admission de certains volumes qui sont tolérés dans les gares lorsque les siens en sont bannis.

Il est incontestable que M. Hachette est maître chez lui, mais il est non moins incontestable que Drumont a le droit de protester.

Cependant, si je m'explique l'irritation de l'auteur contre le libraire qui l'a mis en quarantaine, je ne vois pas trop pourquoi ses traits en allant frapper M. Hachette écorchent au passage M. de Mun qui n'en peut mais.

Étudions cela de plus près.

Drumont a écrit sa *France Juive* et n'a pu obtenir qu'elle soit vendue dans les bibliothèques de chemins de fer; voilà le fait.

J'avoue qu'il ne me surprend pas.

Drumont attaque tout le monde, et il pratique en grand la théorie du *Je m'en fiche;* un industriel serait un imbécile s'il allait vendre des volumes dans lesquels l'auteur empoigne les directeurs de Compagnie qui lui permettent d'établir ses librairies dans leurs gares.

On m'objectera que les directeurs n'ont été attaqués qu'après l'exclusion de la *France Juive;* c'est possible, mais il est probable alors que les Hachette avaient à ménager d'autres personnalités mises en cause par l'auteur.

Dans tous les cas, si je ne les blâme pas d'avoir agi conformément à leurs intérêts en refusant de vendre la *France Juive,* je les désapprouve complètement d'accepter la vente de livres immoraux.

J'ajoute, en passant, que Drumont eût pu se dispenser de mêler à la prose de sa *Fin d'un monde,* les saletés de ceux de ces ouvrages qu'il a cru devoir signaler.

Outre qu'il y a des gens près desquels ces

citations constitueront une réclame, il y en a d'autres qui, en raison de ces reproductions, s'abstiendront d'acheter la *Fin d'un monde*, ne voulant pas la laisser traîner chez eux, et se borneront à la lire au cercle.

Ces malpropretés-là sentent bien assez mauvais quand on est obligé de les remuer; inutile donc de les étaler.

Pour en revenir aux Hachette, les détenteurs de l'espèce de monopole contre lequel Drumont s'élève, lorsqu'ils n'eurent pas tenu compte de l'envoi des deux exemplaires que Marpon et Flammarion avaient dû leur faire, comme c'est l'usage, pour obtenir la vente dans les gares, l'auteur après avoir protesté fit sans doute faire des démarches.

Elles restèrent inutiles.

Il persista.

On fit probablement alors comprendre à l'entêté qu'une question d'intérêt s'opposait à l'admission de son volume; il ne se rendit pas.

On aurait eu beau lui donner les meilleures raisons du monde, obstiné comme un bon Aryen qu'il est, Drumont ne les eût pas goûtées.

C'est alors qu'il est entré en campagne et qu'il a remué ciel et terre pour enfoncer la barrière qu'on avait mise devant lui.

Il n'est pas encore arrivé à l'ébranler.

De là son irritation que je m'explique et son coup de griffe à de Mun que je déplore.

Il avait compté sur le député du Morbihan pour porter, non pas l'histoire de son volume repoussé, mais la question du monopole des Hachette à la tribune du Palais-Bourbon.

Il va donc voir celui qu'il regarde déjà comme son sauveur, et en est reçu de la plus gracieuse façon.

Il lui conte son histoire et lui demande d'intervenir.

Enfermé à brûle-pourpoint dans une impasse, de Mun qui est un homme du monde, essaie d'en sortir sans répondre par un refus formel; il prend des prétextes; Drumont le pousse l'épée dans les reins, lui fait valoir qu'il est de ses amis, qu'il l'a souvent défendu lui et les siens, et finalement se retire avec cette réponse un peu vague : « Je verrai... nous verrons... » Et il ajoute après avoir raconté cette entrevue dans son volume : « Bref, mon ami ne bougea mie et essaya de passer le paquet à un tribun moins en vue.

« Celui-ci se déroba, lui aussi, et me glissa dans la main avec une dextérité surprenante.

« — Je suis désolé, véritablement désolé, mais vous comprenez, il y a deux ans seulement que je suis à la Chambre et je ne puis pas parler sans l'autorisation de mes chefs.

« — Pas possible ! Pitt était depuis huit jours au Parlement lorsqu'il prononça un discours qui remua l'Europe.

« — Je ne suis pas Pitt.

« — Je m'en aperçois ! »

Voyons ! est-ce que ce jeune tribun depuis deux ans seulement au Palais-Bourbon, moins en vue que de Mun, ne serait pas tout simplement de Lamarzelle, son collègue du Morbihan, dont j'ai été obligé de parler dans mon premier chapitre ?

Cela m'en a tout l'air !

Cette histoire de volume repoussé de la bibliothèque des chemins de fer tient une bien large place dans le chapitre des monopoles de la *Fin d'un monde*, et bien que Drumont affirme qu'il la raconte sans aigreur, et qu'il n'a pas gardé rancune aux députés sur lesquels il comptait, il me semble que ce tout petit incident est vu par l'intéressé à travers une bien grosse loupe.

Essayons donc de remettre les choses dans les proportions qu'elles doivent avoir.

Hachette jouit d'un quasi monopole ; c'est incontestable.

Personne ne veut s'en préoccuper; c'est encore certain.

Un auteur est écarté par le détenteur du monopole; c'est indéniable.

Cela donne-t-il matière à une interpellation à la Chambre?

Toute la question est là.

Drumont qui est en cause, dit: oui! Moi qui suis simple spectateur du débat, et assez impartial en la circonstance, je le crois, je dis: non!

Et voici pourquoi.

Il ne faut pas d'abord se préoccuper du nom de l'auteur, mais simplement du fait de l'exclusion d'un livre quelconque.

J'avoue que si Hachette refusait de faire vendre dans les gares mon dernier volume, il ne me viendrait jamais à l'esprit d'aller trouver un de mes amis député pour lui faire interpeller le gouvernement sur la question du monopole.

Cependant si l'idée m'en venait et qu'un élu quelconque voulût bien se charger de la chose, il y a cent à parier contre un que l'interpellation passerait inaperçue à un début de séance, au milieu du va et vient des députés circulant dans l'hémicycle, du bruit des tribunes en train de se garnir, et des caquetages des journalistes parlementaires dans leurs galeries.

Le ministre qui ne me connaît ni d'Ève ni d'Adam, qui n'a aucune raison de me plaire ou de me vexer, répondrait en deux mots à son interpellateur, lui promettrait de s'occuper sérieusement de la question, et la Chambre passerait à l'ordre du jour.

La séance levée, le ministre s'en irait chez lui préoccupé des menaces de crise, oublierait totalement sa promesse et mon affaire serait enterrée comme tant d'autres.

Je ne dis pas que j'approuve de semblables procédés, je me borne à les constater.

Pour un ouvrage signé Drumont, ce serait une tout autre affaire.

Sans avoir toute l'importance que cet excellent ami lui donne, la question prendrait une autre allure.

Quand on a fait de la politique pendant huit jours, on sait que, par le temps qui court, toutes les difficultés se résolvent d'une façon très simple.

Lorsqu'un citoyen Français, croyant encore à l'égalité et à la justice, demande au gouvernement son appui, la première chose que fait le dit gouvernement, c'est de s'informer si l'impétrant est de son bord ou fait partie du camp opposé.

Dans le premier cas, il agit vigoureusement s'il est en face d'un homme important; et se borne à de l'eau bénite de cour s'il a affaire à un pauvre sire.

Dans le second cas, si l'intéressé est taxé de cléricalisme ou de réaction, il n'a pas à se faire d'illusion, son histoire est entendue et réglée avant même d'avoir été exposée, et le gouvernement mis en cause répond nettement par une fin de non-recevoir.

Si jamais il se permettait de faire droit à la demande même légitime d'un conservateur, il aurait à ses trousses dès le lendemain tous les journaux de France et de Navarre qui n'existent que pour dénoncer les fonctionnaires assez naïfs pour croire que l'impartialité est une vertu républicaine.

Il n'est donc pas besoin d'être passé maître en parlementarisme pour savoir qu'une interpellation à laquelle eût été mêlé le nom de Drumont était d'avance vouée à un retentissant fiasco.

De Mun n'en doutait pas, lui, mais c'est une chose qu'il ne pouvait dire à son visiteur lorsque celui-ci vint lui exposer son cas.

C'est alors qu'il se retrancha derrière Cunin-Gridaine et autres prétextes, et qu'il passa la main au *tribun moins en vue que lui.*

Celui-ci se trouva lui-même dans ses petits souliers. S'il s'appelle de Lamarzelle, il ne voulut pas, non plus, aller de gaité de cœur à un échec et il chercha de mauvaises excuses.

Comment se fait-il que Drumont, si intelligent, n'ait pas compris cela !

Comment se fait-il qu'un ami ne se soit pas trouvé là pour le lui expliquer !

Ce n'est pas tout.

Qu'importe l'échec, aurait peut-être répondu mon entêté, la vitre eût été cassée et je ne demandais pas autre chose.

L'échec cependant importait beaucoup.

Dans cette droite de la Chambre des députés à laquelle je consacrerai plus loin quelques pages, il y a certes beaucoup d'hommes intelligents, mais il y en a fort peu qui soient arrivés à se faire écouter de l'assemblée d'énergumènes qui siège au quai d'Orsay.

Mgr Freppel, par exemple, malgré tout son talent, malgré toute sa science, toute son éloquence, n'arrive pas toujours à dominer les grognements de ses adversaires.

Outre ses théories, ses opinions, il a contre lui son costume et son caractère de prêtre et d'évêque.

Partout ailleurs ce costume et ce caractère lui attirent les respects, les déférences de tous ceux qui l'approchent; à la Chambre, ils lui valent les interruptions les plus grossières.

Il a le bon goût d'y rester insensible.

Ce n'est pas une école de bonne éducation que le Palais-Bourbon !

Les députés pris à part sont peut-être tous des gens très bien élevés (je le souhaite tout en en doutant), mais ce que je sais bien, c'est que pris en masse, ils constituent le plus joli noyau d'insolents que j'aie jamais vu.

J'étais à la Chambre un certain jour où l'évêque d'Angers monta à la tribune.

Il parlait du Tonkin, et se séparant de ses amis de la droite, il prenait la défense de nos colonies de l'Extrême Orient, déclarant avec une grande hauteur de vue que si l'opportunisme avait accumulé sottise sur sottise, il fallait cependant reconnaître qu'en allant planter le drapeau Français en face des pavillons chinois il n'avait fait que suivre les traditions colonisatrices de la France.

Tout en blâmant les demi-mesures prises pour arriver au but, les tâtonnements d'un ministère qui avait eu le tort de ne pas aller franchement dans la voie où il s'engageait, tout en déplorant que M. Ferry, pour ne pas se faire jeter à la face le mot de guerre, eût fait décimer les bataillons qu'il envoyait en trop petit nombre contre les Pavillons noirs, le prélat déclarait qu'il voterait les crédits demandés pour permettre à nos soldats de garder le terrain conquis.

Vous croyez peut-être qu'on l'écouta avec le silence que commandaient un pareil discours et un aussi important sujet ? Ah bien oui !

La droite, de mauvaise humeur, bavardait et rongeait son frein, quelques opportunistes écoutaient et approuvaient de la tête, et quant à la gauche, elle était déchaînée.

Un prêtre, un évêque parler ainsi, c'était trop fort, et les quolibets pleuvaient, les apostrophes se croisaient, les interruptions se succédaient.

J'ai retenu l'une d'elles, la seule que je puisse reproduire ici ; elle était poussée par un gaucher qui se démenait comme un diable dans un bénitier et que j'avais au-dessous de moi ; il se faisait un cornet de ses deux mains et il criait :

— Et ta sœur ?

Comme c'est courtois ! Comme c'est français ! Pouah !

Tout cela, parce que la gauche comprenait ce que la droite n'a jamais voulu se mettre dans la tête ; à savoir que Mgr Freppel, lorsqu'il se sépare de ses amis, ne le fait pas, comme quelques-uns d'entre eux le croient, pour le plaisir de leur être désagréable et d'aller faire l'école buissonnière dans les champs républicains, mais simplement parce qu'il juge les questions à un point de vue plus élevé qu'eux, qui ne pensent qu'aux mesquineries de parti; parce qu'il se place au point de vue chrétien.

Il est bien certain que nos soldats au Tonkin sont une garantie pour les missionnaires qui vont porter l'Évangile aux populations idolâtres de l'Indo-Chine, et cet avantage, un évêque ne peut pas le négliger, encore moins l'oublier.

Tout droitier devrait en faire autant, d'abord par esprit chrétien, ensuite par pur patriotisme; s'il est certain, en effet, que le drapeau français, aux colonies, abrite et protège les missionnaires, il est également incontestable que ces mêmes missionnaires et les néophytes qu'ils forment, sont les meilleurs auxiliaires de la France à l'étranger, les colonisateurs les plus intelligents, les plus dévoués et les moins intéressés.

Voilà ce que la droite ne veut pas comprendre; voilà ce que la gauche comprend trop bien; et, si la première reste indifférente au prélat quand il aborde ces questions, parce qu'elle est dans une triste erreur, la seconde se déchaîne, parce que, composée de francs-

4.

maçons, elle est prise d'attaques d'épilepsie toutes les fois qu'elle entrevoit le bout d'une soutane ou qu'elle entend parler de Dieu, de missionnaires ou de l'Évangile.

Voilà une longue digression, mais je ne la crois pas inutile.

Je disais que Mgr Freppel lui-même n'était pas toujours écouté au Parlement, et je crois l'avoir prouvé; j'ajoutais que fort peu de membres de la droite pouvaient se vanter d'avoir plus de chance; je dois, pour suivre mon idée première, ajouter que M. de Mun est l'un des heureux devant lequel le silence se fait.

Il jouit donc d'une situation exceptionnelle.

Dans tous les camps, on s'accorde à rendre hommage à la droiture de ses intentions, à l'élévation de son caractère; sa loyauté reconnue de tous, fait qu'on suit volontiers ses discours.

Il a le bon esprit de ne pas abuser de cette attention qu'on lui prête; il ménage ces sympathies qu'on ne lui marchande pas; et, ce faisant, il donne la mesure de son tact et de son habileté.

Il ne monte à la tribune que dans les grandes circonstances; il n'intervient que dans les questions d'un haut intérêt; il arrive toujours au bon moment pour emporter une position ou couvrir une glorieuse retraite.

En cela il se souvient de son ancienne carrière.

A la guerre, les escadrons de fer dont il faisait partie ne donnent guère que lorsqu'il s'agit d'assurer le succès, d'enfoncer des bataillons qu'il faut à tout prix culbuter, ou lorsqu'il faut faire acte d'héroïsme, dans des défaites qui valent des victoires. Ceci posé, et je mets quique ce soit au défi de prouver que telle n'est pas au Palais-Bourbon la situation de M. de Mun, voyez-vous le grand orateur catholique s'embarquant dans l'affaire de la *France juive* avec Hachette?

Le voyez-vous, se mettant sur la sellette pour recevoir les éclaboussures des pommes cuites que la gauche n'eût pas manqué de lancer au bouquin qui lui déplait!

Le voyez-vous, ce grand parleur, que tout le monde écoute, se faisant battre sur cette petite histoire, et retournant à son banc, l'oreille basse, sans avoir pu même se faire prendre au sérieux.

C'eût été une folie!

De Mun ne pouvait pas risquer semblable partie.

Il n'était pas seul en cause : il ne s'appartient plus; il ne pouvait compromettre ni lui, ni les idées qu'il représente et défend si bien, dans une interpellation dont les résultats étaient si faciles à prévoir.

C'est le même motif qui a empêché le *tribun moins en vue* de donner satisfaction à l'auteur de la *France juive;* sa personnalité pouvait ne pas entrer autant en ligne de compte, mais, comme il le disait, il ne pouvait pas engager toute la droite à l'aveuglette; car, il ne faut pas l'oublier, lorsque c'est un droitier qui fait un faux pas, toute la droite en boîte.

Drumont est trop intelligent, trop droit pour ne pas reconnaitre la justesse de ces explications, et j'ai la conviction que, si nous étions en tête-à-tête, il m'avouerait qu'en effet il est allé un peu loin, a pris les choses trop au tragique, et que de Mun et son *alter ego* ont, en somme, fait preuve de courtoisie et de bienveillance à son égard en même temps que de prudence et de tact, ce dont tout le monde doit leur savoir gré.

IV

Deux chapitres à la fois. — Drumont étudie le socialisme avec son cœur et non avec sa raison. — Le socialisme n'est pas né d'hier. — Il repose sur une double erreur. — Erreur de point de départ. — Erreur d'arrivée. — Ce n'est pas la société qui est malade, c'est l'individu. — L'opinion du Père Félix. — Le christianisme doctrinal. — Les socialistes ne sont pas admirables. — Le rôle de l'Église n'a jamais varié. — Napoléon III socialiste. — Les Conférences de saint Vincent de Paul et Sa Majesté. — Drumont et la Commune. — L'éternelle tache des communards. — On se trompe sur les sentiments de Drumont. — La haine prêchée par les mauvais journaux. — Ce qui fait défaut, c'est l'esprit chrétien. — L'homme s'agite et Dieu le mène. — En 1873. — Les peuples n'ont que les gouvernements qu'ils méritent. — Ce qu'il faut penser de la chasse à l'homme. — Le rôle de Charette. — Épargnons nos braves. — Le socialisme à craindre. — M. le comte de Paris n'aime pas les Juifs. — Les Juifs redoutables — Le bazar de Royan. — C'est la faute des Royannais. — Ce que peuvent faire des pommes de terre. — Les joueurs à la Bourse. — Le krack de 1882. — La journée de M. Bontoux. — Le bien sort souvent du mal. — Quel malheur que Drumont soit violent. — Encore un coup d'épingle. — Les pleutres. — Ceux qu'il faut excuser. — Le coup de balai attendu.

Jusqu'ici j'avais suivi Drumont dans son ouvrage chapitre par chapitre, je vais m'écarter momentanément de cette méthode pour traiter aussi brièvement que possible la question du socialisme à laquelle il consacre deux chapitres assez longs.

Drumont avec son cœur d'or et sa tendance à soulager les infortunes là où il les trouve, se laisse aller à trop d'admiration pour les socialistes en général et pour les communards de 1871 en particulier.

Ce sentiment part d'un bon naturel; il est spontané dans une âme qui a souffert et qui d'instinct s'apitoie sur les souffrances d'autrui, mais il aurait dû être modéré par la raison.

Si les socialistes souffrent, c'est bien un peu de leur faute.

Pourquoi se sont-ils jetés dans l'erreur qui a donné naissance à leur souffrance?

La question du socialisme a besoin d'être traitée froidement, sans enthousiasme comme sans prévention, et pour être bien jugée, elle doit être éclairée par le flambeau de la foi.

Drumont est dans le vrai quand il dit que le socialisme n'est pas né d'hier.

S'il le considère comme cette utopie si douce du bonheur de tous, de l'égalité de toutes les situations, de la restauration du paradis terrestre, il est certain qu'il date du jour où l'homme après sa faute fut condamné par Dieu à gagner son pain à la sueur de son front.

Depuis lors, tous les hommes ont plus ou

moins rêvé d'une terre moins ingrate, d'un bonheur plus parfait; mais tandis que les uns ne s'arrêtaient pas à cette impossibilité, c'étaient les raisonnables, les autres s'y cramponnaient, c'étaient les fous.

Peu à peu cependant les derniers ont formé école, et c'est cette école que Drumont admire, oubliant qu'elle repose sur deux erreurs fondamentales; une erreur de point de départ et une erreur sur le but de l'humanité, autrement dit, erreur d'arrivée.

Je ne m'occuperai que de ces deux sophismes; aussi bien, si je devais scruter à fond le socialisme, il me faudrait consacrer à une étude imparfaite et inachevée plusieurs volumes comme celui-là et tel n'est pas mon but. Je veux simplement tirer Drumont par la manche et lui dire : Eh! mon cher ami, mais vous faites fausse route. Prenez garde! Vous allez tomber dans des foudrières!

Le socialisme actuel, et je ne pense pas qu'on critique par trop ma définition, est le pandémonium de toutes les erreurs nées du rationalisme.

A côté de toutes les rêveries auxquelles je n'ai pas à m'arrêter, je trouve, comme je le disais plus haut, dans la doctrine socialiste une erreur de départ et une erreur d'arrivée.

Les socialistes ont cette idée absolument fausse que c'est la société qui est malade et que c'est elle qui a besoin d'être soignée.

Ils en concluent que ce mal de la société est la cause des souffrances de l'homme, souffrances qu'ils veulent à tout prix faire cesser.

Or, c'est justement le contraire qui est vrai; c'est l'homme qui est malade, c'est lui qui est débilité, pourri, et c'est son mal à lui qui cause dans la société les troubles que nous y constatons.

Si un homme avait mal au doigt, mal au doigt qui l'eût mis au lit, et qu'on dît : cet homme souffre du doigt parce qu'il est malade, on se tromperait ; il faudrait dire : cet homme souffre parce qu'il a mal au doigt.

Les socialistes emploient la première formule et confondent la cause avec l'effet.

Il ne suffit pas de l'affirmer, il faut le prouver.

L'erreur que je signale est bien ancienne, un sophiste Grec a dit autrefois : *L'homme est bon, c'est la société qui le déprave.*

Du jour où pareille assertion fut admise comme vraie, la société fut considérée comme la bête à craindre et à museler.

On voit d'ici les conséquences.

La société étant le danger, il devenait légitime d'essayer de l'annihiler, et pour y arriver de lui faire une guerre acharnée.

C'est ainsi que la lutte sociale devint non plus un droit mais un devoir.

N'est-ce pas une énormité?

Je ne m'en rapporte pas à mes appréciations; j'ai beaucoup cherché et beaucoup lu pour savoir si je ne me trompais pas et j'ai fort heureusement trouvé une autorité que je vais m'empresser de substituer à la mienne.

Mon affirmation à moi, inconnu, a peu de valeur; celle d'un grand esprit, d'un homme illustre de ce siècle ne sera pas discutable.

C'est sur l'opinion du Père Félix que je m'appuie.

Il a dit, en effet, il y a quelque dix ans, dans une de ses conférences sur le socialisme, que de la thèse que j'énonçais plus haut, on en est arrivé, en ce XIX° siècle, à déduire que tous les instincts sont légitimes et que toutes les passions sont innocentes. On en a conclu que « pour trouver la solution du problème du bonheur, il fallait détruire, théoriquement et pratiquement, la réalité de la lutte et dire : le développement simultané et légitime de tous les instincts et de toutes les passions est posé désormais comme la loi radicale de l'humanité. Alors, imaginer un organisme social qui soit le fonctionnement régulier de cette loi, c'est la destinée des sociétés de l'avenir et la solution adéquate du problème social (1). »

On voit d'ici les conséquences d'une semblable erreur. C'est le règne de l'égoïsme, le règne du *moi* n'ayant qu'un but, sa propre satisfaction, sa propre jouissance, son propre contentement, et mettant tout en œuvre pour atteindre ce but sans souci du voisin, sans souci des autres.

De là des luttes perpétuelles, une haine épouvantable contre tout ce qui peut entraver le rêve de cet égoïsme; de là des violences pour briser ces entraves, renverser ces obstacles; de là la guerre fratricide et la ruine de la société.

A cette théorie désastreuse le Père Félix oppose la seule vraie, celle du christianisme.

Devant le radicalisme du mal il dresse le radicalisme du bien.

Je cite textuellement (2) :

« Trois mots résument le christianisme doctrinal; la création, la chute et la réhabilitation.

« La création : ce fut dans l'humanité,

---

(1) *Études sur le socialisme.* Conférences du Père Félix (2) article 3e, *Revue catholique des institutions et du droit.*

(2) *Idem.*

l'ordre, la beauté, l'harmonie, le bien partout, le mal nulle part.

« La chute : ce fut dans l'humanité, le désordre, la désharmonie, le mal, le mal triomphant par le défaut du bien.

« La réhabilitation par la rédemption de Jésus-Christ : ce fut la réaction divine contre la révolte humaine ; ce fut le drapeau de la vérité et du bien relevé devant le drapeau de l'erreur et du mal ; ce fut enfin le combat à mort de l'ordre contre le désordre, c'est-à-dire le christianisme lui-même, révélateur et interprète divin de cette formule qui résume tous les mystères et toutes les contradictions de l'homme : *La chair combat contre l'esprit et l'esprit contre la chair.*

« Ainsi le mal radicalement dans l'homme, c'est notre dogme social, comme notre dogme religieux... C'est la philosophie de saint Augustin, de Bossuet, c'est le cri de la conscience et de la morale chrétienne ; c'est l'écho agrandi de toutes les voix généreuses qui depuis six mille ans retentissent dans l'humanité.

« Cette formule : *Le mal est dans l'homme*, ne dit pas : *Dans la société tout est bien ;* le christianisme en l'adoptant reconnaît au contraire que ce mal qui est dans l'homme a dans la société d'inévitables contre-coups ; le vice de la nature humaine devant passer, selon une certaine mesure dans les institutions sociales ; mais au lieu de dire : Il faut attaquer le mal de la société pour anéantir le mal qui est dans l'homme, il dit au contraire : il faut attaquer le mal qui est dans l'homme, pour anéantir le mal qui est dans la société ; il faut réformer les hommes afin de réformer les sociétés.

« Cette doctrine est la doctrine sociale du salut, elle produit directement le contraire de la doctrine socialiste, c'est-à-dire l'épanouissement progressif de la paix, de la liberté, de la fraternité. »

En somme, comme on le voit par les citations autorisées que je viens de faire, en opposition à la première erreur des socialistes, erreur sur le point de départ, le christianisme recommande la lutte contre les passions.

Le remède est souverain, car les passions vaincues, il n'y aurait plus à craindre de révolution sociale.

La seconde erreur du socialisme celle qui a trait au but de l'humanité, n'est pas moins grave que la première. Elle se résume très brièvement par ces mots : Il n'y a pas de ciel, tout finit sur la terre, et le bien, le souverain bien est ici-bas et pas ailleurs, puisqu'après la mort tout est fini.

Par conséquent, pendant que nous sommes de ce monde, tâchons de nous le procurer.

Ce simple énoncé donne une idée des conséquences qui en découlent.

Je crois inutile de prouver que cette thèse est le résultat du matérialisme le plus pur, de démontrer que la théorie contraire est la seule vraie, et que le souverain bien ne nous sera donné qu'au ciel. Cependant, sans entrer dans cette démonstration, je dois reproduire sur cette seconde erreur les réflexions correspondant à celles que j'ai déjà citées plus haut sur la première.

« Le paradis sur la terre posé comme terme suprême de la destinée sociale, ce n'est pas seulement la plus grande des erreurs, c'est par dessus tout l'idée la plus féconde en désastres. En un mot, c'est la continuité de la dégradation la plus profonde, de la désolation la plus entière, de la destruction la plus complète.

« Qui ne voit comment cette doctrine en entrant dans les réalités de la vie en devient le nécessaire abaissement?

« Une destinée qui ne dépasse ni la terre ni le temps, ravale nécessairement tous les désirs, toutes les aspirations de l'humanité.

« Qu'importe, alors, la grandeur de votre

intelligence, la sublimité de votre génie, il faut que tout tombe à terre, comme disait le grand Bossuet. Il faut nécessairement que, fuyant perspectives éternelles avec votre pensée d'ange et votre dignité d'homme, vous vous sentiez chaque jour tomber dans l'animal.

« ..... A cet abaissement continu, correspond la désolation continue et toujours croissante, et la promesse du prétendu paradis sur la terre n'aboutit qu'à creuser dans l'âme populaire une sorte d'enfer. C'est en effet l'accroissement et la multiplication de la souffrance d'un côté, et de l'autre, la diminution ou plutôt la mort de l'espérance.

« C'est cette pensée qui faisait dire à Pierre Leroux, un homme qui n'avait plus notre foi :

« *Autrefois, dit le peuple que la science désespère, j'avais une part dans l'Église, et cette Église de la terre n'était que l'image et le vestibule de l'Église du ciel vers lequel se portaient mes regards pleins d'espérance... J'ai perdu tout cela et je n'ai plus de paradis à espérer. Vous m'avez enlevé le paradis du ciel, et je ne vois pas, je ne verrai jamais le paradis de la terre.* »

« Alors que peut être la vie pour ce peuple déshérité de l'espérance du ciel, si ce n'est un véritable enfer? Enfer du doute, enfer du désespoir, enfer de la haine?

« Et c'est ainsi que l'erreur se ment à elle-même ; et quand elle promet un paradis, on peut être sûr d'avance qu'au bout de ses promesses il y aura un enfer.

« Mais le peuple, qui ne veut pas d'enfer en l'autre vie, en veut encore moins en ce monde, et voilà la semence de la destruction.

« En effet, le peuple, dans le silence de son âme frémissante, entend des doctrines qui lui crient du dehors : Oui, devant ta destinée, ô peuple, il y a un obstacle ; il faut briser l'obstacle !

« Donc, puisque tu es le nombre, puisque tu es la force, étends ton bras et frappe !

« Frappe les institutions, frappe les fortunes, frappe les heureux !

« Va donc, que rien ne t'arrête ; quand il s'agit de sauver l'humanité, c'est la fraternité même qui le dit, on peut marcher même sur des cadavres ; et le peuple s'écrie : fils du présent, ouvriers de l'avenir, oui, levons-nous, et s'il le faut, détruisons aujourd'hui et détruisons encore demain. Que le soc des révolutions destiné à labourer le sol des nations, entre plus profondément dans ce sol d'où notre bonheur doit sortir ; et s'il le faut encore une fois pour hâter dans le présent les moissons de notre avenir, que le sang à flots abreuve nos sillons. Et voilà le paradis que le socialisme promet à ses disciples, le paradis de l'abaissement, de la désolation, de la destruction (1). »

Il y a dix ans au moins que ces lignes ont été écrites. Drumont ne pensait pas alors à la *Fin d'un monde;* n'ont-elles pas l'air cependant d'avoir été pensées et imprimées spécialement pour lui ?

Lorsque dans mes recherches sur le socialisme elles sont tombées sous mes yeux, elles m'ont paru si convaincantes que je n'ai pas hésité à les reproduire. Elles ont du reste une autorité supérieure contre laquelle il me paraît impossible qu'un chrétien puisse s'élever.

Quelque longue qu'ait été cette étude sur le socialisme et sur ses erreurs, elle était nécessaire, indispensable, car c'est sur les données qui y sont si magistralement exposées que je m'appuierai pour discuter les deux chapitres que Drumont a consacrés au même sujet.

Je n'hésite plus tout d'abord à dire, et personne n'hésitera plus à penser, que le brillant écrivain a fait fausse route en essayant d'excuser le socialisme, en plaidant pour lui les circons-

(1) *Études sur le socialisme,* Conférences du P. Félix (2); *Revue catholique des institutions et du droit.*

tances atténuantes, en montrant ses partisans comme des types d'intégrité et d'honorabilité, susceptibles d'exciter l'admiration.

Qu'il y ait beaucoup de socialistes qui n'aient pas à se reprocher d'avoir pris le bien d'autrui, je le veux croire; que ceux dont Drumont parle soient dans ce cas, j'en suis persuadé; mais ce dont je suis non moins certain, c'est que la thèse du Père Félix est applicable à tous et à chacun d'eux; par conséquent, au lieu de les admirer, de les flatter, de les patronner, il eût mieux valu les condamner, les instruire, et si l'on ne pouvait parvenir à les éclairer, leur tourner le dos.

L'Église, quoi qu'en dise Drumont, ne s'est jamais désintéressée de la classe ouvrière; en tout temps, même lorsque sous le régime impérial les prêtres en France saluèrent César, elle fut toujours la mère des déshérités, la consolatrice des éplorés.

Napoléon III auquel la *Fin d'un monde* prête des idées qu'il n'avait pas, Napoléon III, qu'on nous présente comme un esprit très préoccupé du sort des classes laborieuses, donna la mesure de ses préoccupations lorsqu'il frappa d'interdiction les Conférences de saint Vincent de Paul, ces réunions de chrétiens qui n'avaient alors et n'ont encore pour but que le soulagement de la misère, la visite des pauvres, l'adoucissement de toutes les souffrances des déshérités de ce monde.

Napoléon s'est occupé de socialisme pour arriver et lorsqu'il a été parvenu, il a fait comme les autres, il n'a plus pensé qu'à lui.

De ses explications sur le socialisme et ceux qui en ont été et en sont les adeptes, Drumont en arrive à s'occuper du mouvement insurrectionnel de 1871.

En excusant et en essayant d'expliquer la Commune, alors que beaucoup de ceux qui y ont pris part existent encore, l'auteur de la *Fin d'un monde* a commis une imprudence.

Que dans un siècle l'histoire assume cette tâche, ce sera sans inconvénient ; s'en charger aujourd'hui me semble téméraire.

Je n'insiste pas.

Il est un fait cependant qu'on paraît avoir oublié, et qu'il importe de faire ressortir.

La tentative de 1871 eut lieu en présence de l'ennemi, alors que Paris sortait à peine d'un siège terrible et que les armées allemandes étaient encore sous nos murs assistant à nos divisions intestines, comptant les coups de canons tirés par des Français sur des Français.

Cette circonstance seule rend les hommes qui

prirent part au mouvement insurrectionnel de 1871 absolument inexcusables.

Mon Dieu, au fond, Drumont ne les excuse pas ; il les comprend surtout et les met en parallèle avec leurs vainqueurs, les patrons de la république actuelle ; je l'admets, mais tous les lecteurs de son volume ne se sont pas donné la peine d'analyser ses sentiments et sa pensée et tous ou presque tous se sont dit qu'il avait pris la défense de gens indéfendables.

Parmi ces hommes, en effet, il n'en est pas un seul qui soit chrétien, je ne dis pas pratiquement, mais théoriquement.

Tous sont matérialistes, tous sont nourris d'erreurs, tous veulent démolir la société pour guérir le mal dont souffre l'homme, tous rêvent le paradis sur terre, tous sont donc condamnables dans leur thèse comme dans leurs actes.

Étant donné cet état d'esprit d'une partie de la classe travailleuse, je ne suis pas surpris qu'après cela les ouvriers de Paris, les femmes elles-mêmes, comme le dit Drumont, ne respirent que haine.

Cela devait être, c'était fatal !

En province, l'antagonisme de l'ouvrier contre le patron a une autre cause ; il est le résultat de l'action de la mauvaise presse.

Cette action jointe à la perte du sentiment

religieux, aux excès de luxe, à l'absence de charité chez les patrons, au grossier matérialisme prêché à l'ouvrier et écouté de lui, a fait devenir permanent un état aigu qui ne se produisait jadis qu'à l'état intermittent.

En somme, ce qui manque à ces ouvriers et patrons, c'est l'esprit chrétien.

Il y a, fort heureusement, de nombreuses exceptions.

C'est cet esprit qui manqua aussi aux conservateurs de 1871 auxquels Drumont ne ménage pas les blâmes. Si au lieu de chercher le salut de la France dans des combinaisons plus ou moins savantes, ils avaient tout simplement pensé à couper le mal dans sa racine, nous n'aurions pas à déplorer peut-être dix-huit années de désorganisation sociale.

Malheureusement pour nous, les conservateurs d'alors voulurent se passer de Dieu, et ils échouèrent piteusement dans toutes leurs tentatives. Et à ce propos, le fameux mot de M. de Cassagnac rapporté dans la *Fin d'un monde*, est bien profondément vrai. Je le répète :

On chassait les dominicains de la rue du Faubourg-Saint-Honoré ; M. de Cassagnac et le duc de Broglie arrivés en retard pour défendre les religieux durent, pour pénétrer jusqu'à eux, franchir le mur d'enceinte à l'aide d'une échelle. Or, pendant que Cassagnac aidait le duc, à escalader il s'arrêta et dit à l'ancien ministre : « Oh! monsieur le duc! si vous aviez eu un peu plus d'énergie au 16 mai, nous ne serions pas sur cette échelle. »

Le mot était piquant et il était à peu près vrai !

Au 16 mai, comme en 1871, comme en 1873, non seulement les conservateurs manquèrent d'énergie mais il manquèrent surtout de cet esprit dont je parlais plus haut.

Ils n'en avaient pas l'ombre, bien que leurs adversaires les aient souvent accusés de cléricalisme, ce qui n'est pas du tout la même chose.

Mais à quoi bon ces récriminations?

Les hommes s'agitent et Dieu les mène.

Cette pensée est toujours vraie.

Fûmes-nous jamais plus près de voir restaurer la monarchie légitime qu'en 1873 ?

Quelle est la paille qui a fait chavirer le carrosse royal avant même qu'il ait pu faire un tour de roue?

Est-ce la question du drapeau ? Elle était résolue !

Ce fut ce que personne n'a jamais voulu reconnaître, ce fut la volonté de Dieu.

Nous ne devions pas avoir le comte de Chambord comme roi; la France du XIXᵉ siècle n'était pas digne d'un pareil honneur et outre les raisons que je donnerai plus loin, raisons qui ont trait à l'espèce de fatalité qui s'est attachée depuis un siècle à la maison de Bourbon, il en est une que je tiens à enregistrer; à savoir que les peuples n'ont que les gouvernements qu'ils méritent.

En nous donnant ce que nous avons, Dieu a voulu nous prouver que nous étions bien coupables; nous ne le comprenons pas assez.

Nous ne songeons qu'à nous révolter!

Drumont voudrait voir ses concitoyens lutter contre les persécuteurs qui les accablent, il voudrait voir les catholiques prendre l'espingole et aller sous les buissons canarder les Jacobins au passage.

Ce sont des procédés expéditifs que le christianisme n'admettra et n'excusera jamais.

C'est de la chasse à l'homme, c'est de l'assassinat; or, il est écrit au décalogue : TU NE TUERAS PAS!

Je sais bien que ce bon Drumont n'approuve pas lui-même de pareilles mœurs; après avoir très vigoureusement exposé la façon dont il comprendrait ces guérillas il ajoute : « Je ne dis pas qu'en agissant ainsi on ferait bien, je me borne à exposer ce qui pourrait être. »

Mon cher ami, c'est déjà trop.

Ne prêchons pas l'attaque, bornons-nous à organiser la défense ; et dans cet ordre d'idées, je dis que vous avez eu raison d'approuver l'attitude qui fut prise par les nôtres à Châteauvilain !

Si l'on s'était laissé faire, sans crier gare, l'exécution du sieur Balland eût été rééditée à plusieurs centaines d'exemplaires.

Les catholiques au contraire ont prouvé que s'ils n'attaquaient pas, en revanche leur religion ne les empêchait pas de se défendre et aussitôt cela a donné à réfléchir à leurs persécuteurs.

L'affaire a été d'un bon exemple.

Le drame de Châteauvilain est un fait social ; c'est le plus faible se défendant contre le plus fort ; or, l'énergie déployée en cette occasion, le fut surtout par des catholiques, il importe de le faire remarquer.

Cependant, il ne faut pas déduire de cette approbation que ce qu'on fit alors dans une usine particulière violée par des étrangers, peut se renouveler légitimement en grand, dans la lutte des partis, quand il s'agit de mettre à la porte les représentants d'un régime détesté.

La guerre civile est toujours un crime,

et c'est pour cela que je ne m'explique pas l'attaque dirigée dans la *Fin d'un monde* contre Charette.

Drumont regrette que lors de l'affaire Wilson les royalistes n'aient pas tenté un coup de main; ils ne le pouvaient pas, ils ne le devaient pas.

Charette et ses zouaves, abrités par la bannière du Sacré-Cœur seront là, prêts à marcher, le jour où le roi leur fera signe, soit pour arrêter l'émeute sanglante, soit pour lui servir de gardes du corps, lorsqu'il viendra lui-même, s'il le faut, séparer des Français s'égorgeant entre eux; mais en attendant ils restent l'arme aux pieds et ils font bien.

On ne doit pas prodiguer le sang généreux qui coule dans les veines de ces héros. La France peut en avoir besoin bientôt.

S'il faut qu'il coule, que ce soit à la frontière, sous les balles étrangères; mais que Dieu nous préserve de le voir rougir le sol de la patrie sous les coups de frères égarés.

Tout en reconnaissant donc que trop souvent les conservateurs en général et les royalistes en particulier ont manqué d'énergie, je ne saurais admettre qu'on les mette en parallèle avec les socialistes qui ne sont après tout que des bandits politiques.

Nous ne pouvons pas faire nous, chrétiens et royalistes, ce que se permettent des matérialistes révolutionnaires.

Ils ne rêvent que la violence, et nous la répudions. Elle ne leur réussit guère d'ailleurs.

En 1871, elle les conduisit à une épouvantable boucherie, qui ne manquerait pas de se renouveler s'il leur venait à l'esprit d'essayer une nouvelle commune.

Mais sans aller si loin, on peut dire que même lorsqu'ils s'en tiennent à des menaces, sans aller jusqu'à des actes, ils ne peuvent pas arriver à s'entendre.

Ils sont voués à l'émiettement, à la désunion.

C'est du reste ce qui ressort de l'exposé que la *Fin d'un monde* donne de leur organisation.

En combien de coteries se divisent-ils?

Il y a dans le socialisme presqu'autant de partis que d'individus.

S'ils n'étaient pas fatalement portés aux excès les plus violents, on pourrait affirmer que leurs théories ne présentent en somme que peu de danger, elles ont relativement si peu d'adeptes! Mais avec de pareils exaltés, on ne saurait prévoir ce que réserve l'avenir.

Le socialisme redoutable, parce qu'il a nombre de partisans inconscients, celui qu'il faut craindre et contre lequel il faut aussi lutter, c'est le socialisme d'État.

Cette expression ne désigne pas une doctrine bien nette et bien précise à laquelle on puisse opposer une thèse unique, elle qualifie une situation politique dans laquelle il y a des nuances à l'infini.

Il faut cependant la définir. On le fait assez facilement.

Le socialisme d'Etat est la tendance qui porte beaucoup d'hommes à exagérer le rôle de l'État dans la société et à le considérer comme le tuteur né et le père nourricier de toutes les institutions.

Lorsqu'on se donne la peine de réfléchir, on voit où cela peut conduire; malheureusement on ne réfléchit jamais.

Sans aller chercher bien loin, nous trouvons chez nous quelques résultats de l'application du socialisme d'État; ils se nomment : 1° *La concentration*, qui a couvert la France de son réseau de bureaux et de fonctionnaires agissant comme une grande araignée dont la tête serait à Paris et les pattes partout ailleurs.

2° *La minorité de la Commune* qui ne jouit plus d'aucune autonomie, d'aucune liberté; dans laquelle en dépit de la volonté des citoyens, un pouvoir omnipotent a le droit d'imposer un instituteur athée à une population religieuse.

3° *La toute-puissance du fonctionnaire*, tout-puissant tremblant cependant devant la moindre menace de délation.

4° *Le principe des ateliers nationaux*, conséquence de cette théorie fausse, que l'État doit du travail à ceux qui n'en trouvent pas.

5° *L'État maître de toute la richesse nationale*, accumulant les impôts, votant des budgets effrayants.

6° *L'État se donnant le droit de toucher aux consciences*, et ordonnant l'athéisme à l'école, à l'hôpital, partout où sa main peut atteindre.

Je n'étonnerai personne en disant que ces résultats on veut les étendre encore; qu'on veut s'enfoncer jusqu'au cou dans ce socialisme dangereux, et que les plus fervents adeptes de cette monstrueuse erreur sont les francs-maçons!

Maîtres du pouvoir, ils ont la prétention d'être maîtres de toute la société, et leur action que Léo Taxil a si bien divulguée, aurait mérité d'être stigmatisée dans la *Fin d'un monde*, dans ces chapitres du socialisme au cours desquels Drumont fait preuve d'une condescendance rare pour les socialistes pris en tant qu'individus et où il ne dit mot du monstre qu'ils élèvent et soignent, le socialisme d'État.

Étant donné que les propagateurs de ces désastreuses théories sont des francs-maçons, il est bien évident qu'ils n'ont qu'un but, arriver à tuer l'Église et le catholicisme. Ils n'y parviendront pas parce que l'Église vivra autant que le monde, mais ils peuvent arriver à constituer l'État païen et je n'ai pas besoin de dire où la réalisation de cet infernal projet nous conduirait. On le devine.

Au lieu de consacrer son talent et sa verve à critiquer et à diminuer des catholiques comme de Mun et comme Charette, il me semble que Drumont eût mieux fait de montrer, avec l'autorité qu'il a acquise, ce qu'il faut penser de ces socialistes qui, sans foi ni idées religieuses, ont dans les mêmes proportions au cœur, la haine de Dieu et la haine de la société.

Ces hommes ont été des artisans de ruine, ce sont eux surtout qui ont désorganisé la famille, et si j'accorde à l'auteur de la *Fin d'un monde* que l'action sociale des Juifs les a aidés, il ne me refusera pas le droit de soutenir que les socialistes ont été et sont toujours les plus acharnés adversaires de ce centre d'affection, de moralisation et de bonheur que nous appelons le foyer.

La devise des preux de l'ancien temps était :

Pro aris et focis, pour l'autel et le foyer!
Aujourd'hui les révolutionnaires ont poussé le cri diamétralement opposé : *Ni Dieu ni maître!*
Ils ne reconnaissent même plus l'autorité de ce maître si doux, le roi du foyer, le roi de la famille, l'autorité du père!

Après de semblables constatations, j'avoue que les faits et gestes de M. et de Mme Ephrussi me laissent très froid et je ne crois pas que leur action sociale particulière soit aussi dangereuse que Drumont veut bien le dire.

Il fait un reproche à Mme la comtesse de Paris de les recevoir, et au prince son mari de les tolérer chez sa femme.

C'est de l'exagération.

M. le comte de Paris n'a pas pour les Juifs l'affection que la *Fin d'un monde* lui prête et que lui prêtait encore plus la *France Juive*.

Comme beaucoup d'autres il les tolère, et souffre peut-être plus que beaucoup d'autres de l'arrogance de ces émancipés d'hier qui ont la prétention de tout conduire aujourd'hui.

Je ne nie pas, en effet, leurs tentatives d'absorption.

Il est évident que leur action se fait sentir d'une façon qui menace de devenir intolérable, mais, jusqu'à preuve du contraire, je pense qu'elle est beaucoup plus le fait des petits juivards obscurs qui aspirent à devenir quelque chose, que des Israélites en vue, déjà au faîte de l'opulence, comme ceux dont s'est surtout occupé Drumont lorsqu'il reprochait à l'héritier de nos rois de les recevoir chez lui.

Je ne crois pas que les Rothschild aient sur l'avenir du pays l'influence qu'on leur prête; celle de certains de leurs co-religionnaires est beaucoup plus grande et l'on n'en parle pas.

Il existe, à Royan, un bazar dans lequel un industriel, Juif d'origine, a entassé des marchandises de toute espèce.

Il les cède à bon marché, et j'ajoute que ce qu'il fournit est de qualité inférieure.

Cependant il a fait fortune et son *betite gommerce* marche comme sur des roulettes.

Autour de lui, les quincailliers, les cordonniers, les chapeliers ne font plus rien; il vend batterie de cuisine, souliers et chapeaux 50 0/0 moins cher que les autres industriels de la partie!! Aussi il faut entendre leurs protestations; la presse s'en est mêlée, on a monté des cabales, rien n'y a fait!

En somme, quel est le vrai coupable dans cette histoire? Est-ce le Juif qui a su organiser son affaire?

Mais mille fois non, ce sont les gens du pays qui ont le tort d'aller se fournir chez lui. S'ils désertaient son magasin où l'entrée est libre, l'autre plierait bagage et irait porter ses pénates ailleurs; ils l'envahissent, et enlèvent la marchandise, ma foi le *mercanti* serait bien sot de ne pas en profiter.

Je dois dire qu'il a eu l'adresse de mettre les pauvres dans son jeu. Au premier de l'an, au 14 juillet, il fait faire des distributions de pommes de terre à tous les malheureux qui se présentent.

Si cet homme est de bonne foi, je suis persuadé que Dieu lui pardonnera d'avoir vendu de la mauvaise marchandise à bon marché, en raison de bonnes pommes de terre qu'il aura données aux pauvres, et que pour le sauver il permettra qu'il connaisse la vérité, et se convertisse.

A mon sens, voilà un Juif qui dans son milieu est beaucoup plus dangereux que les Rothschild dans le leur.

Les hommes qu'il ruine en leur faisant une concurrence contre laquelle ils ne peuvent pas lutter, sont beaucoup plus à plaindre que ceux qui perdent un million à la bourse et voient passer cette somme de leur portefeuille dans celui des Rothschild.

Je plains les premiers parce qu'ils ont un métier honorable, dont ils avaient besoin pour vivre ; je ris des seconds parce que j'ai horreur des tripoteurs d'argent, qui n'avaient pas besoin de se faire banquiers pour vivre et qui n'ont embrassé cette profession que pour faire suer l'or et l'argent qui leur passe entre les mains ou qu'ils avaient déjà lorsqu'ils ont ouvert leurs guichets.

Je ne parle pas ici bien entendu des banquiers irréprochables qui rendent, en somme, service au commerce en facilitant les échanges de valeurs et les paiements à échéance ; je ne ris que des joueurs, de ceux qui, ayant à la bourse la prétention de plumer autrui, vont se faire étriller d'importance par les Israélites coalisés. Je comprends que les Juifs aiment l'argent ; depuis longtemps c'est dans leur nature, mais qu'un chrétien, qu'un baptisé souille ses mains au contact d'un métal gagné au jeu autour de la corbeille, allons donc !!!

J'ai vu de très près le fameux krack de 1882, je sais que l'Union générale avec M. Bontoux a été victime des Juifs et des francs-maçons, je sais que d'autres sociétés financières ont également sombré, soit entraînées par la chute de l'Union, soit victimes elles-mêmes de machinations inavouables, mais j'avoue franchement que je n'ai pas plaint outre mesure ces victimes de l'argent.

Les unes et les autres se sont fait étrangler dans une véritable forêt de Bondy; pourquoi donc allaient-elles s'y fourvoyer.

J'ai lu le dernier ouvrage de M. Bontoux et j'ai été effrayé par la somme de travail que cet homme accomplissait en 24 heures.

En lui entendant raconter comment il vivait, combien il courait, comme il calculait; en le voyant le soir à Berlin, le lendemain à Vienne, le surlendemain à Constantinople et le quatrième jour à Paris; en additionnant le nombre de dépêches qu'il recevait, le nombre de celles qu'il expédiait, les projets qu'il élaborait, les statuts de société qu'il dictait, les lettres qu'il lisait, celles qu'il écrivait, les visites qu'il recevait, celles qu'il faisait dans l'espace d'une journée, je me disais :

— Voilà certainement un homme qui doit avoir bien peu de temps pour faire sa prière !

Comment peut-on sérieusement penser à Dieu quand on a tant de questions d'argent à traiter? C'est un problème; et je ne l'ai pas résolu.

Ce que je n'hésite pas à prétendre, c'est qu'on fit une faute colossale lorsqu'on mêla le nom de la religion à toutes ces spéculations, et je ne suis pas éloigné de soutenir que si Dieu permit le formidable effondrement qui ruina tant de familles, c'est qu'il entrait dans ses desseins de rappeler aux chrétiens du XIXe siècle trop soucieux du million, qu'ils ne sont pas sur la terre pour adorer le veau d'or.

De ce mal momentané, est sorti un grand bien. Les étourdis de la première heure ont ouvert les yeux, ils reconnaissent aujourd'hui que toutes ces affaires d'argent les mettaient dans une sorte d'enivrement malsain, et plusieurs ne pensent pas sans frémir aux jours d'alors où, recevant en même temps le journal et une lettre de leur femme, ils commençaient par ouvrir le premier pour consulter la cote et ne passaient à la seconde que lorsqu'ils s'étaient assurés que leurs valeurs étaient en hausse.

Si elles eussent été en baisse, la lettre eût été oubliée.

C'était une atmosphère pernicieuse que celle dans laquelle on vivait, on tremble en songeant où cela pouvait nous conduire.

Non, le krack ne fut pas un malheur; il sauva les chrétiens de France des catastrophes bien plus sérieuses qui les attendaient dans l'avenir si le succès eût couronné leurs premières spéculations.

L'infâme fertilité de l'argent, pour employer l'expression même de Drumont, est une chose que Dieu ne pouvait pas bénir (1).

Les Juifs, en cette circonstance, tout en voulant nous nuire, nous ont donc rendu service.

Ce n'est pas une raison pour qu'ils fassent les fiers, mais ce n'est pas une raison non plus pour qu'on les chasse à courre comme Drumont le voudrait, tout heureux qu'il serait sans doute de sonner lui-même l'*hallali* comme il s'efforce actuellement de sonner le *lancé*.

Il faut pourtant rendre justice à l'auteur de la *France Juive* et de la *Fin d'un monde*; tandis que beaucoup d'hommes s'aplatissent devant l'argent et devant ceux qui le possèdent, il se dresse lui, aussi haut qu'il peut, et il dit aux riches : « Vous ne me faites pas envie ! » et aux tripoteurs : « Vous me dégoûtez ! » Cela est bien, cela est beau, cela est crâne, et devant cette preuve de caractère je me découvre avec respect.

Combien il eût été goûté Drumont, si, à ce noble dédain, il eût joint la douceur !

L'homme n'est pas parfait ; il en donne une fois de plus la preuve en tombant dans ses idées de violence.

---

(1) Sur ce sujet, Drumont est allé aux extrêmes ; nous étudierons son opinion sur l'intérêt de l'argent dans un chapitre suivant.

Toujours à l'occasion du socialisme, il compare les braves gens catholiques qui se laissent intimider par la justice aux mauvaises têtes de la sociale qui lui tiennent tête et lui font peur ; et le voilà qui se met à narguer de Mun, sous prétexte que si lui, Drumont, était poursuivi, il lui refuserait ses jeunes gens et ses ouvriers pour aller influencer les juges par de significatifs froncements de sourcils.

Cette petite sortie n'est pas sérieuse ; dans le cas présent, comme toutes les fois du reste qu'il traite une question qui le touche personnellement, Drumont ne voit pas juste.

Il sait aussi bien que moi que la *Jeunesse française* a autre chose à faire que d'aller occuper le prétoire le jour où on le poursuivra pour ses ouvrages (si on le poursuit), et que les membres des Comités de M. de Mun, loin d'aller à la chasse, travaillent comme des nègres, vont de ville en ville organiser leurs œuvres ouvrières.

Il ajoute malicieusement que de Mun, invité à venir lui-même, lui répondrait :

— Impossible, mais je prierai pour vous!

Eh! mon cher, vous en avez joliment besoin... et moi aussi!!

En somme, pour résumer mes critiques sur les deux chapitres relatifs au socialisme, après avoir dit que Drumont a poussé trop loin l'admiration des communards, *gaillards qui sentent le mâle* et font pâmer de frayeur les politiciens jouisseurs qui entourent l'assiette au beurre, j'ajouterai qu'il n'a pas assez regardé autour de lui et qu'il n'a pas vu les solides ouvriers catholiques qui font bien augurer du demain que Dieu nous réserve.

S'il les eût étudiés comme il a observé les socialistes, sa thèse eût probablement changé.

Partageant des avis diamétralement opposés sur ces questions auxquelles il consacre de nombreuses pages que j'ai critiquées plutôt avec ma conviction de chrétien qu'avec l'érudition d'un polémiste, nous nous rencontrons aux dernières lignes pour partager le même dégoût, en face de la basse platitude des fonctionnaires auxquels les socialistes font peur.

Lorsque j'ai lu la fin de son cinquième chapitre, j'ai vu repasser devant mes yeux tous ces pleutres que j'ai rencontrés cent fois, qui jadis faisaient la procession, qui aujourd'hui brisent les crucifix, qui demain nous demanderont de leur permettre de porter le dais à la Fête-Dieu !

Ils sont légion et dignes de tous les mépris.

Dans le demain que nous entrevoyons, nous chrétiens, dans le demain que Dieu nous donnera, je l'espère, je les vois chassés des places qu'ils occupent par un vigoureux coup de balai et je me réjouis !

Il y en a, mais ils sont rares, qui mériteront la pitié, ce sont ceux qui, chargés de famille, sans fortune, n'ont pour vivre que le pain noir que leur jette le gouvernement.

Ah ! ceux-là, il faut les plaindre profondément ! qu'ils doivent souffrir les malheureux ! ils ont un réel mérite ! Ils ont eu la bonne chance de ne pas tremper dans toutes les ignominies de la République et se sont faits petits, petits, pour ne pas voir pleurer leur femme et ne pas faire souffrir leurs enfants, pour se faire oublier.

Ce sont de braves cœurs ; ils font leur devoir en secret, comme les chrétiens des catacombes.

Ils évitent le danger et ils ont raison puisqu'ils ont charge d'âmes.

C'est pour ceux-là que, dans un de ses manifestes, M. le comte de Paris dit : « Ne craignez point ! les honnêtes gens conserveront leurs places ! »

Qu'ils ne craignent pas, en effet, ils seront respectés comme ils ont respecté les autres ; mais quant aux premiers, aux gros bonnets, aux jouisseurs qui nous ont piétinés depuis dix-huit ans, malheur à eux ! qu'ils profitent de leur reste, ils seront balayés !

Si le gouvernement que nous attendons avait l'étonnante faiblesse de les épargner, il ne serait plus digne de la confiance de la France et Dieu se chargerait lui-même de trouver un autre instrument de sa divine justice.

En parlant ainsi, je ne proclame pas la loi du talion que j'ai blâmée chez Drumont, je ne fais que prévoir un nettoyage qui s'imposera par mesure de salubrité publique, et qui s'opèrera sans qu'un cheveu des coupables soit arraché de leurs têtes. Après leur avoir enlevé les moyens de nuire, on se bornera, en retour des persécutions qu'ils ne nous ont pas ménagées, à... les oublier.

Ainsi le veut la charité chrétienne.

V

Il n'y a pas de socialisme catholique. — La loi immuable. — La discipline susceptible d'être modifiée. — De la propriété. — Les exagérations de Drumont constituent des erreurs. — Les Gnostiques et les Albigeois socialistes d'autrefois. — Droits et devoirs de ceux qui possèdent. — Les exagérations peuvent conduire à l'hérésie. — Les apostoliques. — L'intérêt de l'argent. — Orateurs et docteurs. — Ne touchez pas aux consciences. — Peut-on capitaliser ? — Les exemples abondent. — Ce qui est permis. — Ce qui est défendu. — L'ouvrage de M. Gorce. — Pourquoi les Juifs sont usuriers. — Le bon moyen pour se défendre. — La loi à faire. — Le véritable but de l'Œuvre des Cercles catholiques. — Drumont s'est encore trompé. — Les vrais catholiques. — Où on les trouve en grand nombre. — Ce dont ils sont capables. — Le portrait du comte de Mun. — Le secret de sa force. — Son défaut. — Les armes d'aujourd'hui. — Émeutier ou don Quichotte. — Drumont n'aime que les violents. — Le programme de l'Œuvre des Cercles. — M. Paul Schæffer. — Explication possible des critiques de Drumont. — Influence de la *France Juive* sur le Judaïsme et la vie tapageuse d'une certaine aristocratie parisienne. — Résultats obtenus par l'Œuvre des Cercles.

En intitulant son cinquième chapitre : *Le socialisme catholique*, Drumont s'est servi d'une expression impropre et a réuni deux mots qui jurent l'un à côté de l'autre, étant donné qu'il les emploie identiquement comme ceux par lesquels il qualifiait les théories matérialistes relatives à l'organisation de la société.

Il n'y a pas de *socialisme* catholique.

Il y a la charité chrétienne qui est le dévouement, l'amour, la solidarité des hommes les uns à l'égard des autres, la pratique de ces préceptes de Notre-Seigneur Jésus-Christ : « Aimez-vous les uns les autres », « soyez un »; il y a le droit chrétien, la morale et la discipline chrétiennes qui règlent les rapports sociaux des hommes entre eux, mais il n'y a pas de *socialisme* chrétien; le *socialisme* étant la négation même du christianisme et de ses principes, et ne reposant que sur des erreurs.

Le christianisme s'est bien occupé de tout ce qui touche à la société, approuvant ce qui était digne d'approbation dans les rapports humains, condamnant ce qui était digne de blâme; mais cette réglementation ne saurait s'appeler *socialisme*.

L'Église étant de tous les siècles et de tous les temps, se met admirablement à la portée des générations dont elle a la conduite; aussi a-t-elle modifié selon les circonstances et les époques la discipline qu'elle impose à la société, discipline instituée par elle et par conséquent susceptible d'être changée.

La loi de Dieu, donnée par lui sur le Sinaï, est seule immuable; elle est son œuvre, elle lui appartient tout entière et ne peut subir aucune atténuation.

C'est ainsi que de même qu'il était interdit de tuer, de voler et d'être adultère il y a trente-six siècles, de même aujourd'hui les mêmes actes sont absolument condamnés et défendus.

Lorsque l'Église fut fondée par Jésus-Christ, le divin organisateur chargea les apôtres de lier et de délier, d'ordonner et de défendre; les successeurs des apôtres, les successeurs de Pierre usant de ce droit, lient ou délient, ordonnant ou défendant en s'inspirant des temps et des circonstances et surtout en se laissant guider par l'Esprit-Saint.

Certaines questions appréciées par l'Église d'une façon particulière il y a dix siècles, sont aujourd'hui jugées différemment, parce que ce qui pouvait être utile alors, peut ne plus l'être aujourd'hui.

Dans quelques instants j'en ferai la preuve.

Il est cependant une question sur laquelle la discipline de l'Église et ses enseignements n'ont jamais varié, c'est la question de la propriété.

Dès le début de son étude sur la propriété et sur l'intérêt de l'argent, Drumont tombe dans deux grosses erreurs.

Il dit d'abord que « en reconnaissant la propriété individuelle, l'Église ne lui en a pas moins gardé son caractère d'usufruit, de simple délégation, elle y a attaché l'obligation de n'en jouir que dans de très strictes limites et de distribuer leur part à ceux qui souffrent (1). » Cette explication constitue une exagération d'interprétation qui peut être qualifiée d'erreur.

L'Église ne considère pas du tout la propriété comme un usufruit à la jouissance duquel elle pose des conditions.

Elle admet les biens comme étant la propriété indiscutable des individus, lorsqu'ils ont été acquis par eux.

Comment, en effet, a pris naissance le droit de propriété ?

Au commencement, la terre avait été créée pour tous les hommes, mais la propriété de telle ou telle partie de la terre devint un fait acquis par droit de première occupation.

Or, l'Église a toujours admis ce droit du premier occupant, reconnaissant, du reste, que l'homme qui avait le premier labouré un champ,

---

(1) *Fin d'un monde*, page 190.

l'avait ensemencé et récolté, y avait mis quelque chose de lui-même, sa force, son travail, mise qui lui constituait un droit incontestable.

La jouissance de ce droit ne fut jamais considérée comme un usufruit et si l'obligation de donner aux autres fut imposée, ce fut, non pas comme obligation de justice, mais simplement comme obligation de charité.

En théologie, le droit de propriété se définit : « La faculté légitime d'user d'une chose matérielle et d'en disposer A SON GRÉ, en empêchant les autres d'en user et d'en disposer de même. »

Les Gnostiques et les Albigeois dont les socialistes et les communistes modernes ont renouvelé les erreurs, ont prétendu qu'on ne pouvait pas posséder en propre les biens durables de leur nature, mais que la société seule avait le droit de les posséder ; or, le droit d'acquérir la propriété des biens stables de leur nature, découle immédiatement de la nature de l'homme, et par conséquent est légitime.

En effet, l'ordre de la nature exige que l'homme pourvoie à la conservation de sa vie, de manière à ce qu'il puisse tranquillement et en sécurité vaquer à des occupations dignes de lui ; or, sans le droit de propriété, il lui faudrait comme les animaux chercher sa nourriture de chaque jour, et il serait incapable de pourvoir à ses besoins pendant la maladie et la vieillesse qui sont des conditions naturelles de l'homme sur la terre.

En outre, l'homme est fait pour la vie de famille ; or, sans le droit de propriété, les parents ne pourraient pourvoir à l'éducation de leurs enfants qui resteraient exposés à la misère et aux privations.

Enfin, l'ordre de la nature exige que l'homme développe ses facultés intellectuelles; et sans la propriété il devrait continuellement travailler pour fournir aux besoins de sa vie physique, et l'homme qui ne vit pas seulement de pain n'atteindrait pas toute sa fin.

Il résulte de ces considérations puisées dans saint Thomas et Gury que l'Église ne considère pas du tout la propriété comme un usufruit, une simple délégation, mais bien comme un droit incontestable, dont on peut jouir en pleine liberté.

Cependant comme tout droit est corrélatif d'un devoir, en face de ce droit de propriété se dresse le devoir de pratiquer l'aumône (1).

Le cardinal Pie traita cette question magistralement et de ses affirmations sur l'aumône

---

(1) Ce devoir est exposé dans l'Ecclésiaste, iv, 1. — Dans l'Évangile saint Mathieu, xxv, 42, et cent fois répété dans tous les traités de morale.

découle la même vérité, à savoir que la propriété n'est pas un usufruit.

« Comment vous exhorterions-nous à donner, dit le prélat, si nous ne reconnaissions en même temps votre droit à posséder? Quand nous vous excitons à la charité, nous vous demandons une offrande volontaire, et, par là même, nous sanctionnons vos titres sacrés de propriété. Il est vrai que l'indigent a *un droit général* sur les biens que la libéralité divine vous a départis; mais, en regard de ce droit indéfini, Dieu vous a donné à vous-mêmes un droit réel et absolu, un droit dans l'exercice duquel vous ne devez compte qu'à lui-même et vous ne relevez que de sa souveraine et éternelle justice. Voilà les principes inséparables de notre doctrine sur l'aumône (1). »

L'obligation, en tant que devoir de charité, d'aider les malheureux a été réglée par la discipline de l'Église de la façon suivante :

Dans une nécessité extrême, tout homme doit à son semblable une partie des biens même à lui nécessaires pour vivre selon son rang.

Dans une nécessité grave, on doit donner aux malheureux des secours pris sur des biens qui peuvent être quasi nécessaires.

(1) Œuvres du cardinal Pie, tome II, page 96. Instruction pastorale du Carême de 1854.

Enfin, dans le cas de nécessité ordinaire, les docteurs pensent en général que, si on ne donnait pas aux pauvres un peu de son superflu, on manquerait au devoir de charité corrélatif au droit de propriété.

Voilà la doctrine de l'Église, Drumont a eu tort de l'exagérer.

Ce n'est pas du reste la première fois qu'elle est mal interprétée.

Sans assimiler la glose de la *Fin d'un monde* sur la propriété et l'aumône aux erreurs que l'Église dut condamner, je ne puis résister à la tentation de reproduire ici une exorbitante théorie fort ancienne, qui fut frappée de censures et déclarée hérétique. Elle montrera comment en tout l'excès est un défaut, et comment en voulant aller trop loin on passe à côté du vrai.

Il y avait autrefois un groupe d'individus qui, s'occupant de cette question de propriété et tombant dans d'odieuses exagérations, avait pris le titre d'*Apostolique*.

Saint Augustin s'en occupa et le dénonça de la façon suivante : « On appelle *Apostoliques* ceux qui se sont donné ce nom avec ostentation, parce qu'ils ne reçoivent pas dans leur communion ceux qui ont des femmes et qui possèdent des biens en propre, tels que les moines et une foule de clercs qui appartiennent à l'Église catholique.

« Or, ces sectaires sont hérétiques, parce qu'en se séparant de l'Église ils regardent comme damnés ceux qui font usage de ces biens dont ils sont dépourvus (1). »

Il n'entre évidemment pas dans ma pensée de comparer Drumont à ces *Apostoliques;* cependant je trouve dans sa thèse sur la propriété, et surtout dans sa thèse sur l'intérêt de l'argent, un peu de cette tendance à condamner chez autrui certains usages dont lui-même s'est dépouillé, bien qu'ils soient tolérés par l'Église.

Drumont ne nous a-t-il pas dit, dans sa *France Juive devant l'opinion*, qu'il ne plaçait jamais son argent, et que, lorsqu'il le touchait de ses éditeurs, il le laissait au fond d'un tiroir et puisait à même ?

Il est évidemment libre de faire comme bon lui semble ; mais s'il est partisan de ce système qui le laissera pauvre et malheureux s'il devient vieux ou malade, ce n'est pas une raison pour condamner ceux qui ne l'imitent pas ; ce n'est pas une raison surtout pour les troubler en leur donnant comme absolues des règles auxquelles la discipline catholique a apporté de très larges atténuations.

(1) Saint Augustin. — Livre des Hérésies, n° 40.

Fortement exagéré dans sa théorie de la propriété, l'auteur de la *Fin d'un monde* arrive à une erreur absolue lorsqu'il présente comme rigoureuses et obligatoires au XIXe siècle, les condamnations prononcées jadis contre l'intérêt de l'argent.

Évidemment Drumont est de très bonne foi, il appuie ses affirmations de textes tirés des Pères de l'Église; mais il oublie qu'il ne faut pas prendre telle ou telle expression d'un Père parlant comme orateur il y a quatre ou cinq siècles, comme le texte même de la loi de l'Église sur la question en cause aujourd'hui. Saint Augustin, par exemple, a pu dire, comme orateur au Ve siècle, des choses qu'il n'exposerait pas comme docteur au XIXe. Je ne discute pas du reste l'affirmation de Drumont relative à l'opinion de l'Église sur l'intérêt de l'argent, je me borne à dire qu'il l'a exagérée et trop généralisée.

Oui, l'Église condamnait autrefois le prêt à intérêt; oui, elle considérait comme usure le fait pour l'argent de produire de l'argent; mais lorsqu'elle prononça des condamnations à ce sujet, c'était à l'époque où l'argent était rare, où la terre constituait la plus grande partie des fortunes, et où les opérations de bourse n'existaient pas encore.

La discipline ecclésiastique s'est modifiée depuis; elle s'est inspirée des circonstances, des changements qui ont été subis par la fortune publique, et, sans rétracter ses premières énonciations, elle a toléré et admis qu'on pût, sans pécher, faire aujourd'hui ce qu'elle interdisait en conscience il y a deux cents ans.

L'erreur dans laquelle est tombé Drumont à ce sujet vient donc de ce qu'il a généralisé et pris au pied de la lettre et comme absolues des prohibitions qui ont un caractère tout particulier et ne sont plus considérées comme obligatoires.

En lisant ce passage de la *Fin d'un monde* relatif à l'intérêt de l'argent, beaucoup peut-être ont été effrayés et pris de scrupule.

J'en connais qui sont allés trouver leur confesseur ou tout au moins des religieux et qui les ont interrogés.

Naturellement on leur a dit qu'ils pouvaient être en paix et que Drumont s'était trompé.

Voici du reste la théorie telle qu'il l'a présentée :

« Le capitalisme, c'est-à-dire l'usure, « l'exécrable fécondité de l'argent », est voué à l'anathème sous toutes ses formes.

« L'intérêt du capital est un vol », dit saint

Bernard (1), et ce mot résume le débat. « Celui, avait dit avant saint Bernard saint Grégoire de Nysse, qui nommerait vol et parricide l'inique invention de l'intérêt du capital ne serait pas très éloigné de la vérité. Qu'importe, en effet, que vous vous rendiez maître du bien d'autrui, en escaladant les murs ou en tuant les passants, ou que vous acquériez ce qui ne vous appartient pas par l'effet impitoyable du prêt! »

Et Drumont ajoute :

« C'est en vain qu'on ergoterait sur le sens du mot prêt à intérêt. Celui qui sans travail doublerait son capital en quelques années est un usurier; il a pris à la collectivité plus qu'il ne lui a donné (2). »

C'est dans cette exagération d'interprétation que gît l'erreur, et c'est par cette interprétation que Drumont, en faisant naître des scrupules, a troublé certaines consciences.

Je suis allé moi-même trouver un théologien distingué et je lui ai posé le cas suivant qui rentre bien dans la catégorie des prêts que Drumont présente comme de l'usure et du vol.

— Supposons, ai-je dit à mon interlocuteur,

(1) Drumont met en note : *Serm. IV*, il cite donc saint Bernard comme orateur du XIIe siècle et non comme théologien définissant une doctrine actuelle.

(2) *Fin d'un monde*, page 193.

un homme, chef de famille qui, employé dans une maison de commerce aux appointements de 3,600 francs par an, fait, à la suite de longues recherches, la découverte d'un procédé chimique qui peut être employé utilement par l'industrie dans laquelle il a pu se procurer sa situation.

Cet homme fait part de sa découverte, on l'expérimente, on la trouve parfaite, et la maison qui l'emploie lui propose de lui en acheter la propriété.

L'inventeur cède son droit moyennant trente mille francs; mais comme l'intérêt de ces trente mille francs ne lui permettrait pas de vivre, il reste à son poste et continue de gagner ses 3,600 francs par an.

Cet homme qui n'a pour toute fortune que le petit capital que son travail lui a procuré, songe à son avenir, à celui de sa femme, et place ce capital sur un état quelconque.

Il prend, je suppose, du 3 0/0 Français.

Voilà 30,000 francs qui au bout d'un an lui rapporteront onze cents francs.

Comme ses appointements lui suffisent pour vivre, il économise les intérêts de son capital et les replace toujours en 3 0/0, au fur et à mesure qu'il les touche chaque année; par conséquent il capitalise, et dans un laps de temps donné, il aura doublé son premier avoir.

Drumont qualifie cet homme d'usurier et de voleur.

L'est-il en effet?

— En aucune façon, m'a répondu le théologien, ce que fait cet homme est absolument légitime, l'Église ne le condamne pas, et sa conscience n'est chargée d'aucune faute.

S'il n'a jamais manqué en une autre façon aux commandements de Dieu et de l'Église il ira tout droit au ciel!

Voilà qui ne ressemble guère à la thèse soutenue dans la *Fin d'un monde*.

Drumont, du reste, n'avait qu'à regarder autour de lui pour se rendre compte que ses affirmations étaient exagérées et susceptibles d'induire en erreur ceux qui les prendraient au sérieux.

Est-ce que les fabriques de toutes les églises ne vivent pas grâce à des revenus provenant d'argent placé?

Est-ce que dans toutes les communautés religieuses on n'a pas un capital dont les intérêts sont la principale ressource de la maison?

Est-ce que dans les menses épiscopales ne se trouvent pas des titres de rente?

Est-ce que le Pape lui-même laisse improductif l'argent dont il a besoin pour l'administration de l'Église?

Est-ce que le Souverain Pontife, alors qu'il avait des États, n'empruntait pas et ne payait pas des intérêts?

N'avons-nous pas encore à la cote de la Bourse, valant environ 94 ou 95 francs, l'emprunt pontifical 1860-1864 rapportant aux porteurs de titres un intérêt de 5 0/0?

Or si le pape-roi émettait des valeurs de bourse, c'est qu'il supposait que les capitalistes avaient le droit d'en acheter et de retirer un intérêt légal de l'argent qu'ils lui avaient prêté.

Est-il admissible que le Pape ait pu pousser à l'usure et au vol ceux de l'âme desquels il avait charge?

Non, n'est-ce pas?

Eh bien alors, pourquoi dire qu'il n'y a pas à ergoter? Pourquoi dire que le prêt à intérêt quel qu'il soit, du moment qu'il permet de doubler le capital, est de l'usure et du vol?

C'est de l'exagération toute pure et par conséquent de l'erreur.

Ah! savez-vous ce que l'Église défend?

Je vais vous le dire.

Elle interdit de prêter au-dessus du taux légal, ce qui constitue réellement l'usure; elle condamne le capitaliste aussi, non pas celui dont j'ai cité l'exemple plus haut, qui n'économise qu'en vue de l'avenir, qu'en prévision de la vieillesse et de la maladie, qui ne place son argent que pour vivre un jour modestement selon son rang et faire élever chrétiennement les enfants qu'il tient de Dieu; mais le chercheur, le rêveur, l'altéré du million, celui qui ayant son sort largement assuré, ne dépense pas son revenu, le place pour grossir son avoir et arriver au million convoité.

Celui-là, l'Église le condamne, non pas parce qu'il capitalise, mais parce qu'il devient avare, et elle est en cela obéissante à la loi du Christ.

Jésus a dit : On ne peut servir deux maîtres, Dieu et l'argent.

Or, lorsque l'homme après avoir acquis par son travail le bien-être auquel il a le droit de prétendre, veut aller plus loin, il tombe dans le luxe effréné, dans le luxe que la morale chrétienne réprouve ; il tombe aussi dans l'avarice, car le but qu'il se propose, qui est d'amasser toujours, fait naître en lui l'amour de l'argent, le culte du veau d'or, et cet amour, ce culte, étouffent dans son cœur tout sentiment charitable, toute idée chrétienne.

Celui-là s'est donné un maître, l'argent; il ne peut servir l'autre, le seul vrai, Dieu!

Voilà en quoi consiste sa faute !

Qui n'en a pas rencontré un dans sa vie, de ces hommes rapaces qui couchent avec la cote officielle sous leur traversin ?

Ils passent leur journée à la porte du télégraphe pour y attendre la dépêche apportant le cours des valeurs ; ils n'achètent et ne vendent que certains jours ; leurs ordres de bourse sont toujours télégraphiés.

Ils ne vont frapper ni à la Société générale, ni au Crédit lyonnais, ni à la Trésorerie, ils ont leur agent de change et correspondent directement avec lui. Ils boivent souvent de cruels bouillons mais leur fièvre s'en accroît.

Au lendemain d'un coup de bourse qui leur a raflé cinquante mille francs, ils sont intraitables ; s'ils ont des débiteurs auxquels ils ont pu prêter à la petite semaine, ils se disposent à les faire *suer*, c'est leur expression, pour en retirer tout ce qu'ils pourront.

Si de pauvres diables, leurs locataires, leur doivent un terme, ils les mettront impitoyablement à la porte, feront saisir et vendre leurs misérables nippes, et jetteront sans remords de malheureuses familles sur le pavé.

S'ils ont au contraire gagné quelques rouleaux d'or dans leur dernière opération, cela ne les empêchera pas d'être créanciers intraitables, en prévision des pertes qu'ils peuvent faire plus tard; cependant, comme tout gain les met en joie, ils se donneront, à *eux seuls*, un bon petit dîner fin dans un restaurant de choix.

Ces gens-là finissent par le diabète, le suicide ou la prison; ce sont les usuriers, les voleurs, les jouisseurs que l'Église condamne, mais ils ne ressemblent en rien à l'homme économe et charitable qui conduit sagement sa barque, assure une honnête aisance aux siens et n'oublie pas les pauvres.

Drumont a commis une grosse faute en ne faisant pas cette distinction, elle était cependant bien facile à établir.

En la laissant de côté il a détruit toute la valeur de son argumentation et en voulant trop prouver, n'a rien prouvé du tout.

Combien, à sa théorie excessive, je préfère la thèse profondément pensée que vient d'écrire un vétéran du journalisme, M. Gorce qui, malgré ses 82 ans, tient encore gaillardement la plume!

Dans son ouvrage « *La terre ou l'argent; qui l'emportera* », il montre le gouffre au fond duquel le capitalisme peut plonger la France; il dit quel devrait être le rôle de l'or, destiné en principe à faciliter les échanges; il constate que la terre est discréditée par suite de la grande valeur donnée à l'argent et en conclut avec beaucoup de talent, que la terre ne pouvant pas mourir, c'est l'argent qui périra dans une banqueroute épouvantable et générale.

Lui aussi condamne l'usure, mais il reconnaît que le prêt à intérêt au taux légal est toléré. J'ai trouvé dans son ouvrage que j'ai voulu lire avant de répondre aux affirmations de la *Fin d'un monde*, une explication très naturelle de l'amour des Juifs pour la spéculation.

Dans la loi mosaïque, dit M. Gorco, l'usure était interdite entre les Israélites, et les années jubilaires venaient de temps en temps donner un vigoureux coup de balai aux prêts consentis en dépit de la loi; mais si entre eux, les Juifs ne devaient pas demander à l'argent une fécondité condamnée, la même interdiction n'existait pas vis-à-vis des étrangers.

Pour arriver à dompter les ennemis du peuple de Dieu, la loi mosaïque permettait l'usure à leur égard comme moyen de destruction. Tant que la nation Juive a subsisté comme peuple, cette usure s'est attaquée simplement aux voisins susceptibles d'empiéter sur le territoire national.

Lorsque, par son déicide, le peuple Israélite

a été chassé de la terre promise et donnée, et est devenu le Juif errant, l'ennemi a été tout ce qui ne judaïsait pas.

Naguère c'était la gentilité qui était taillable à merci; aujourd'hui, ce sont les chrétiens qu'il faut terrasser.

Ennemis invincibles par tous les autres moyens, ils ne sont susceptibles d'être étranglés que dans les couloirs sombres de la bourse; et on ne se prive pas de leur y tordre le cou.

L'affirmation de M. Gorce a un grand cachet de vraisemblance, c'est bien en effet ce qui se passe; aussi, est-ce seulement à la spéculation juive qu'eût dû s'en prendre Drumont, sans la confondre avec l'épargne chrétienne et française.

A cette situation il y a évidemment un remède.

Personnellement je suis intimement convaincu que Dieu qui a fait passer sur la France l'amour qu'il avait autrefois pour les Israélites, ne peut pas et ne veut pas permettre que les Francs, ses enfants privilégiés, ces Francs dont il se sert pour accomplir ses desseins, soient détruits par une bande d'étrangleurs descendants de ceux qui crucifièrent son Verbe incarné.

Il nous donnera donc un jour ou l'autre le moyen de nous débarrasser de ces vampires.

Drumont en indique un : l'extermination.

Pour atteindre son but, il pousse à la révolte à main armée ; il a tort, ce n'est pas ainsi que nous arriverons.

Je connais un meilleur système ; c'est celui du retour aux idées chrétiennes et au règne social du Christ.

Lorsque nous aurons réalisé ce grand œuvre, l'État, au lieu d'être athée comme aujourd'hui, sera chrétien et, en cette qualité, prendra des mesures qui ne peuvent venir que de lui.

Il se préservera du Juif, non pas en tant qu'individu, mais en tant que société ayant dans ses statuts la ruine du Français catholique par l'usure.

Je me moque de M. de Rothschild, de M. Ephrussi, en tant que Rothschild et Ephrussi mais je les redoute comme Juifs, et si j'ai à me faire protéger contre eux, ce n'est pas contre leur personnalité que j'ameuterai l'opinion pour pousser la foule impressionnable à leur faire un mauvais parti, ce sera contre le Juif en général que je demanderai une loi.

Rothschild et Ephrussi morts laisseront après eux des coréligionnaires qui continueront ce qu'ils avaient si bien commencé ; une loi, au contraire, remettant le Juif dans la situation où il était avant la révolution, c'est-à-dire dans l'impossibilité de nuire, nous débarrassera radicalement.

Eh mon Dieu, blâmant les violences de Drumont, je ne veux pas tomber dans les mêmes excès; aussi dois-je m'expliquer sur le caractère de la loi que je souhaite.

Elle serait bien simple; je ne lui donnerais que deux articles ainsi conçus :

1° Les Juifs sont tolérés en France; ils peuvent, sous la surveillance du gouvernement, y occuper toutes les situations sociales qui leur conviennent, sauf celles qui ont rapport au maniement de l'argent, comme banques, agences de change, sociétés de crédit, etc.

2° L'État français étant chrétien, les Juifs ne sont pas admis aux fonctions publiques ou électives.

Une loi votée et promulguée dans ces termes, et elle n'a rien d'exorbitant, nous mettrait à l'abri des Juifs.

Ils ne l'ont pas encore formulée chez nous et contre nous, cette loi-là, mais ils font absolument comme si elle existait en fait.

Voyez-les; ils ont tout accaparé, les premières charges publiques, la magistrature, l'administration, la finance (la finance surtout, ils ne tendent qu'à cela), la presse, les consciences !

J'ai dit les consciences avec intention, car ce sont eux qui observant le repos sabbatique, nous poussent à violer celui du dimanche ; ce sont eux qui ont fait briser nos crucifix, qui les ont chassés des écoles, des hôpitaux, de partout.

Dans cette guerre au Christ qu'on cache et qu'on insulte, il faut que nous engagions le combat avec la croix comme étendard.

La bataille est commencée et je ne doute pas de son issue.

Ce sont les Cercles catholiques qui les premiers sont descendus dans la lice et leur devise *In hoc signo vinces* n'a jamais menti.

Ce n'est donc pas comme le prétend Drumont, uniquement pour organiser des cercles d'ouvriers et permettre à l'artisan de fuir les cabarets que l'Œuvre des Cercles a été créée, mais bien pour préparer le règne social de Jésus-Christ et arriver ainsi à adoucir le sort des classes laborieuses en faisant pénétrer partout, dans l'âme des travailleurs comme dans celle des patrons les divins préceptes de l'Évangile.

C'est le premier pas vers l'État chrétien. Drumont s'est donc mépris sur le but que se propose l'Œuvre, il n'en a vu que l'un des tout petits côtés.

Il est, par suite, très mal fondé à venir dire que « l'on ne fait que constater une évidence en avouant que l'essai a lamentablement échoué. »

Avant de se prononcer sur une question, le premier devoir qui s'impose à tout esprit sérieux est de l'étudier. L'appréciation de Drumont me prouve qu'il a oublié ce point essentiel.

Il n'a donc pas vu l'œuvre de près, qu'il parle ainsi?

Il ne sort donc pas de sa rue de l'Université?

Il n'a donc pas couru la province?

Il n'a donc jamais assisté à une seule de nos assemblées diocésaines dans lesquelles les membres des cercles rendent compte de leurs travaux et de leurs progrès?

Je ne vais pas m'amuser à lui remettre sous les yeux tout ce que j'ai déjà dit à ce sujet dans un chapitre précédent, mais j'affirme, en opposition à son dire, que l'Œuvre des Cercles a une action énorme sur la classe ouvrière, que le bien qu'elle fait est immense, et que si l'on juge de son avenir par ses débuts, on acquiert vite la conviction qu'elle est destinée à retourner la France comme la charrue la terre en friche.

Lorsque les francs-maçons, qui n'ont que le diable pour eux, ont commencé à s'organiser sérieusement, il y a cent cinquante ans, que pouvaient-ils? que disait-on d'eux?

Aujourd'hui que sont-ils? que peuvent-ils? qu'ont-ils fait?

Ils n'étaient rien; ils sont tout!

Ils ne pouvaient rien; ils sont tout puissants!

Ce sont eux qui, aidés des Juifs, ont fait de notre pauvre patrie la nation languissante qui se mourrait si les catholiques n'étaient pas là pour la sauver.

Ces catholiques se sont groupés; ils ont fondé l'Œuvre des Cercles: ils ont Dieu pour eux; depuis moins de quinze ans, ils ont remué le pays tout entier, et Drumont parle d'échec lamentable! qu'il leur fasse crédit seulement un demi-siècle et s'il est encore là, il verra!!

Je trouve dans la *Fin d'un monde* des phrases comme celle-là :

« L'ouvrier, je ne le nie pas, après avoir prié et chanté le dimanche, se retrouvera le lundi l'âme plus contente, mais il n'aura pas obtenu la plus légère modification à la loi d'airain des salaires; il n'en sera pas moins esclave, et j'ajoute que le patron n'en sera pas plus libre. La concurrence contre laquelle il lutte l'empêcherait, en eût-il la volonté, de rien changer aux règlements sur le salaire et les heures de travail (1). »

Et un peu plus loin :

(1) *Fin d'un monde*, page 201.

« De temps en temps d'effroyables accidents se produisent. Les ouvriers surmenés de fatigue n'ont plus la force d'attention nécessaire, le générateur saute, comme au mois de novembre dernier. Dans ce cas les patrons francs-maçons qui sont assurés se contentent de rire, jusqu'au jour où les ouvriers, LOGIQUES A LA FIN, diront ce que les ouvriers belges ont dit à Baudoux :
« Puisqu'il n'y a rien au-delà de cette vie, pourquoi nous épuiserions-nous à travailler pour t'assurer des millions. Flambe et meurs (1) ! »

Il y a dans ces réflexions écrites à cinquante lignes l'une de l'autre d'énormes contradictions !

Comment ! Drumont constate que le danger réside dans le matérialisme de l'ouvrier, et il considère comme une vétille le fait de l'envoyer à l'église le dimanche !

Mais l'Église et sa doctrine sont justement le remède de ce matérialisme si redoutable !

Et qui donc met toute sa patience, tous ses efforts à ramener les ouvriers à cette Église ?

Mais c'est l'Œuvre des Cercles ! Elle n'a pas d'autre but ! Elle n'a été fondée que pour cela !

Quels sont ces dix mille hommes qui se disposent dès aujourd'hui à aller assurer de leur fidélité le pape Léon XIII au mois de septembre prochain ? des ouvriers !

(1) *Fin d'un monde*, page 202.

Sont-ce des matérialistes ceux-là?

Ont-ils pour devise : « Flambe et meurs? »

Et qui prendra leur tête sur la route de la ville éternelle?

Toujours l'Œuvre des Cercles!

Et vous trouvez, mon cher Drumont, qu'elle a piteusement échoué?

Vous trouvez qu'elle est inutile à la société?

Mais n'eût-elle empêché qu'une seule explosion de dynamite, n'eût-elle barré la route au désespoir que dans une seule âme d'ouvrier, il faudrait la saluer avec respect et proclamer l'efficacité de son action. Elle a fait bien plus; elle a arraché à la corruption moderne des légions de travailleurs; elle a fait fleurir dans des milliers de rudes cœurs, cette plante délicate et précieuse qui s'appelle la foi; elle vogue vent arrière, toutes voiles dehors, en le préparant, vers ce demain qui nous donnera la paix sociale à l'ombre de la Croix!

Et vous trouvez que cela n'est rien!

Allons, allons, mon cher Drumont, quand vous avez écrit ces lignes vous aviez encore sur le cœur l'histoire des bibliothèques de chemins de fer et votre petit échec près de M. de Mun et de M. de Lamarzelle!

Est-ce vrai?

Quand vous parlez des catholiques, n'appliquez donc pas indistinctement l'épithète d'*excellents* à tous ceux qui vont à la messe et semblent faire leur devoir.

Parmi les catholiques, il faut distinguer.

Il y a ceux qui sont au-dessus de vos critiques, comme les membres de l'Œuvre des Cercles, et ceux qui les méritent.

Ces derniers, catholiques à l'eau de rose, mêlent agréablement beaucoup de bien avec un peu de mal, ne se gênent pas pour exploiter ceux qu'ils emploient et croient avoir tout réparé quand ils ont versé cent francs dans l'escarcelle de la comtesse Z... quêtant pour l'orphelinat de sa bonne ville.

Oui, comme vous le dites, ceux-là ont l'esprit charitable et sont privés souvent, pour ne pas dire toujours, de l'esprit de justice, aussi ne sont-ils pas « d'excellents catholiques ».

Si vous les considérez comme tels, je ne suis pas surpris que vous écriviez cette phrase : « Bien des choses seraient à dire encore sur les causes qui rendent stériles les efforts tentés pour ramener à l'Église le monde ouvrier (1). »

Ce ne sont pas ces catholiques-là qui ont mission de ramener l'ouvrier à Dieu ; ce sont les autres, ceux qui mettent en rapport leurs actes et leurs paroles, joignant à la diffusion

(1) *Fin d'un monde*, page 206.

des idées pour lesquelles ils combattent, un exemple qui impressionne encore plus que tout ce qu'ils pourraient dire.

Ces hommes, véritablement chrétiens, je les remarque surtout dans l'Œuvre des Cercles.

Vous trouvez, dites-vous, magnifique cet acte d'un ouvrier donnant dix centimes à une souscription pour remercier Dieu de lui avoir fait la grâce de supporter sans colère l'outrage d'un camarade qui lui a craché à la figure parce qu'il appartenait à un cercle catholique (1).

Mais ces actes-là sont journaliers parmi les hommes sur lesquels nous comptons pour empêcher la fin de ce monde que vous annoncez comme si vous étiez un désespéré!

On ne vous les a pas signalés parce qu'on ne se vante pas soi-même de ces choses-là et qu'il faut prendre sur le fait ceux qui les accomplissent pour arriver à les connaître, mais ils se reproduisent souvent.

Trouvez-vous magnifique, par exemple, qu'un journaliste catholique se laisse outrager par un confrère libre-penseur, et devant toute la galerie refuse de se battre en duel? — Oui? — Ma foi pas moi, et je l'ai vu souvent.

Cela ne me paraît pas sublime du tout; c'est tout simple, aussi simple que de ne pas

(1) *Fin d'un monde*, page 209.

faire le porte-monnaie d'un voisin dans une foule.

Est-ce que Dieu n'a pas dit : Tu ne tueras pas, comme il a dit : Tu ne voleras pas?

L'acte de l'ouvrier que vous avez signalé est beau, parce que cet homme, en somme, fait plus que la loi ne demande ; mais il n'est pas rare, il est l'un des fruits qui mûrissent dans la serre chaudement chrétienne qui s'appelle l'Œuvre des Cercles.

Je comprends que cela vous étonne, vous Parisien mêlé au mouvement mondain de la capitale, de même que je m'explique qu'en voulant faire le portrait de de Mun vous ne l'ayez qu'ébauché et mal ébauché. Il y a dans le chef de l'Œuvre des Cercles, autre chose qu'une distinction rare et une éloquence persuasive ; autre chose que la régularité de vie d'un vieil employé du ministère de l'Intérieur ; autre chose qu'une *prudence ecclésiastique, une prudence de curé de paroisse de Paris;* il y a un grand chrétien.

Vous avez dit de M. de Mun : « Il est aussi incapable d'une déloyauté que d'un élan spontané : c'est un cœur sec, un cerveau très froid, mais qui obéit à une conscience droite. »

En vous exprimant ainsi, Drumont, vous avez été injuste et vous avez prouvé à ceux qui

8

connaissent M. de Mun que vous ne l'aviez fréquenté que rarement.

Le comte de Mun n'est pas ce que vous dites et ce que beaucoup pensent.

Physiquement, Dieu lui a donné tout ce qu'il fallait pour qu'il pût se perdre.

C'est ce qu'on appelle un beau gars et c'est en même temps un grand parleur.

Un homme beau, mâlement beau, vous savez où trop souvent cela mène : dans certains boudoirs où à une fatuité révoltante on ne tarde pas à joindre une corruption profonde. Une grande éloquence, vous savez aussi où cela conduit : à une satisfaction de soi-même qui rend celui qui en est atteint insupportable à tous.

A ces qualités dangereuses M. de Mun a opposé des préservatifs. Il les a cherchés dans le catholicisme, et il a largement puisé dans cette mine intarissable.

Cet homme qu'à la Chambre tout le monde admire et applaudit, ce grand charmeur qui n'a qu'à paraître pour exciter les sympathies, médite tous les matins sur les misères de sa nature, sur les défaillances de l'âme humaine, sur les dangers qui entourent l'homme jeté au milieu du monde et quand, sérieusement, devant Dieu, il a recherché tous les écueils à éviter, il connaît la route et va droit son chemin en toute sécurité. Deux fois par jour, il jette un regard en arrière, sur le temps parcouru depuis son réveil et il se demande s'il n'a pas heurté tel ou tel récif, s'il a échappé aux dangers qu'il avait prévus le matin.

Comment veut-on qu'ensuite un homme aussi solidement armé ne soit pas fort !

Je n'insiste pas, je n'ai pas à dire ici d'une façon plus précise, quelle est la piété de M. de Mun ; je me borne à expliquer brièvement la raison de sa force et à réfuter les affirmations injustes de Drumont.

Pas d'élan, chez M. de Mun ! mais qu'est-ce qui l'a donc porté à quitter sa cuirasse pour devenir l'ami et le défenseur des ouvriers ? Est-ce qu'un cœur sec, un cœur d'aristocrate surtout, se serait émotionné des souffrances du peuple ?

On reproche souvent à l'aristocratie son espèce de dureté vis-à-vis des ouvriers et l'on n'a pas toujours tout à fait tort.

Savez-vous pourquoi certains gentilshommes paraissent avoir le cœur sec ?

Tout simplement parce que l'idée chrétienne est étouffée en eux par l'orgueil ; ils se figurent être de beaucoup supérieurs à de pauvres travailleurs !

Je crois avoir démontré que chez le comte

de Mun c'est l'idée catholique qui domine, donc elle a pris la place de l'orgueil; or un cœur sans orgueil n'est jamais sec!

Alors M. de Mun est parfait? se diront peut-être ceux qui liront ces lignes; et ils ajouteront, ayant conscience de leur propre imperfection, et mus par ce petit sentiment bien humain qui germe si facilement en présence d'une supériorité constatée : Faites-lui donc faire une niche, et mettez-le dedans! Vous écrirez ensuite son panégyrique.

Eh bien, non, le comte de Mun n'est pas parfait; il a des faiblesses intimes comme nous en avons tous, mais celles-là ne nous regardent pas; il a aussi un défaut apparent que je dois signaler quand ce ne serait que pour prouver à Drumont que je ne le contredis pas de parti pris.

M. le comte de Mun est froid.

Les ouvriers disent : Il n'est pas bon enfant, il nous intimide.

Ce défaut je me l'explique; il est le résultat de la situation faite à celui chez lequel la justice me force à le constater; il est aussi le résultat de sa naissance et de son éducation.

Le regretté Robert de Mun, dans une de ces retraites fermés remises en faveur par l'Œuvre des Cercles, se fit un jour un devoir de dire à son frère : « Tu es trop froid près des ouvriers ! » et depuis, j'en ai la conviction, le comte Albert lutte pour dompter sa nature.

Il y arrivera, il est de ces gens qui font ce qu'ils veulent et qui considèrent qu'*impossible* n'est pas français.

Je sais que ces luttes intérieures, qui sont souvent pénibles, dans lesquelles on n'est pas toujours vainqueur, ne paraissent pas être du goût de Drumont.

Il voudrait un de Mun casse-cou, un de Mun prêt à monter à cheval au signal qu'il se chargerait de lui donner, un de Mun décidé à se mettre à la tête de la première émeute qui éclatera contre les Juifs !

Le de Mun nature ne lui va pas ; du reste, il est difficile à contenter ; Chesnelong est sans énergie, le comte de Chambord fut un trembleur, et quant à de Mun c'est un donneur d'eau bénite !

Les vrais hommes sont ceux qui prennent leur fusil et abattent leurs adversaires comme de simples bartavelles !

Parlez-moi de ces Français-là !

Ma foi, ils étaient fort beaux il y a trois cents ans, quand on ne parlait que de coups de rapière et quand les attaques se traduisaient

8.

par de grandes estafilades et des décharges de mousquets.

Malheureusement ce n'est plus cela; les Jacobins ne jouent pas du fusil, ils ne font même plus marcher la guillotine; leurs armes sont la corruption et l'immoralité, armes contre lesquelles la force musculaire ne sert à rien.

Ce qu'il faut leur opposer c'est la force morale et la pureté des mœurs.

Si ce soir, un homme, chef du parti catholique, prenait son grand sabre et suivant les conseils de Drumont, se dressant sur ses étriers, se mettait à crier : « A moi mes fidèles soldats ! sus aux Juifs et aux Jacobins! » il se ferait prendre pour un émeutier ou pour un don Quichotte.

Dans le premier cas, on l'enverrait en police correctionnelle entre deux agents; dans le second, on le conduirait à Charenton dans une voiture matelassée.

Voyez-vous de Mun passant en correctionnelle pour tentative d'insurrection?

On ne risque pas de se faire assommer par une pareille tuile !

Drumont n'aime que les violents, et comme l'Œuvre des Cercles ne se compose que de pacifiques, de ces pacifiques auxquels Dieu a promis la terre; il s'écrie :

« En résumé, le *socialisme* catholique, en France du moins, se réduit à une bénévolence incontestable pour l'ouvrier, à un désir très réel de soulager ses souffrances par la charité, mais à la condition de ne rien changer à l'ordre social actuel.

« Les catholiques semblent obéir à un impérieux besoin de monter la garde autour d'une société qui est la négation de leurs principes; ils exercent avec conviction autour de la franc-maçonnerie qui les bafoue, une sorte de police supérieure destinée à faire tenir tranquilles les prolétaires en leur parlant du ciel. A ce point de vue on a pu dire que le fondateur des cercles ouvriers n'avait point changé d'état, qu'il avait permuté seulement et quitté les cuirassiers pour entrer dans la gendarmerie (1). »

Eh bien, mon cher Drumont, ce serait tout à fait cela, si ce n'était pas justement tout le contraire!

Voyez comme vous avez peu de chance; j'ai là sous les yeux le discours prononcé par M. Paul Schæffer, avocat à Périgueux, le 8 juillet 1888, au pèlerinage de l'Œuvre des Cercles ouvriers à Rocamadour, et dans ce discours qui roule tout entier sur l'Église et la question

(1) La *Fin d'un monde*, page 220.

sociale, je trouve des choses diamétralement opposées à celles que vous soutenez. Vous admettrez bien que M. Schæffer qui est l'un des membres militants de l'Œuvre dans la Dordogne, sache un peu mieux que vous, qui ne vous en êtes occupé qu'en passant, quelle est l'action du catholicisme et de la douceur sur les ouvriers?

Écoutez-le : Après avoir exposé quelle était autrefois la situation des ouvriers et des patrons, après avoir dit combien il était doux pour les premiers, « au déclin d'une carrière dont une sereine et consciencieuse activité avait honoré les longs jours, de laisser à une génération laborieuse dès le berceau, l'héritage d'une épargne qui s'élevait parfois jusqu'à l'aisance et qu'accompagnait un renom professionnel d'autant plus doux à transmettre qu'il était plus lent à conquérir! »

Après avoir dit que : « résultat plus précieux sans doute, le chrétien avait vécu en paix avec le chrétien son frère. »

Après avoir montré que telle avait été l'œuvre de Dieu, il a exposé « ce qu'était l'œuvre d'homme qui, depuis cent ans, se poursuit sans relâche pour ainsi dire sans obstacle. »

Cette œuvre, elle a abouti « à créer une haine et une méfiance, à placer en face l'un de l'autre deux ennemis, elle a créé l'exploité et l'exploiteur. C'était forcé. Du moment où l'homme ne trouvait plus dans l'homme un frère, — et il ne pouvait le rencontrer que dans le culte social du même Dieu — le premier conflit d'intérêts devait les mettre aux prises (1). »

Puis, il est arrivé à opposer le remède au mal et après avoir rappelé quel avait été jusqu'ici le rôle de l'Œuvre des Cercles catholiques, il a terminé en ces termes :

« Votre œuvre est-elle achevée?

« Non, elle commence à peine.

« Vous avez désarmé l'ennemi, l'allié vous reste à conquérir. Cet homme est un isolé et par conséquent un faible. Certes, vos sympathies lui sont chères ; mais vous aurez beau vous attacher à lui faire oublier les distances d'éducation et de milieu, l'instinct délicat de sa misère les lui fera percevoir, et au sortir de ces tête-à-tête (avec les ouvriers) où vous aurez mis toute votre charité, il se sentira encore abandonné. Renouvelez alors votre action, partout où vous la pouvez exercer : entre ces désabusés, établissez peu à peu des points de contact, amenez-les par un acheminement prudent et gradué jusqu'aux confins de

---

(1) Discours de M. Paul Schæffer à Rocamadour, le 8 juillet 1888.

l'association catholique : faites ressortir à leurs yeux l'avantage moral et temporel de l'union, déchirez peu à peu le voile qui leur dérobe le magnifique tableau du travail chrétien aux âges de foi, réconciliez-les avec les souvenirs d'un passé dont les gloires méritent un hommage et dont la prospérité justifie bien un regret ; et quand la vérité servie par vous aura jeté bas toutes les bastilles du préjugé, montrez à ces affranchis de la charité, le peu de chemin à parcourir pour devenir des forts, ouvrez-leur bien large la porte de vos cercles, de vos confréries, de vos unions de métiers, de vos syndicats agricoles : les noms changeront avec les lieux, les besoins et les usages ; qu'importe ? En en franchissant le seuil, ils sauront qu'ils ne sont plus seuls à souffrir, ils auront appris qu'appuyés les uns sur les autres, les yeux élevés au Christ, ils peuvent livrer avec succès le combat de la vie. Et comme ils vous devront et l'avantage de cette leçon, et le bienfait de cet espoir, ils connaîtront, messieurs, et c'est là surtout ce qu'il leur convient de connaître, de quel côté leur peut venir le salut, du côté de la révolution qui les isole ou du côté de l'Église qui les unit !

....

« Messieurs, ce sont là de grandes lignes que

ma main devait tracer à la hâte, des jalons que j'ai pu planter sur la route ouverte devant vous, sans prétendre vous asservir à les suivre... L'Œuvre des Cercles n'enchaîne la charité de ses membres à aucune manifestation exclusive. Toutes les entreprises de la charité vous sont accessibles : nos fondateurs ne vous demandent qu'une chose, gagner les petits par le dévouement.

....

« Catholiques, nous sommes la force morale et nous sommes le nombre. Que nous faut-il pour être tout ? Que le monde le sache et que nous osions, nous, le dire !

....

« Vous n'êtes pas de ceux auxquels il y ait lieu de prêcher le courage, mais vous avez acquis le droit de le prêcher. Eh bien ! laissez-moi vous dire et vous supplier de répéter autour de vous ce mot dans lequel je résume nos justes espoirs.

« Les catholiques reprendront leur place historique en France, le jour où ils oseront paraître ce qu'ils sont (1). »

Des citations que je viens de faire, il me semble qu'il ne ressort pas que l'Œuvre des Cercles ait l'intention, comme le prétend Drumont, de ne rien changer à l'état social actuel.

(1) Discours de M. Schæffer à Rocamadour.

Est-ce simplement monter la garde autour de la société que de faire ce que M. Schœffer a si bien exposé?

Est-ce faire la police autour de la franc-maçonnerie que de tendre à reconstituer les sociétés ouvrières et les corporations qui firent jadis le bonheur de l'ouvrier?

Est-ce jouer le rôle d'un gendarme que d'agir en chrétien, de se déclarer tel et d'entraîner les autres après soi?

Drumont et quelques autres diront peut-être :

— Tout cela, c'est de l'art oratoire, c'est de la phraséologie, des mots et rien de plus. Je préférerais pour me convaincre toucher du doigt un seul des résultats de cette doctrine.

C'est bien facile.

Lisez! c'est le petit journal *la Croix* du 5 décembre 1888 qui parle :

« Aux environs de Lille, à Roubaix et Tourcoing, il y a un an, 35 usines — ce pays en est rempli — s'étaient organisées chrétiennement, c'est-à-dire sur la loi d'amour au lieu de la loi de haine. Il en était résulté différentes institutions économiques favorables à l'ouvrier; une intervention plus directe du patron, la cessation d'injustices. Ce bon exemple a entraîné d'autres fabricants à rompre la glace entre ouvriers et maîtres attachés à un même intérêt et à un même travail ; cette année, au lieu de 35 usines où la glace a fondu, il y en a plus de 50. »

Expliquant comment on est arrivé à ce résultat, *la Croix* ajoute, après avoir dit qu'on a commencé à se parler entre patrons et ouvriers en échangeant un bonjour :

« En ce pays de Roubaix et Tourcoing, aux portes de Lille, on a établi comme lien la *Confrérie de Notre-Dame de l'Usine*, oui, une *confrérie* chez des hommes qui n'allaient pas tous à l'église une fois l'an.

« Pour être simple, c'est assurément fort simple. Le patron *convaincu* dit un mot à l'un de ceux auxquels il a dit bonjour, et il lui propose de grouper dix ouvriers chrétiens ; afin que les intérêts de ces dix soient unis, ils nommeront un chef dizainier qui les représentera auprès du patron pour toute réclamation, pour tout désastre dans la famille, s'il y a lieu.

« Telles usines ont dix, vingt, trente... chefs dizainiers, un vrai sénat, qui s'entendent avec le patron ; ces dizainiers sont naturellement les gens qui ont le plus de bon sens et ce sont des chrétiens ayant en outre des qualités morales.

« N'est-ce pas déjà excellent d'avoir constitué cette assemblée des dizainiers ?

« Dans la ville, les 50 patrons ont formé un

syndicat pour les usines catholicisées et chacun d'eux doit amener au syndicat un chef de dizaine choisi parmi ceux de sa maison. Ce chef dizainier a voix consultative et vote, en l'absence du patron, à sa place. Il y a aussi des employés.

« Il n'est pas étonnant qu'un tel syndicat prenne des décisions utiles à tous et fasse notamment des institutions économiques fécondes en bons résultats.

« Les ouvriers ainsi groupés se proposent d'être fidèles à la messe du dimanche et aux Pâques; ils ont, avec les patrons, une assemblée pieuse chaque trois mois présidée par le prêtre directeur de la confrérie.

« En d'autres villes, on va plus loin; dans les fraternités du salut, les ouvriers s'engagent encore : 1° à faire la prière du soir en famille; 2° à rapporter leur paye à la famille, et 3° à ne pas lire de mauvais journaux. Ces ouvriers ne trouvent pas que c'est trop, bon nombre cependant n'étaient point chrétiens, avaient oublié Pâques et jusqu'au sacrement de mariage. »

Voilà les faits que vous réclamiez! qu'avez-vous à dire maintenant ?... Rien je le suppose.

A la façon dont la *Fin d'un monde* a résumé son opinion sur les cercles catholiques, on serait tenté de croire que son auteur n'a jamais mis les pieds dans un de leurs Comités.

La vérité, la voici : Drumont, avant d'écrire son volume, a vu et étudié de près tous les adeptes du socialisme; il a vécu dans leur milieu matérialiste pour pouvoir rendre compte de leurs aspirations, et sans qu'il s'en soit douté, leurs théories ont un peu déteint sur lui.

C'est ainsi que je m'explique qu'il ne rêve que plaie et bosse, émeute et barricade, feu et sang; c'est ainsi que je m'explique encore qu'il trouve inefficace le programme de ceux qui veulent opposer la douceur et la persuasion à la force et à la brutalité; et si je joins à cela son petit ressentiment contre M. de Mun, à propos de cette éternelle question des bibliothèques de chemins de fer, j'en arrive à comprendre comment il se fait qu'il ait eu la main si dure en écrivant contre l'Œuvre des Cercles les pages auxquelles je viens de répondre.

Depuis des siècles qu'on a voulu faire de la violence on n'est arrivé à rien; la douceur au contraire, pour aller lentement, n'en va que plus sûrement.

Voici déjà trois ans, je crois, que, dans sa *France juive*, Drumont a fustigé les Rothschild, les Ephrussi, les Mayer, les Lockroy et avec eux tous les gentilshommes de France qui ne pensent qu'à s'amuser et à aller faire la bête chez la princesse de Sagan ; à quoi a-t-il abouti avec ses coups de fouet et ses coups de dent à emporter le morceau ?

Les Juifs sont toujours aussi arrogants, aussi puissants que par le passé, et les jouisseurs n'en ont pas manqué un souper ou une partie fine.

Donc, résultat négatif !

Du côté de ceux qu'il critique si amèrement, qui ont marché modestement, agissant doucement et qui, au lieu du bâton, ne se sont armés que de l'Évangile, je constate, au contraire, d'énormes progrès, d'indiscutables conquêtes.

Je viens d'en citer quelques-uns.

Eux qu'on ne voulait pas voir même en peinture, il y a quelques années, ne sont plus discutés.

On les écoute, quand, par l'organe de leur chef, M. de Mun, ils exposent leurs théories devant le Parlement. Ils ont derrière eux des légions d'hommes entraînées par leurs paroles et par leurs exemples.

L'avenir est à eux, ils bâtissent sur le roc.

Les critiques dont ils ont été l'objet dans la *Fin d'un monde* ne sont pas pour les décourager, et je suis de ceux qui croient qu'un jour viendra où Drumont, le sceptique d'aujourd'hui, plus calme et mieux éclairé, sera l'une des chevilles ouvrières de la grande action catholique, dont le but est de refaire la France chrétienne en imitant, non pas les sectaires qui imposent leurs idées le cimeterre à la main, mais les apôtres qui ont conquis le monde par leur douceur et leur humilité, et l'ont jeté au pied du gibet du Golgotha.

Cela vaut cent fois mieux que « l'officier sûr, que propose Drumont, attendant des ordres et se promenant dans la cour de la prison où on aura enfermé les Juifs, devant un peloton de soldats, fusils chargés, l'arme au pied... »

Le peloton d'exécution amènerait des catastrophes, parce que le sang appelle le sang.

L'action catholique produira l'État chrétien, et, en promulguant la loi dont nous avons parlé plus haut, il fera œuvre plus sûre et moins cruelle et par conséquent plus durable.

VI

En pleine boue. — Pas assez de gendarmes. — La reine Luxure. — On ne s'amuse pas pour rien. — Comment on fait du *rabio*. — La France est une vache à lait. — Pourquoi l'on craint la guerre. — La devise des Jacobins. — On a pourri les campagnes. — Les paysans ont peur. — La ville vaut mieux que la campagne. — Pourquoi les catholiques craignent la guerre. — Les troupiers d'aujourd'hui. — La luxure engendre les traîtres. — Pour faire la noce on livre son pays. — Le courage de Drumont. — Ce que nous pensons de ceux qu'il a publiquement déshabillés. — Il eût mieux fait de ne nommer personne. — Les fonctionnaires et leurs *dames*. — Pourquoi M. Carnot ne parle pas. — Les fourvoyés. — Respirons un peu. — Ce qui nous donne de l'espoir. — Les chastes l'emporteront sur les impudiques. — La fin d'une race.

Après avoir étudié à un point de vue, à mon sens beaucoup trop matérialiste et révolutionnaire, le problème social si menaçant, Drumont passe dans sa *Fin d'un monde* à l'étude des partis politiques.

Je lui accorde sans peine que pour entrer dans son sujet il a dû patauger en pleine boue.

Les incidents qui se sont produits depuis l'apparition de son volume n'ont fait qu'agrandir le cloaque dans lequel on a jeté le pays.

Cette situation aussi désastreuse qu'écœurante est le résultat fatal de l'athéisme gouvernemental.

Jean-Jacques Rousseau disait, il y a un siècle, qu'un pays chrétien, mais véritablement chrétien, n'avait pas besoin de gendarmes. Son idée était parfaitement juste.

Aujourd'hui, l'expérience nous permet d'émettre la proposition contraire : un pays païen c'est-à-dire libre-penseur, n'a jamais assez de gendarmes.

Les gendarmes, en effet, sont actuellement absolument insuffisants, non seulement ils ne parviennent pas à mettre la main sur tous les coureurs de grandes routes qui détroussent et assassinent au besoin les honnêtes gens; mais ils n'ont même plus le bras assez long pour pouvoir prendre au collet les aigrefins trop haut placés.

S'il fallait du reste, mettre en prison tous les gens qui le méritent, les immeubles nationaux seraient insuffisants.

C'est ce qui ressort de l'étude très courageuse et très franche que Drumont fait du monde de la politique. Cependant, s'il a constaté des ulcères, il n'a pas recherché quelle était la cause qui avait pu leur donner naissance.

Elle est facile à découvrir.

Toutes les hontes, toutes les misères, toutes les tristesses de la France viennent uniquement de ce que la luxure y règne en souveraine maîtresse.

Nos hommes politiques et autres, n'ayant plus le frein de la foi pour dompter la concupiscence de leur chair, sont comme des animaux en rut. Leur but unique est de vivre le plus joyeusement et le plus longtemps qu'ils pourront et lorsqu'ils sont en fête, après eux le déluge!

Cet amour du plaisir, cette soif de dévergondage, ne peuvent pas se satisfaire sans bourse délier, — la luxure est un mets coûteux; — de là les pillages, les tours de bâton incroyables qui vident nos porte-monnaie de contribuables; de là les gaspillages homériques dont nous sommes les témoins attristés.

L'exemple, partant de haut, est suivi à tous les étages de l'édifice gouvernemental.

Drumont ne s'est occupé que de la piraterie faite à Paris sur une grande échelle; il n'a signalé que les coups de filets procurant des pêches miraculeuses d'un tout autre genre que celle de l'Évangile ; c'est aussi en province qu'il faut voir cela de près.

Il y a de pauvres communes dont les députés maires ont gaspillé toutes les ressources en faisant bâtir des établissements qui leur procuraient quelques pots-de-vin. Ces prodigues qui auraient eu besoin d'un conseil judiciaire, après avoir ruiné leurs concitoyens, se sont éclipsés, recevant des trésoreries générales ou des sièges à la Cour, en échange du fauteuil au Palais-Bourbon que les électeurs indignés n'avaient pas voulu leur laisser.

Lorsque les petites gens ont vu les gros bonnets agir avec autant de sans façon, ils se sont demandé pourquoi eux aussi ne feraient pas de la *gratte*, du *rabio* comme on dit au régiment, et chacun s'y est si bien mis, que les dépenses du budget ont pris des proportions effrayantes. C'est surtout dans les établissements où les fonctionnaires sont logés aux frais de l'État, que le coulage a pris un caractère fabuleux.

Dans un lycée que je n'ai pas besoin de nommer, ne jugeant pas utile de dénoncer un fonctionnaire qui ne suit après tout que la tradition républicaine en la matière et qui, s'il était destitué par extraordinaire, serait remplacé par un autre qui ferait peut-être encore pis, se trouve un économe nouvelle manière qui ne se contentant pas d'être logé, meublé, chauffé et éclairé, se fait encore nourrir lui et les siens.

Il se passe dans cet établissement des choses abracadabrantes.

D'abord on fait du feu dans les cheminées de tous les appartements (c'est l'État qui paie le bois), qu'on s'y tienne ou qu'on ne s'y tienne pas.

Bébé qui est très mal élevé veut-il jouer avec les candélabres du salon? on les lui donne. Il les casse! On les fait remplacer et on les porte en compte.

J'ai connu un sous-officier chargé du service des ordinaires à son régiment qui, au bout de dix-huit mois de service s'était fait avec les fournisseurs un magot de dix-huit cents francs! C'était déjà joli, mais ce n'est rien auprès du *rabio* fait par les économes dans les établissements où toutes les dépenses sont à la charge de l'État.

Soyez surpris après cela que l'Université soit devenue le puits dans lequel s'engloutissent les millions que vous savez!

Lorsque les fonctionnaires ne font pas de la

gratte ils gaspillent par incurie, pour le plaisir de gaspiller.

Tout cela dénote l'idée que les hommes du jour se font de leur patrie; ils prennent la France pour une bonne vache à lait et ils la tètent jusqu'à épuisement.

La pensée qu'ils pourraient être dérangés dans leurs agapes, qu'on pourrait les faire sortir des fromages dans lesquels ils se sont si bien enfermés, a rendu les républicains d'une circonspection qui a dégénéré plusieurs fois en couardise.

C'est uniquement pour ce motif qu'ils ont fait à la Ligue des patriotes, pour laquelle je n'ai du reste aucune sympathie, la guerre au couteau dont les épisodes menacent de devenir tragiques.

Comprenez donc, ces farceurs de patriotes pouvaient à chaque instant occasionner un conflit avec l'Allemagne, et le conflit amenait la guerre.

Or, la guerre, il n'en faut plus! On peut nous cracher au nez, tuer nos gendarmes sur la frontière, dresser des traquenards à nos fonctionnaires, on supportera tout.

La devise des hommes d'aujourd'hui, est: tout plutôt que la guerre!

Et parbleu, je comprends admirablement leur

raisonnement ; ils savent parfaitement que si la guerre éclatait, ils ne resteraient pas 48 heures en place, et c'est aux places qu'ils tiennent.

La presse républicaine de province a parfaitement servi les jouisseurs huppés en cette circonstance. Elle a gangrené les populations rurales jusqu'à la moelle. Elle en a fait des assoiffés de plaisir, or chacun sait que ce n'est pas à la sortie d'un lieu de débauche qu'on est disposé à aller jouer sa vie pour cette idée abstraite qui se nomme l'honneur national.

Grâce aux petits journaux à cinq centimes qui publient les immondes feuilletons dont Drumont a parlé dans son livre, chaque village de France est devenu un lieu de joie.

L'esprit pourri par la lecture de scènes sadiques, le corps perdu par la luxure, nos paysans eux-mêmes sont devenus des indifférents ; ils n'ont plus ni vigueur ni patriotisme et comme la guerre les enlèverait à leur fumier moral comme à leur fumier matériel pour les jeter au milieu des balles et des enivrements de la poudre en face de la mort, cela ne leur va pas et à tout prix eux aussi veulent conserver la paix.

Les uns et les autres sont faits pour s'entendre.

Jadis la campagne valait mieux que la ville ;

aujourd'hui c'est le contraire qui est vrai; la ville est meilleure, parce que les ouvriers qui veulent s'y conserver honnêtes, et ils sont heureusement nombreux, y trouvent des préservatifs et des sauvegardes, qui leur feraient notablement défaut aux champs.

Il faut bien l'avouer, nous aussi les catholiques nous tremblons à la pensée de la guerre, nous frémissons, mais ce n'est pas pour la même raison.

Nous n'osons pas envisager l'éventualité d'une nouvelle campagne parce qu'en dépit de notre foi dans les destinées de la France, nous craignons une horrible catastrophe.

Lorsque Jeanne d'Arc, la pieuse fille que l'Église s'apprête à déclarer sainte, vint se mettre à la tête de l'armée royale, elle commença par chasser du camp toutes les prostituées qui l'avaient envahi.

Lorsque les soldats débarrassés de cette vermine eurent demandé pardon à Dieu de leurs excès, la Pucelle déploya sa bannière et les conduisit à la victoire.

Hélas! notre armée n'est formée que des fils de ces bourgeois et de ces paysans qui ne songent qu'à jouir et à se vautrer dans l'impudicité, et de même que bon chien chasse de race, nos pioupious préfèrent malheureusement le *Gil*

Blas à la *théorie* et les lupanars à la caserne.

Jamais nous n'avions eu à constater dans notre brave armée si noblement commandée, si chevaleresque dans ses chefs, des défaillances semblables à celles que les conseils de guerre ont eu récemment à punir.

La trahison qui n'avait jamais pu pousser en France paraît vouloir s'y acclimater; depuis Chatelain qu'on aurait dû fusiller, jusqu'à Allyre qui vendait une cartouche Lebel au gouvernement italien et qu'on n'a puni que de vingt ans de travaux forcés, combien a-t-on compté de tentatives de trahison?

Le patriotisme a donc été tué par le républicanisme.

Il n'en est pas ainsi fort heureusement dans toutes les républiques; mais, — cette constatation est navrante, — la république française s'est donné la spécialité de salir et d'atrophier tout ce qu'elle a touché.

La raison en est bien simple; en adoptant la morale facile d'Épicure elle a fait de tous ceux qui se sont rangés volontairement ou forcément sous son drapeau des êtres dégradés et vils. Dans l'élément civil elle a produit des gaspilleurs et trop souvent des voleurs et des assassins; dans l'élément militaire elle a fait éclore des traîtres.

Chatelain avait comme Égerie une cabotine dont je ne me rappelle plus le nom, qu'il avait ramassée dans les coulisses de quelque beuglant de province.

Allyre a déclaré à ses juges qu'il n'avait pas eu l'intention de trahir la France, qu'il avait simplement essayé, en vendant une cartouche, de se procurer cinq cents francs pour faire la noce.

La noce, c'est toujours la noce, on ne songe qu'à elle en haut comme en bas; c'est elle qui inspire toutes les hontes que Drumont a si bien dévoilées dans son ouvrage.

La *Fin d'un monde* a cité des noms, elle les a écrits en toutes lettres; elle a raconté la vie de certains hommes politiques pour démontrer. preuves en main, que nous étions menés par une poignée de pourris; c'est courageux de la part de son auteur, car il s'est surtout attaqué à des bretteurs de profession, mais ce n'est pas chrétien.

La vie privée des gens ne nous appartient pas; s'ils se plaisent dans la boue c'est leur affaire, mais nous n'avons pas le droit de crier à tous ceux qui passent, en employant l'expression de Drumont : « Regardez-les tous ces S...! Voyez-les, ils se vautrent dans la luxure, ils abandonnent femmes et enfants pour s'accrocher aux jupes des drôlesses, ils ont fait ci, ils ont fait ça, et ils se nomment un tel, un tel et un tel!»

Vous qui vous confessez, mon cher Drumont, vous savez comment on appelle ces dénonciations-là; ce n'est pas de la calomnie puisque toutes ces ignominies sont malheureusement vraies, mais c'est de la médisance et de la grosse.

En ne nommant personne, vous auriez peut-être eu un moins grand succès de librairie, mais votre campagne eût été tout aussi fructueuse au point de vue du bien à faire; car, soyez-en convaincu, bien que vous nous ayez assez gaillardement déshabillé trois ou quatre républicains, vous ne nous en avez pas encore dit autant de mal que nous en pensons.

A cette critique, que je me permets uniquement parce que je n'aime pas à voir un chrétien se laisser aller à des excès que sa religion interdit, je n'ai pas besoin d'ajouter que tout ce que contient la *Fin d'un monde* sur les hommes de la république n'a pas à être refuté.

Cela va de soi.

Il y aurait des volumes entiers à écrire sur ce personnel officiel dont Drumont n'a pris des types qu'à Paris! En province les fonctionnaires et leurs *dames* donneraient matière à d'abondantes moissons de croquis dignes de passer à la postérité. Mais à quoi bon les dépeindre, nous les coudoyons tous les jours dans la rue et nous savons ce qu'ils valent.

M. Carnot qui voyage beaucoup et qui dans ses pérégrinations à travers la France a fait la connaissance des sous-chefs de rayons que ses ministres envoient comme sous-préfets dans les départements, a dû être peu flatté de ce qu'il a vu.

C'est un taciturne M. Carnot, disent les feuilles publiques; lorsqu'il est à table il ne cause pas; dans les réceptions ouvertes il est d'un froid à vous donner la chair de poule.

On le serait à moins! Tout président de la république qu'il est, il a de l'éducation, et comme tous les gens qui savent vivre, il n'aime pas les gens mal élevés.

M. Carnot est encore un de ceux dont je n'ai jamais compris la présence au milieu de la clique républicaine et dont je ne m'explique pas encore l'élévation à la présidence de la république.

Je sais bien qu'on l'a pris faute de mieux, mais à sa place je n'aurais pas voulu me mettre dans les draps du père Grévy.

Depuis qu'il y est, il est poussé par la destinée républicaine qui veut qu'on ne s'arrête pas dans la voie du mal, et cet homme dont la famille est des plus honorables, cet homme qui lui-même a des sentiments délicats, se trouve compromis comme les autres et porte sa lourde part de responsabilité.

Ils sont comme cela un certain nombre qui se sont fourvoyés; il me suffit de le reconnaître pour prouver que je ne mets pas tous les partisans de la république dans le même sac bon à jeter au feu ou à l'eau.

Je n'ai pas besoin de dire que ceux qui ont confiance dans l'avenir ne comptent guère sur ces désillusionnés, ils ont de vieilles habitudes dont on aura bien du mal à les défaire; cependant, comme les moutons de Panurge, je ne doute pas qu'ils ne suivent le bon mouvement dès qu'il aura été donné.

En terminant ce très court chapitre, court fatalement puisque je n'avais rien ou presque rien à réfuter dans la partie correspondante de la *Fin d'un monde*, je tiens à ne pas rester sur la pénible impression que m'a causée la lecture des révélations de Drumont.

Après avoir remué toutes ces putréfactions, il nous dit qu'il a descendu ses escaliers quatre à quatre et qu'il s'en est allé respirer l'air pur de son jardin et admirer la nature, œuvre divine; cette nature si belle ne lui a-t-elle pas dit que tout n'était pas fini pour notre pauvre France déguenillée au moral comme au physique?

Il faut croire que non, puisqu'après avoir respiré l'air frais et embaumé, après avoir contemplé l'œuvre de Dieu, il n'a pas changé le titre de son ouvrage et a persisté à croire que tout était fini et que nous roulions définitivement dans l'abîme.

Eh bien, en dépit de toutes les ignominies qu'il a étalées, en dépit de toutes les hontes, en dépit de la corruption qui a presque tout envahi, je persiste à espérer et j'espèrerai toujours contre toute espérance.

Dieu n'a détruit Sodome et Gomorrhe que parce que notre vieux père Abraham n'avait pas assez osé en lui adressant sa prière. Le ciel souffre violence et Dieu aime à avoir la main forcée.

Abraham avait dit au Seigneur :

— S'il se trouve dix justes dans ces villes, les épargnerez-vous ?

Et le Seigneur avait répondu : Je leur pardonnerai !

Or, les dix justes ne se trouvèrent pas et le feu du ciel fit son œuvre.

Ce n'était pas dix justes qu'il fallait offrir, c'était un seul ; il existait, puisque Dieu lui permit d'échapper à la catastrophe, et le Seigneur se serait laissé fléchir.

Aujourd'hui, tandis que Drumont et tant

d'autres annoncent le cataclysme qui, d'après eux, doit détruire notre société française, les catholiques ont le cœur plein d'espoir, parce que tous les jours ils disent à Dieu : Seigneur, il y a plus de dix justes dans notre France, il y en a plus de cent, il y en a plus de mille, il y en a plus de dix mille !

C'est sur ces justes que je veux jeter les yeux pour me reposer des soulèvements de cœur que m'a causés la vue du mal, du plus hideux des maux, du dévergondage !

Drumont n'a regardé en face que des débauchés, et cela, tout en le dégoûtant, l'a porté à désespérer; regardons les hommes chastes, comptons-les, et leur vue, leur nombre nous rempliront d'espoir.

C'est encore dans la grande masse des catholiques que je vais les chercher. Nos grandes villes en sont fières, ils remplissent nos cathédrales, ils sont à la tête de toutes nos œuvres et portent partout un doux parfum qui les trahit.

Si en face des noms de viveurs que Drumont a criés aux quatre vents du pays, je voulais mettre des noms d'hommes chastes et tempérants, je remplirais plusieurs pages. Vous qui lisez ces lignes, vous les connaissez, vous les avez remarqués autour de vous, vous les avez peut-être ridiculisés !

C'est sur eux cependant que repose l'avenir, ils sont dans le monde ce que les ordres contemplatifs sont dans le cloître, ils prient pour ceux qui blasphèment, ils jeûnent pour ceux qui font ripaille, ils domptent leurs sens pour ceux qui les prostituent.

Tandis que la nuit, dans les cabarets à la mode, les autres sablent le champagne en honteuse compagnie, ils veillent devant les tabernacles du Christ et ils crient de toutes leurs forces : *Parce, Domine! Parce populo tuo!*

Dieu les entend, soyez-en sûr, mon cher Drumont, il les écoute, et en dépit du talent que vous avez déployé dans votre *Fin d'un monde*, il vous donnera tort.

Pas tout à fait cependant ; il renversera les superbes et les dépravés, il en débarrassera le sol de la fille aînée de son Église et il fera place ainsi aux cœurs droits et purs qui l'auront si généreusement et si patiemment suppléé.

Vous vous féliciterez alors de vous être trompé et vous constaterez avec joie que ce que vous croyiez devoir être la fin d'un monde n'était que la fin d'une race, celle des libertins au pouvoir.

VII

Question délicate. — Injustices de la *Fin d'un monde* à l'égard de M. le comte de Paris. — La vérité est toujours bonne à dire. — Les trois partis de la Droite. — République ou Royauté. — Les pis aller. — Les ennemis de la Royauté sont ses amis. — Un roi *in partibus*. — Nouvelles erreurs de Drumont. — La vérité. — Les fautes des Bourbons. — En France. — En Espagne. — A Naples. — A Parme. — Leurs punitions. — M. le comte de Paris profitera des leçons de l'histoire. — Ses sentiments chrétiens. — Un acte de foi. — Les protestations de M. Tristan Lambert. — M. le docteur Paul Charpentier. — La tradition des catholiques de l'OEuvre des Cercles sur 1789 expliquée par M. de Marolles. — L'opinion des vieux légitimistes proclamée par M. Noël Le Mire. — Le prince a compris. — La théorie du *Figaro*. — Les idées d'*Ignotus*. — Un homme convaincu. — Les amis de M. le comte de Paris. — Leurs idées fausses. — Ils commencent à revenir au vrai. — Les franchises de la *Gazette de France*. — Les catholiques. — Leurs torts. — Ils sont excusables. — Gare aux libéraux. — La presse de province. — Comment elle est. — Comment elle devrait être. — Le succès des journaux catholiques. — Les fonctionnaires pour rire. — Le boulangisme. — Hystérie. — La vie facile. — Le Monck de la monarchie française. — Va-t'en voir s'ils viennent, Jean. — Le défaut de nos qualités. — Le sacrifice. — La lettre d'un Rossignac. — Les petits. — Sauvons la caisse. — Drumont et le comte de Chambord. — Comment se paie le dévouement des légitimistes. — La tare des catholiques. — Soyons-en fiers. — Hâtons notre délivrance.

Après s'être occupé de la politique générale et des membres de la gauche, Drumont aborde une question délicate.

Il s'agit d'étudier l'attitude de la droite.

J'écrivais dans le chapitre précédent que je n'avais rien à ajouter à l'appréciation portée sur les Jacobins par la *Fin d'un monde*, pensant d'eux encore plus de mal que l'auteur n'en avait dit; je me trouve maintenant dans une situation toute différente, et j'ai beaucoup de réflexions à formuler après avoir lu ce qui concerne les conservateurs.

Dans les pages qu'il consacre à la droite, Drumont, en effet, me paraît avoir été trop sévère pour le chef et trop indulgent pour les soldats.

Je vais avoir à dire, en répondant à cette partie de son volume, des choses qui paraîtront peut-être un peu dures; or, en conscience, je les crois non seulement vraies, mais encore utiles, c'est ce qui me pousse à les écrire.

Les princes passent leur vie à être trompés.

à ne pas savoir la vérité ; c'est cependant leur prouver qu'on les aime que de la leur faire connaître ; il y en a trop peu qui l'osent.

Sous le règne du roi soleil, Fénelon, si doux et si bienveillant à tous, se permettait d'écrire au monarque :

« La guerre de Hollande, qui a été la source
« de toutes les autres, n'a eu pour fondement
« qu'un motif de gloire et de vengeance, ce
« qui ne peut jamais *rendre une guerre juste.*
« Il est inutile de dire que ces guerres étaient
« nécessaires à votre État : *le bien d'autrui*
« *ne nous est jamais nécessaire.* Ce qui nous
« est nécessaire, c'est d'observer une exacte
« justice. »

Si, au lieu de courtisans, les rois avaient autour d'eux d'aussi loyaux amis, ils s'en trouveraient mieux.

Ceci dit en forme de préambule, j'arrive au fait.

La droite se compose de trois partis bien définis : les bonapartistes, les orléanistes et les catholiques.

Généralement, je le sais, on ne la divise pas ainsi, les bonapartistes et les orléanistes ayant tous la prétention d'être catholiques ; on a tort, car il existe une grande différence entre ceux qui disent : l'empereur et Dieu, ou le roi et

Dieu, et ceux qui ont pour devise : Dieu et le roi.

Ce sont ces derniers que j'appelle les catholiques.

Je ne m'occuperai pas des bonapartistes ; le régime qu'ils aiment n'a jamais été et ne sera jamais qu'un expédient, un gouvernement de transition.

Les royalistes, au contraire, soutiennent le principe qui a fait la France, le seul qui puisse la conserver.

A mon sens, il n'y a donc chez nous que deux hypothèses possibles : la république ou la royauté.

On avait dit que la première finirait dans la boue ou le sang, la prédiction est en train de se réaliser.

Reste donc la seconde contre laquelle se dressent les pis aller qui s'appellent le boulangisme et le bonapartisme.

Ce ne sont pas des adversaires sérieux.

Les principaux ennemis de la royauté ce sont ses amis.

J'expliquerai plus loin pourquoi ; pour le moment, suivant Drumont dans son étude, je dois m'arrêter à ses premières réflexions qui sont absolument injustes pour le chef du parti royaliste, M. le comte de Paris.

Il dit : « Comment espère-t-on trouver des sujets puisqu'il est visible qu'il n'y a plus de roi ! »

Il n'y a plus de roi !

En France, cela est vrai, mais il y en a un à Sheen-House qui attend que Dieu lui rende le trône de ses pères et qui compte bien que cela ne tardera pas trop.

En représentant M. le comte de Paris comme un roi *in partibus*, ne désirant nullement son trône, la *Fin d'un monde* émet une première idée fausse.

Elle y joint une injustice en disant :

« Par une anomalie singulière, le pseudo représentant du principe monarchique sera bientôt le seul avec quelques Juifs à bénir la révolution de 89, que tout le monde, pour une raison ou pour une autre, exècre, maudit et voue aux dieux infernaux. Le roi de France sera le dernier des quatre-vingt-neuvistes !

« Dans ces conditions, que signifierait le règne de l'ami de Rothschild ?

« Le triomphe des Juifs.

....

« Ce règne signifierait quoi encore ?

« Le maintien du socialisme budgétaire, la continuation de ce que nous voyons... (1) »

(1) *Fin d'un monde*, page 209.

Évidemment si le règne de M. le comte de Paris devait être tout cela, ce serait folie de le désirer.

On le désirerait du reste inutilement, car il n'arriverait jamais.

Mais il ne sera pas ce que Drumont prétend, je n'en veux pour gage que les sentiments du prince.

Le vieux père Thiers avait dit : la république sera conservatrice ou elle ne sera pas.

On peut affirmer, avec beaucoup plus de vérité encore, que la monarchie sera chrétienne ou qu'elle ne sera pas.

Si M. le comte de Paris a lu l'histoire de sa famille avec attention, et il a dû le faire, j'en ai la conviction, il a évidemment remarqué que nos rois ses ancêtres ont eu des règnes d'autant plus glorieux qu'ils étaient plus chrétiens.

Il ne lui a pas échappé non plus que sa race, depuis un siècle, subit une punition sévère mais en somme méritée.

Ce sont les leçons de l'histoire.

Je suis un des fidèles de la cause des Bourbon, j'aime cette famille qui a fait mon pays ce qu'il est ; j'ai pleuré sur les malheurs de l'infortuné Louis XVI, j'ai baisé respectueusement l'étendard de la duchesse d'Angoulême, celui qu'elle toucha de ses mains à Bordeaux, lorsqu'elle y vint accomplir l'acte énergique qui arrachait à Bonaparte ce brutal aveu : « C'est le seul homme de sa famille ! »

Je suis allé souvent rêver dans le square du Temple qui ne ressemble plus à ce qu'il était il y a cent ans;

J'ai sollicité de l'autorité républicaine la permission d'aller prier à la Conciergerie dans cette étroite cellule qui avoisine la salle des Girondins, cellule dans laquelle notre noble et fière Marie-Antoinette passa sa dernière nuit;

Je suis allé rôder autour de la Chapelle expiatoire où l'on ne peut plus entrer;

J'ai été élevé dans le culte de la monarchie, dans l'amour des Bourbon; j'ai soutenu de toutes mes forces la cause de M. le comte de Chambord et cependant, je suis obligé de reconnaître que ces Bourbon pour lesquels je donnerais ma fortune et ma vie ont mérité le châtiment de Dieu.

En dépit des sentiments que j'exprimais plus haut, il me faut les blâmer dans ce qu'ils ont fait de blâmable, car au-dessus d'eux et avant eux je place les droits de Dieu, ces droits qu'ils ont méconnus.

Pendant le XVIIIe siècle, en effet, tous les Bourbon régnant en Europe s'étaient entendus pour attaquer l'Église, suspendre le pouvoir du pape et le droit des gens qui en découlait.

La lutte commença en France sous Louis XIV lorsque le monarque se mit en opposition ouverte avec Innocent XI au sujet de la régale.

Un peu plus tard, en 1682, le même Louis XIV fit proclamer l'indépendance absolue des princes du tribunal de Rome.

Avec le XVIIIe siècle commença la guerre en règle.

Elle se continua en France, sous le ministère du duc de Choiseul, un favori de la Pompadour. Il aimait trop la courtisane pour respecter les prêtres, aussi le vit-on conduire contre les jésuites une persécution honteuse dans laquelle il fut aidé par le fameux La Chalotais.

En même temps, le Jansénisme faisait des siennes et le Parlement mettait en prison, exilait et flétrissait les pasteurs les plus zélés pour l'intégrité de la foi.

Louis XV laissait faire !

Les Bourbons régnaient encore en Espagne, à Parme et à Naples.

Nous avons vu ce qu'ils faisaient ou toléraient en France, voyons ce qui se passait dans les autres États.

En Espagne, Charles III, complètement dominé par son ministre d'Aranda, imitait Louis XV, pendant que son conseiller s'inspirait près de Choiseul.

Ferdinand IV, à Naples, sous la tutelle du marquis de Tannucci, suivait le même exemple.

Le duc de Parme en faisait autant.

Tous persécutaient l'Église, proscrivaient la Compagnie de Jésus et se lançaient à corps perdu dans les erreurs philosophiques de l'époque.

Qu'arriva-t-il ?

Dieu se lassa.

En Espagne, Charles IV, fils du persécuteur, fut victime de la révolution et mourut en exil.

Le duché de Parme n'existe plus, le royaume de Naples pas davantage ; et la France, qui avait été la plus coupable, puisque à toutes ses exactions, Choiseul avait ajouté celle de faire saisir Avignon et le duché de Bénévent, la France fut livrée à la révolution et devint régicide.

L'infortuné Louis XVI, qui eut aussi la faiblesse de laisser voter en 1790 la Constitution civile du clergé, faute qu'il pleura amèrement, paya de sa tête les folies de ses prédécesseurs.

Le comte de Chambord lui-même porta le poids des fautes de sa race et ne put pas arriver au trône que la guerre contre l'Église avait souillé.

Les fautes des rois sont souvent punies en ce monde, nous en avons la preuve chez ces Bourbon qui pendant tant de siècles avaient été les soldats de Dieu!

Chez nous, leur branche s'est éteinte, mais de la même souche sort un rameau qui jusqu'ici n'avait pas été épargné non plus par la contagion philosophique, le rameau des d'Orléans.

Fort heureusement, depuis plusieurs années, depuis surtout qu'il a été appelé à recueillir la succession de M. le comte de Chambord, M. le comte de Paris a rompu avec toutes ces erreurs déjà vieilles et se persuade de plus en plus de la nécessité de faire, pour qu'elle soit durable, la monarchie chrétienne.

J'étonnerai peut-être Drumont en lui apprenant que le futur Philippe VII communie à toutes les grandes fêtes de l'année et aux anniversaires de famille, comme ceux de son mariage, de la naissance de madame la comtesse de Paris ou de ses enfants.

Je l'étonnerai peut-être encore en lui disant que le premier acte du règne du même Philippe VII sera l'interdiction absolue des sociétés secrètes en général et de la franc-maçonnerie en particulier.

Les prudents vont me trouver très maladroit de crier sur les toits de pareilles choses.

Qu'ils en pensent ce qu'ils voudront, je crois qu'il importe que M. le comte de Paris soit connu tel qu'il est. Il faut que les catholiques qui craignent de trouver en lui le libéralisme qui nous a donné la révolution et qui la perpétue, soient rassurés. Ils sont le plus grand nombre, or ce plus grand nombre n'est pas encore tout dévoué au roi parce qu'il craint, parce qu'il ne sait pas, parce que les apparences l'effraient.

Le temps presse, il faut qu'il sache et qu'il ne doute plus; il faut qu'il mette sa confiance dans celui qui d'une éducation à la 1830 a tout dépouillé, sauf peut-être un reste de tendresse pour l'Université, cette vieille nourrice de la franc-maçonnerie, cette vieille couveuse de révolutions.

Instruit sur les causes, les ayant sainement jugées, le prince, un jour ou l'autre, appréciera comme il faut l'effet; ce jour-là, l'Université vue telle qu'elle est par lui, n'aura plus à compter sur des faiblesses, mais bien sur une rigoureuse justice qui amènera sa réforme complète.

Malheureusement pour la France et pour lui, M. le comte de Paris est fort mal servi; il est surtout entouré d'hommes qui imbus d'idées absolument révolutionnaires, élevés dans l'indifférence religieuse, le compromettent tous les jours par leur manque de mesure, et leur tendance à retomber toujours dans leur péché mignon.

Drumont avait donc tort d'accuser le roi et de ménager ses amis; il eût été beaucoup plus juste de montrer les fautes des seconds et la résignation du premier.

Je dis résignation, car le prince ne peut se défaire de ceux qui retardent son avènement; il leur est lié par les devoirs de la reconnaissance et d'une vieille amitié.

De temps en temps cependant, il prend doucement les guides et modère les coursiers trop fougueux.

Les mois derniers ont été fertiles en maladresses.

M. Calla, il y a deux ans à Poitiers, devant un public composé d'aristocratie et de clergé, avait eu la malencontreuse idée de terminer sa conférence par ces mots : « La monarchie ne sera jamais le gouvernement des nobles et des curés!!! »

M. le comte de Paris avait dit avant, qu'il serait le roi de tous; pourquoi M. Calla est-il venu proclamer à Poitiers des exceptions blessantes?

Depuis, les impairs se succédant ont provoqué des protestations.

M. de Breteuil, un ancien bonapartiste converti au royalisme, avait traité avec un sans façon trop grand des traditions chères aux vieux légitimistes.

M. de Baudry d'Asson, l'un d'eux, touché au vif, écrivit la lettre suivante que la *Gazette de de France* inséra sous le titre suivant :

UN ACTE DE FOI

Paris, le 12 novembre 1888.

A M. Francis Magnard, rédacteur en chef du Figaro.

« Monsieur,

« Je suis de ceux qui *ne s'accommoderont point*, dans le parti royaliste, *de la situation nouvelle* que vient d'exposer M. le marquis de Breteuil, au Roucas-Blanc, à Marseille.

« Pour moi, je me fais un devoir et un honneur de le déclarer hautement, dussé-je ouvrir l'ère d'un schisme : « Non, il n'est pas *chimé-*
« *rique* d'espérer qu'un jour viendra où la nation
« française, instruite par l'expérience, retour-
« nera d'elle-même au drapeau immaculé de la
« royauté, au vieux droit national, à la tradi-
« tion de Frohsdorf dont un Prince digne de
« tous les respects et de toutes les admirations
« nous a conservé et légué le dépôt sacré.

« Non, ce n'est point pour une *chimère* qu'ont lutté et que sont morts nos pères !

« Non, ce n'est pas pour une *chimère* que

nous avons combattu, que nous nous sommes sacrifiés et ruinés nous-mêmes!

« Comme notre foi monarchique, notre espérance patriotique est et demeure invincible. C'est sous les plis glorieux du drapeau de la Monarchie traditionnelle et très chrétienne que la France trouvera son salut.

« Si Dieu n'a pas condamné notre pays, la cause de la royauté nationale aura toujours des fidèles pour la servir et un Bourbon pour la faire triompher.

« Veuillez agréer, monsieur le Rédacteur en chef, l'expression de mes sentiments distingués.

« DE BAUDRY-D'ASSON, député. »

Il est évident que tous les anciens légitimistes, tous les catholiques approuvèrent M. de Baudry-d'Asson.

Quelques jours plus tard, à Meaux, des amis maladroits se lançaient encore dans la révolution et provoquaient la lettre ci-dessous de M. Tristan Lambert à l'*Univers*:

« Fontainebleau, 19 novembre 1888.

« Cher maître et ami,

« Nous avons eu hier une réunion royaliste à Meaux; conférence et banquet.

« L'assistance était nombreuse.

« J'ai dû, bien malgré moi, faire entendre, au cours de cette réunion, une protestation publique et nécessaire; aussi dois-je en reprendre les incidents.

« Conférence faite par M. Calla, avec un véritable talent, un exposé des plus savants et véridiques de la lamentable situation financière créée à la France par la République.

« Mais nous avons eu le vif regret de ne pas entendre, au cours de cette conférence, qui a duré environ deux heures, prononcer même une seule fois par l'éloquent orateur le nom de Dieu, ni faire même la moindre allusion aux droits et aux intérêts catholiques, si odieusement opprimés par la Révolution et la République.

« Ensuite, toast de M. le docteur Charpentier, président, au cours duquel nous avons eu la douleur de voir désigner Monsieur le comte de Paris sous le titre futur de « roi des Français ».

« Cette désignation, en désaccord du reste avec le nom de Philippe adopté par Monseigneur, appelle une protestation formelle, car si, comme *roi de France, héritier légitime des rois Charles X et Henri V, Monsieur le comte de Paris a droit à tout notre dévouement,* que nous ne lui avons *jamais ménagé,*

Monseigneur ne saurait y faire *le moindre appel* comme *roi des Français*, c'est-à-dire comme successeur de *Louis-Philippe*.

« C'est le *Roi de France* que nous avons tous salué en Monsieur le comte de Paris, *à Frohsdorf et à Goritz*, où le concours si loyal des catholiques et des légitimistes ne lui a certes pas été inutile.

« Mais cela est bien oublié aujourd'hui.

« Aucun de nous n'aurait pensé porter sa fidélité au successeur de Louis-Philippe, pas plus les anciens légitimistes que ceux qui, depuis la mort du prince impérial, avaient été chercher dans la royauté légitime la garantie de leurs convictions catholiques, et de leurs doctrines monarchiques et autoritaires.

« Ensuite, M. Aubry-Vitet, l'un des secrétaires de Monsieur le comte de Paris, a pris la parole, et au cours de son discours a fait entendre cette phrase, que les catholiques apprécieront :

« Nous rejetons la date de 93, mais celle de
« 89 nous appartient. »

« Seul des anciens députés conservateurs de Seine-et-Marne présent à cette réunion, et l'un des anciens représentants de Monsieur le comte de Chambord dans notre département, j'ai cru devoir à ma foi religieuse et politique, et à mes concitoyens, de me lever et de protester publiquement en ces termes :

« *Non, non, non !* 89 représente une date, et
« d'erreurs et d'horreurs, qui a engendré tout
« naturellement celle de 93; du reste, Monsieur
« le comte de Paris vient, lui-même, de séparer
« publiquement ceux des souvenirs de 89 qui
« appartiennent à la royauté et ceux qui n'ap-
« partiennent qu'à la Révolution. »

« Ce sont bien, en effet, les termes mêmes de la lettre récente de Monseigneur à M. Lambert de Sainte-Croix.

« Un certain tumulte s'en est suivi.

« Le président m'a retiré la parole, et même, chose bizarre dans un banquet royaliste, et inconnue du vivant d'Henri V, infligé un rappel à l'ordre, qui m'a laissé du reste bien indifférent.

« M. Aubry-Vitet, auquel je ne pouvais dès lors plus répondre, a continué son discours, en émettant cette incroyable assertion :

« Qu'Albert de Mun, dont je ne saurais mé-
« connaître l'autorité, venait lui-même de saluer
« à Romans la date de 1789. »

« Jusqu'ici, les catholiques avaient jugé tout autre la signification de la si importante réunion de Romans. Je doute que l'assertion de M. Aubry-Vitet les fasse changer d'avis sur cette date, qui rappelle, avec tant d'erreurs doctrinales condamnées par l'Église, le souvenir des hideux massacres de la Bastille et de Versailles, du schisme constitutionnel du clergé, de la spoliation de l'Église, et de l'abaissement, de la captivité de la royauté française.

« J'ai loyalement averti M. Aubry-Vitet que, puisque la parole m'était interdite, je protesterais dans l'*Univers*, puis dans la *Défense de Seine-et-Marne* : c'est fait.

« J'ajoute que nombre d'excellents cultivateurs qui m'entouraient m'ont témoigné une cordiale et franche sympathie, que le mépris que je manifestais pour cette date exécrable ne m'a pas semblé diminuer en rien.

« Bien évidemment, la personnalité si honorable de M. Aubry-Vitet est absolument étrangère à cet incident, qui ne vise que les principes ; mais si, comme d'aucuns semblent le croire, cette réunion avait été le premier jalon d'une candidature préparée à Meaux pour l'honorable M. Aubry-Vitet, je doute qu'elle lui apporte les suffrages de ceux — et il y en a encore un bon nombre dans Seine-et-Marne — qui se préoccupent encore des principes et des vérités nécessaires, et qui croient qu'ils ont le devoir d'éclairer les électeurs auxquels ils s'adressent, de dissiper leurs préjugés et non de s'y plier.

« Croyez bien, du reste, que nos populations

se soucient fort peu de 1789 ; ce qu'elles réclament, c'est un pouvoir *énergique et ferme*, arrachant la France aux ruines qui l'accablent.

« A nous, catholiques et légitimistes, de leur démontrer que ce pouvoir ne saurait produire rien d'efficace et de durable *s'il n'est chrétien et légitime.*

« Dix mille suffrages de protestation, obtenus par moi et mes amis, en trois jours de temps, après les déclarations les plus nettes et sans moyens matériels ni préparations, en 1885 ;

« Quatre mille obtenus à Meaux par le regretté vicomte Ponton d'Amécourt, qui certes ne courtisait guère la funeste date de 1789, prouvent que, si nous ne sommes pas encore la majorité, nous sommes du moins une force avec laquelle il faut compter.

« Nous ne manquerons pas au devoir de le rappeler au besoin.

« Recevez, cher maître et ami, l'assurance de ma plus dévouée amitié.

« Baron TRISTAN LAMBERT,

« Ancien député de Seine-et-Marne, ancien représentant de Monsieur le comte de Chambord à Fontainebleau. »

Et cependant, quelques semaines auparavant, comme l'a rappelé M. Tristan Lambert, M. le comte de Paris avait adressé à M. Lambert de Sainte-Croix une lettre dans laquelle il s'expliquait bien sur ce que nous pouvons admettre de 1789, il lui disait :

« Sheen-House, 30 octobre 1888.

« Mon cher monsieur Lambert de Ste-Croix,

« Je viens de lire avec une véritable émotion les paroles que vous avez prononcées avant-hier à Tours, tant à la conférence qu'au banquet. J'ai hâte de vous en féliciter et de vous remercier de la manière dont vous avez affirmé l'union de tous les monarchistes, leur dévouement à la France et la confiance qu'ils m'accordent.

« Cette confiance, est ma force : je saurai toujours, j'espère, la leur inspirer; j'en ai plus que jamais besoin aujourd'hui. Ils peuvent compter sur moi comme je compte sur eux.

« Vous avez bien fait de rappeler que les républicains ne peuvent réclamer de 1789 que les anniversaires sanglants; ceux des réformes utiles et pacifiques appartiennent tous à la Monarchie.

« Je vous prie de remercier M. Depeyre de la façon si éloquente dont il a parlé de mon programme, de la façon si claire dont il l'a commenté.

« Je saisis cette occasion pour vous prier de me croire

« Votre bien affectionné,

« PHILIPPE, Comte de Paris. »

L'incident de Meaux fut donc d'autant plus regrettable qu'il se produisait après un premier cri d'alarme poussé par le prince, cri qui paraissait n'avoir pas été entendu de ceux auxquels il s'adressait.

Je suis surpris que le docteur Paul Charpentier, qui n'est certes pas un libéral, qui fait partie de l'Œuvre des Cercles et est par conséquent très bon chrétien, ait été mêlé à toute cette histoire.

Son nom, jeté au milieu de ceux qui soutiennent encore toute la révolution, paraît être là par suite d'une erreur, pour ceux qui le connaissent.

C'est peut-être ce nom d'un des membres de l'Œuvre des Cercles, mêlé à ceux d'admirateurs quand même de 1789, qui a autorisé M. Aubry-Vitet à se donner un peu étourdiment le luxe d'affirmations qui lui valurent les protestations de M. Tristan Lambert d'abord et celles de M. de Marolles ensuite.

Quoi qu'il en soit, un membre des Cercles ayant été mêlé à l'aventure de Meaux, il était bon que la doctrine de l'OEuvre faussement interprétée devant lui sans qu'il ait protesté, fût nettement définie.

C'est ce qu'a fait M. de Marolles dans le document suivant adressé à M. Eugène Veuillot :

« Marolles, 21 novembre 1888.

« Cher monsieur,

« Je viens de lire dans l'*Univers* la lettre écrite par mon ami le baron Tristan Lambert, à la suite de la réunion politique de Meaux, à laquelle j'ai vivement regretté de ne pouvoir assister.

« Tout d'abord je tiens à m'associer à la protestation de M. le baron Tristan Lambert contre le titre de « roi des Français », qui ne peut être pris que dans un sens contraire à la vérité historique et aux affirmations de Monsieur le comte de Paris.

« Mais surtout je crois utile de dire un mot de cette date de 1789, rappelée par M. Aubry-Vitet à propos de l'assemblée de Romans et du discours de M. de Mun.

« Une date, comme un mot, peut avoir deux sens différents, suivant l'idée qu'elle représente.

« Le 89 du serment du Jeu de Paume, de la Constituante et de la Déclaration des droits de l'homme, c'est le 89 révolutionnaire ; c'est celui que le gouvernement du jour prétend glorifier à la face du monde civilisé comme marquant l'avènement des principes modernes, qui ne sont autre chose que la *sécularisation* de la société. C'est le commencement de toutes les destructions religieuses, politiques et économiques, dont les années suivantes ne sont que la continuation et le développement.

« M. l'abbé de Pascal, dans sa récente brochure dont l'*Univers* a rendu compte, rappelle ce mot de Malouet : « La Terreur, dont les « républicains purs ne proclamèrent le règne « qu'en 1793, date pour tout homme impartial « du 14 juillet 1789, et je serais en droit de la « faire remonter plus haut. »

« Voilà le 89 que nous répudions de toutes nos forces et que nous ne saurions séparer ni de 92 ni de 93, parce que l'identité des principes en forme un ensemble indivisible.

« Mais il est un 89 que nous pouvons revendiquer hautement comme appartenant à la période des grandes réformes et des aspirations généreuses, qui commence en 1774 avec le règne de Louis XVI. C'est la fin de l'*ancien régime* avec ses abus, que nous n'avons aucune raison de regretter.

« L'ancien régime, dit M. l'abbé de Pascal, « prend naissance au quatorzième siècle avec la « lutte de Philippe-le-Bel et de Boniface VIII ; « il se poursuit au seizième par l'humanisme, « par l'hérésie et par l'absolutisme royal, et il « atteint son apogée au dix-huitième par le ra-« tionalisme. Je l'appelle un régime *christiano-« païen*, à cause des éléments qui s'entrecho-« quaient dans son sein ; mais le paganisme, « ou, si l'on aime mieux, le naturalisme fut « définitivement vainqueur et produisit dans « l'ordre religieux et politique la *Révolution*. »

« C'est contre cet *ancien régime*, fils des légistes et de la Réforme, que la France de Louis XVI voulait réagir en revenant aux grandes traditions de ses origines chrétiennes et nationales. C'est ce mouvement du siècle dernier que la Révolution a fait dévier et aboutir à l'anarchie sociale, et que nous voulons reprendre pour rétablir la France dans sa mission providentielle, sous l'égide de la sainte Église catholique.

« Si c'est ainsi qu'on l'entend, oui, nous saluons 89, et nous en préparons le centenaire comme l'avènement d'une ère nouvelle.

« Voilà dans quel esprit a été tenue la dernière

assemblée de Romans, à laquelle j'ai été heureux de prendre part. Je ne trouve pas dans le discours de M. de Mun le passage auquel M. Aubry-Vitet aurait fait allusion, en disant qu'il aurait salué la date de 1789.

« En revanche, je me rappelle quelle explosion d'applaudissements a provoquée cette phrase : « Le parlementarisme, voilà l'ennemi », prononcée dans ces lieux mêmes où, dix ans auparavant, le petit jacobin Gambetta résumait les principes du 89 révolutionnaire en déclarant la guerre à l'Église catholique.

« Au parlementarisme basé sur l'individualisme, M. de Mun a opposé la représentation nationale basée sur le régime corporatif. C'est ainsi seulement que les intérêts moraux et matériels du pays seront défendus d'une façon compétente, et que cessera cet état anarchique qui nous mène à la ruine.

« Je ne sais si tel est l'idéal que visait M. Aubry-Vitet en opposant à M. Tristan Lambert les doctrines de l'assemblée de Romans; mais, ce dont je suis persuadé, et mon ami Tristan Lambert ne me désavouera pas, c'est que si la France a besoin de la monarchie pour échapper à une perte certaine, la monarchie ne sera viable que si elle rompt nettement avec les faux dogmes de 89 et les théories démodées du libéralisme moderne.

« En vérité, s'il s'agissait de refaire du 1830, ce ne serait pas la peine de sortir du système où nous sommes et où nous avons tout au moins le droit de maudire la gent maçonnique qui nous gouverne.

« Au surplus, point n'est question de recommencer aucune date, mais de fonder une date nouvelle qui marque la renaissance chrétienne de la France.

« Veuillez agréer, cher monsieur, l'assurance de mes sentiments du plus respectueux dévouement.

« V. DE MAROLLES. »

Il résulte, il me semble, de ces divers documents que l'émotion fut grande lorsque les amis de M. le comte de Paris l'eurent compromis tant à Marseille qu'à Meaux.

Jusqu'ici, seule l'Œuvre des Cercles qui comprend l'élite des catholiques de France, avait parlé par l'organe de M. de Marolles, s'associant aux protestations d'un ancien impérialiste M. Tristan Lambert devenu royaliste après la mort du pauvre petit prince impérial; mais les vieux légitimistes n'avaient encore rien dit. Ils sont disciplinés, respectueux, et souffrent beaucoup avant de se plaindre.

Il faut croire que la mesure leur parut comble, car presque en même temps que M. de Marolles, M. Noël Le Mire, un fidèle d'Henri V, un de ces preux, comme il en reste bien peu malheureusement, qui vivent au milieu de notre siècle de scepticisme soutenus par le culte des souvenirs, poussa son cri d'alarme.

Le voici; il fut lancé sans doute du fond de ce vieux cabinet de chêne, aux tentures sombres, aux grands fauteuils antiques, dans lequel M. Noël Le Mire reçoit si gracieusement à Lyon, avec sa distinction et sa bonté de gentilhomme, tous ceux qui vont frapper à sa porte. C'est encore à l'*Univers* que cette protestation fut adressée :

« Lyon, 22 novembre.

« Cher monsieur,

« Vous plairait-il d'accueillir, de la part d'un de vos plus anciens amis, quelques réflexions inspirées par les circonstances, et surtout par les dernières lettres de M. le baron Tristan Lambert?

« J'appartiens, comme vous le savez, à un groupe lyonnais de monarchistes entêtés, qui, par la presse et l'action, combattirent pour le retour des vieilles traditions auxquelles la France doit ses gloires et prospérités éclipsées.

« Je signe de mon nom, mais je parle au nom de tous nos compagnons de lutte. Dans cette petite, mais solide armée d'élite, recrutée dans tous les rangs de la société, nous fûmes fidèles au principe national de l'hérédité monarchique. Nous avons combattu sans défaillance, sans arrière-pensée, parce que, catholiques avant tout, nous avions confiance au rôle providentiel, paraissait-il alors, de l'héritier de nos rois: faire rentrer la France dans ses destinées chrétiennes, triompher de la Révolution.

« Le comte de Chambord avait dit : Je ne rentrerai en France comme roi que lorsque Dieu y sera rentré comme maître.

« Dieu n'y est point encore rentré en maître, et le roi que nous attendions comme un sauveur a été brusquement enlevé à la France.

« Jetant un regard en arrière, nous nous rappelons forcément un propos souvent entendu, diversement exprimé, mais ne variant pas au fond. Il sortait de la bouche de nos amis d'aujourd'hui, nos adversaires actifs alors : le seul service que puisse rendre M. le comte de Chambord à la monarchie, c'est de disparaître; six mois après, elle serait rétablie.

« Les six mois sont écoulés, et plusieurs années avec, hélas! Où en est la monarchie? où en sont les probabilités de son retour? Cependant les circonstances favorables n'ont pas fait défaut, si peu que le vainqueur de la République actuelle, désigné selon les probabilités par le peuple souverain, n'est qu'un soldat en rupture de discipline, sans autre mérite que celui de sa hardiesse.

« Le jour où Dieu rentrera en maître semble donc encore bien éloigné. A nous, les fidèles d'hier et d'aujourd'hui, de travailler à ce retour en nous groupant sur un terrain qui nous servira de champ clos, terrain sur lequel il ne peut y avoir qu'entente entre tous les honnêtes gens de France.

« Travaillant énergiquement au rétablissement des droits de Dieu et de son représentant sur la terre, nous travaillerons au rétablissement de tous les droits légitimes.

« Il est grand temps de rejeter tout système de compromissions, d'équivoques, de transactions téméraires, qui semble cependant prévaloir encore dans la politique humaine après un siècle bientôt de déceptions.

« Nous, catholiques, enfants de lumière, nous éprouvons de la répulsion pour ce qui est enveloppé de brouillard et d'obscurité. C'est en quoi consiste notre habileté.

« Je crois, et bien d'autres avec moi, que l'héritier des droits nationaux d'Henri V aura plus fait pour le triomphe de sa cause et le salut de la nation, en proclamant haut et ferme les droits de Dieu sur la France, qu'en laissant proclamer en son nom les droits de l'homme inscrits au nombre des principes de 89.

« Votre tout dévoué,

« Noël Le Mire. »

Si les amis de M. le comte de Paris savent comprendre, il me semble qu'il y a là de quoi leur ouvrir les yeux.

Le prince, lui, a compris, et il tiendra compte de ce mouvement de l'opinion catholique qui va tous les jours en s'accentuant.

Comme le dit si bien M. Noël Le Mire, « M. le comte de Paris aura plus fait pour le triomphe de sa cause et le salut de la nation, en proclamant haut et ferme les droits de Dieu sur la France, qu'en laissant proclamer en son nom les droits de l'homme inscrits au nombre des principes de 89. »

Malheureusement, cette idée-là entre assez difficilement dans la tête des amis du prince.

Quelques-uns, cependant accentuent leur note et donnent le bon exemple depuis surtout que ces protestations se sont produites.

Parmi eux, il convient de citer M. Saint-Marc Girardin dont la correction a été parfaite dans ses dernières conférences, ainsi que M. Depeyre qui n'a pas craint de stigmatiser, comme il convenait, la guerre à Dieu.

Quant aux autres, presque tous sont parisiens, boulevardiers et partagent peu ou prou cette opinion du *Figaro* : que lorsqu'un honnête homme baptisé, confirmé et communié une fois, s'est marié à l'Église, a fait baptiser ses enfants et est résolu à se faire enterrer par un prêtre, on ne peut vraiment pas lui demander davantage !

C'est avec ces idées-là que la France est devenue ce qu'elle est, et elle ne changera pas tant que ceux qui ont reçu mission de donner l'exemple, ne modifieront pas leurs mœurs et leurs sentiments à l'égard des droits de Dieu.

Pour le plus grand nombre il s'agirait de rompre avec des habitudes de frivolité auxquelles ils tiennent, mais il y en a beaucoup aussi qui croupissent de bonne foi dans leur erreur.

Tenez, j'ai connu l'un des plus brillants rédacteurs de la feuille peu scrupuleuse, dangereuse même, dont je parlais tout à l'heure.

Il est mort le malheureux, et que Dieu ait pitié de son âme, mais il était ou du moins semblait être d'une bonne foi absolue. Je veux parler du baron Platel qui signait *Ignotus*.

La dernière fois que je le vis, dans son petit salon de la rue du Four-Saint-Germain, il déjeunait, le dos à un feu de bataille, les pieds nus dans des babouches, en chemise de flanelle, pantalon et veston de laine; il avait les cheveux en broussaille, l'œil apoplectique; il s'était couché à trois heures du matin, venait de se lever et mangeait comme un ogre sa côtelette, ses pommes soufflées, arrosées d'un vieux Saint-Emilion parfumé, et son café au lait pris dans son verre.

— Mon cher, me disait-il, tous les jours j'ai un courrier phénoménal! Je suis excédé, accablé! Le facteur, chaque matin, m'en apporte des piles!... Haut comme ça!

Vous comprenez que je ne réponds à personne, on m'écrit de tous les points du globe; cependant si, je réponds au Pape!

Dernièrement, on m'écrivait du Vatican...

....

Le pauvre cher homme avait si souvent répété cette histoire-là, qu'il avait fini par se persuader qu'elle était absolument vraie, et c'était de très bonne foi qu'il parlait de ses correspondances avec le Vatican.

Aussi quel feu il mettait à soutenir le catholicisme dans le *Figaro !*

Ses articles firent souvent croire à de bons provinciaux que la feuille de M. Magnard était la plus innocente des publications.

Les amis de M. le comte de Paris sont, comme le baron Platel, de très bonne foi, ils sont convaincus pour la plupart qu'ils sont dans le vrai, et ils s'en vont de tout leur cœur dans la direction qui est justement opposée à la bonne.

Voici leur thèse, résultat, du reste, de leur éducation qu'ils n'ont pas su ou n'ont pas voulu modifier :

La révolution fut excellente; nous l'acceptons tout entière jusqu'à 93 exclusivement, et nous ne voyons pas pourquoi nous ne réussirions pas à restaurer la monarchie de nos rêves en nous appuyant sur les principes de 89, puisque tous les autres régimes se sont implantés précisément grâce à ces principes que le peuple adore.

Ce raisonnement, bien que fait par des convaincus, est absolument faux; en le mettant en pratique, on n'est arrivé qu'à éloigner bien des gens du prince au nom duquel on parle, sans lui amener un seul partisan nouveau.

Les lettres que j'ai reproduites prouvent que l'on a fait des mécontents.

Ils sont trois qui ont protesté tout haut; ils sont trois cent mille qui ont protesté tout bas.

Quant aux adversaires, on n'en a pas gagné un seul; et si je regarde du côté des indécis, je les entends qui disent avec Drumont : si cela ne doit pas changer, si le comte de Paris en revenant ne modifie rien de ce qui existe, ce n'est pas la peine d'aller de son côté, attendons!

Les yeux finiront par s'ouvrir, je l'espère, et on deviendra plus raisonnable et surtout plus sérieux.

C'est essentiel si l'on veut réussir.

En province, on s'est bien rendu compte de la situation et du mouvement très accentué qui se produit vers les idées chrétiennes.

Tel comité royaliste qui, il y a trois ans, ne parlait qu'en souriant de ceux qu'il appelait les cléricaux, a été obligé de s'amender et de reconnaître qu'en somme ces cléricaux ont la foule, le peuple avec eux, qu'ils sont désintéressés, qu'ils veulent uniquement le bien du pays, et qu'après tout, leurs efforts sont couronnés de succès.

Ils vont lentement, mais ils vont sûrement.

On s'est décidé à se mêler à eux, à entrer dans leurs œuvres de bienfaisance, à se mettre à la tête des comités d'action pour les écoles chrétiennes, les syndicats agricoles, le mouvement de protestation contre 1789, etc., etc.

Il s'en suit que les idées chrétiennes regagnent tout le terrain qui, depuis cent cinquante ans, leur avait été enlevé grâce à la propagande philosophique et maçonnique, et que c'est à Paris que le grand effort est à faire, pour obtenir des gros bonnets du parti qu'ils mettent la Providence de leur côté en n'ayant pas peur de prononcer son nom publiquement.

Tout autre moyen d'action est voué à un échec lamentable.

On s'assimile à ces jacobins qui ne pensent qu'à tromper les masses en leur jetant des formules à effet, comme « le gouvernement des nobles et des curés ».

Est-ce que ces expressions-là devraient sortir de la bouche d'un royaliste qui sait que son prince veut être le roi des roturiers et des maçons aussi bien que des prêtres, des bourgeois et des gentilshommes!

On suit la tradition des gens qui n'osent pas déployer leur drapeau, des finassiers, des diplomates, qui se croient détestés et qui cependant essaient d'amadouer l'opinion en essayant de se faire passer pour ce qu'ils ne sont pas.

Et au lieu d'y aller carrément, bannière au vent, au lieu de dire au peuple qui aime la vérité, que les républicains veulent faire de lui un peuple de païens, qu'ils le poussent au désespoir, qu'ils précipitent les femmes de l'incrédulité dans le dévergondage, qu'ils ont chassé Dieu de partout, mais qu'on ne commet pas impunément d'aussi monstrueux attentats, que l'heure viendra où le roi, le soldat de Dieu, sera rappelé par la Providence pour châtier les coupables, on chuchote tout bas des mots qui n'ont d'autre but que de faire croire qu'on est aussi libéral que les autres, qu'on veut bien la monarchie, mais qu'après tout on ne se préoccupe pas de la question religieuse ; on promet des pardons inespérés, on prononce des phrases comme celle-là :

« Le roi de France ne venge pas les injures du duc d'Orléans, de même le gouvernement que nous voulons le dira : nous avons soif de stabilité, nous serons un gouvernement de conciliation. »

Eh bien, on ne dit pas de ces sottises-là, parce qu'on risque de n'être pas cru ou de passer pour une dupe.

Un gouvernement qui, revenant demain, laisserait en place les fonctionnaires de M. Floquet et les institutions de la république, serait un gouvernement jugé et ne vivrait pas six mois.

Du reste, on sait ce qu'ont produit ces idées de conciliation et de bonhomie.

La *Gazette de France* qui est le seul journal de Paris qui rende de réels services à la cause royaliste au point de vue politique, a toujours soutenu que les compromissions ne mèneraient à rien.

Elle disait encore ces semaines dernières :

« Le *Soleil*, toujours préoccupé de consolider la République et de renvoyer la Restauration aux siècles futurs, avait proposé une « Trêve renouvelable ». On croyait s'être entendu là-dessus avec Rouvier. Or, le premier mot de ce sauveur du conservatisme a été de déclarer que, pour lui, il ne tiendrait compte, à la Chambre même, que des voix républicaines.

« Il biffait, d'un trait, toute la représentation des Droites ! »

Et cependant le *Soleil* est considéré comme un organe tout dévoué à M. le comte de Paris! S'il fait fausse route, c'est qu'il est de ceux dont je parlais plus haut, c'est-à-dire de ceux qui de très bonne foi se croient de parfaits chrétiens parce qu'ils n'ont jamais laïcisé ou persécuté, mais qui ne se préoccupent pas de faire quelque chose de plus. Il s'aperçoit que sa lutte toute platonique en faveur de la monarchie ne produit aucun résultat et il fait, involontairement sans doute, les affaires de la république en renvoyant, comme le dit *la Gazette de France, la restauration aux siècles futurs,* grâce à une *trêve renouvelable.*

Les catholiques, ceux qui disent : Dieu et le roi, ceux qui seuls pourront ramener ce roi en France parce qu'ils ne comptent pas exclusivement sur leurs propres forces, parce qu'ils mettent leur confiance en Dieu et lèvent leurs mains vers lui, ces catholiques tiennent un tout autre langage.

A la réunion royaliste qui eut lieu à Angers, après un très brillant discours de M. Calla, l'un d'eux, M. de Cazenove de Pradine se leva et voulut que le nom de Dieu fût prononcé dans cette assemblée où il n'avait pas encore retenti, tandis que tous les cœurs l'appelaient tout bas; il s'écria en portant son toast :

« Unis pour le but à atteindre, nous le sommes aussi dans la voie à suivre pour y marcher rapidement s'il plaît à Dieu, mais la tête haute quoi qu'il advienne. (Applaudissements.)

« Quand on a pour commune devise : Dieu et le Roi ! on a tout naturellement pour programme : Franchise et honneur. (Applaudissements.)

« Je viens donc vous demander sur cette noble

terre d'Anjou — qu'on peut bien appeler, avec la Vendée et la Bretagne, le sol privilégié de la fidélité, du dévouement et du courage — de saluer avec moi la loyauté royaliste vieille comme notre cause, impérissable comme elle. (Applaudissements! cris répétés de : Vive le Roi!) »

Dans un des derniers discours prononcés par M. Lucien Brun, je trouve cette phrase pleine de profondeur et de vérité :

« C'est la destinée providentielle de la France de souffrir avec l'Église et de triompher avec elle. A l'œuvre donc, pour l'Église et pour la Patrie ! »

Tous les ardents, tous les hommes prêts à se sacrifier ne séparent pas la cause de la France de celle de Dieu. Ceux qui hésitent, qui se découragent, qui luttent mollement, sont ceux qui n'ont qu'un objectif, le triomphe de leurs idées politiques.

Une idée politique est incapable de passionner les hommes qui jouissent d'un certain bien-être.

Elle peut entraîner les malheureux qui meurent de faim, parce que derrière elle se cache la question du ventre vide à remplir, mais elle laisse rapidement froid tout homme qui l'aborde entre la poire et le fromage, dans un dîner bien servi ou au milieu d'un banquet joyeux.

Voyez les opportunistes et les radicaux; ce qui les passionne ce n'est pas la forme républicaine, c'est bien un peu le désir d'avoir de bonnes places, mais c'est surtout la haine de la religion.

Tous sont francs-maçons, tous hostiles à l'Église, et tous ont fait dégénérer les divisions de partis en divisions religieuses.

Ils ne sont pleins d'entrain que parce que le sentiment irréligieux les pousse, de même que les royalistes chrétiens rendent des points à leurs amis indifférents parce que leur foi pour laquelle ils combattent, leur donne une invincible ardeur.

Soutenu par les uns et les autres, c'est-à-dire par les hommes de foi et les indifférents, M. le comte de Paris ne peut tarder à voir quels sont ceux sur lesquels il peut le mieux compter, quels sont ceux qui lui donneront le plus rapidement la victoire.

Que ne suit-il les conseils que ne cesse de lui prodiguer, avec un tact parfait, le journal qui lui est le plus dévoué, la *Gazette de France*, dont j'ai déjà parlé? A l'occasion du discours prononcé à Lyon par M. Lucien Brun, elle publia les réflexions suivantes :

« M. Lucien Brun a entrepris une excellente campagne et bien faite pour rendre aux catholiques un peu de cette ardeur de foi qui leur a valu, dans le passé, la plus enviable des renommées.

« M. Lucien Brun, avec ses éloquents associés, MM. de La Perrière et Jacquier, a posé de nouveau la « Question romaine » et recueilli les applaudissements, — ce qui est bien, — mais aussi les signatures de milliers de catholiques, — ce qui est mieux — en faveur de cette question romaine qui a été l'origine des désastres de la France.

« C'est pour avoir abandonné le Pape, — c'est pour avoir livré le temporel du Saint-Siège à Victor-Emmanuel, à Garibaldi, à Cavour, à la Franc-Maçonnerie, que nous nous sommes trouvés, au moment le plus critique, sans appui, sans secours, sans contre-poids, pour lutter contre l'Allemagne.

« Si la France avait eu encore, au cœur de l'Europe, la situation puissante que lui avait léguée la monarchie nationale, les victoires de la Prusse eussent été impossibles. La guerre elle-même, d'ailleurs, n'eût pas eu lieu. La Prusse eût reculé devant la position stratégique que nous donnait l'occupation de Rome.

« Nous avons payé de l'Alsace, de la Lorraine et de dix milliards l'unité de l'Italie faite avec les dépouilles du « Temporel des Papes ».

« Il n'y a donc pas de question plus éminemment nationale que celle qu'on aborde dans ces réunions publiques. »

La *Gazette de France* est dans le vrai, et ces vérités sont meilleures à dire que toutes les arguties possibles sur 1789. Que M. le comte de Paris laisse parler son cœur et ses convictions de chrétien, il arrivera plus vite qu'en permettant à des libéraux de soutenir inutilement sa cause.

Son entourage est donc plus à blâmer que lui-même.

Mais j'entends déjà l'objection que ses amis vont me faire.

Ils me diront : « Vous voulez rire ! Vos catholiques déclarent se désintéresser de la question politique ! Que venez-vous nous raconter là ? Eux, les plus fermes soutiens de notre cause ? mais ils n'en parlent jamais ! »

Il y a un peu de vrai dans cette réponse à mes précédentes critiques et je n'hésite pas à dire que les catholiques qui se désintéressent absolument de la forme du gouvernement ont tort.

Qu'ils ne s'inféodent pas absolument à un parti, je le comprends et je les approuve, mais l'intérêt même de la religion qu'ils défendent leur ordonne :

1° De rechercher quelle est la forme politique qui leur paraît le plus en mesure de donner satisfaction à leurs aspirations;

2° De s'efforcer de l'obtenir, de la restaurer.

A mon sens, et bien qu'il existe des républiques très catholiques, étant donnés le tempérament français, les leçons du passé et les enseignements du présent, c'est évidemment la monarchie qui doit assurer à la religion la liberté et le respect auxquels elle a le droit de prétendre.

Dans ces conditions, la république ayant fait ses preuves, les catholiques ne peuvent être que royalistes.

Ils doivent l'être pour la première raison que je viens d'indiquer et aussi pour entraîner les sceptiques dont je m'occupais tout à l'heure.

Jusqu'ici, je sais bien qu'ils n'ont pas été encouragés à mettre leur dévouement au service du prince qui a recueilli l'héritage de nos rois, mais je crois avoir prouvé qu'ils ne doivent pas l'en rendre responsable et que c'est uniquement parce que l'entourage de ce prince les tenait en suspicion et les mettait à l'écart.

Or, mon opinion est qu'il faut qu'ils s'imposent; ils ont déjà commencé, il faut qu'ils continuent. S'ils restaient sous leur tente, il pourrait se faire que la monarchie restaurée ne vive pas un an, en raison de son entourage de libéraux, et soit en réalité le gouvernement dont Drumont ne veut pas et que personne ne soutiendrait, c'est-à-dire la continuation de ce qui est.

Avec eux, au contraire, la monarchie sera forcément chrétienne et comme les intérêts de Dieu seront en jeu aussi bien que ceux de la Maison de France, nul doute que la Providence ne donne enfin à notre patrie une nouvelle ère de repos, de prospérité et de foi!

Il est évident que si, entraînée par le courant d'indifférence contre lequel les catholiques luttent si énergiquement, la royauté venait à être distancée par un autre régime et que ce régime laissât la religion libre et la fit respecter, les catholiques, en dépit de leurs convictions politiques, ne devraient pas se jeter dans une opposition qui ne les conduirait à rien.

Le coupable, en ce cas, ce ne serait pas eux, ce serait la monarchie s'entêtant à ne pas vouloir s'affirmer chrétienne et mourant uniquement pour cela, tuée par le libéralisme.

Fort heureusement, ce sont là des hypothèses; il faut les faire, car malheureusement, jusqu'ici, l'attitude du parti a permis de les envisager et a autorisé les catholiques à oublier un peu une politique qui ne leur assurait rien, pour se donner tout entier aux œuvres qui, au moins, sont fructueuses et bienfaisantes.

Ces choses auraient besoin d'être dites souvent, elles devraient être répétées à M. le comte de Paris; il devrait savoir que, dans sa France, son parti se divise en deux camps: celui des chrétiens qui le désiraient, qui eussent tout fait pour le faire triompher, mais qu'on a éloignés par une froideur extrême mêlée quelquefois d'un peu d'hostilité, et celui des libéraux qui se trompent en croyant que les Français ne veulent plus entendre parler que de 89, des libéraux qui n'arriveront à rien qu'à des défaites et à des compromissions ridicules.

Les premiers sont les plus nombreux et les plus décidés. Si M. le comte de Paris qui, personnellement, est très chrétien, donnait à ses manifestes politiques un peu de ses sentiments individuels, il masserait derrière lui une armée d'invincibles qui entraînerait les hésitants, les timides et les indifférents, et dans quelques années la France serait redevenue la nation très chrétienne. Malheureusement, M. le comte de Paris n'est pas instruit de ce qui se passe.

La *Gazette de France* est le seul journal royaliste indépendant qui ait son franc parler.

Or, dans l'entourage du prince on lui dit :

« Ce n'est qu'une unité, la masse pense comme nous! Voyez nos journaux de province! »

Oh! le bon billet!

Les journaux de province ! mais ils ne sont pas librement rédigés ! quelles que soient les idées de leurs rédacteurs, quelle que soit l'opinion publique, ils n'ont pas le droit de dire ceci est bien, ceci est mal ! Ils sont sous la coupe de comités qui n'arriveront à rien, justement parce qu'ils sont chargés d'arriver à quelque chose et qu'au lieu d'activer le mouvement, ils l'enrayent.

Avez-vous jamais mis le nez dans un journal royaliste de province ?

Je vous défie bien, s'il a un comité derrière lui, d'y trouver une critique, si modérée soit-elle, de ce qu'ont pu faire ses amis politiques !

A tout, il faut répondre *Amen !*

Il faut tout approuver, tout applaudir, et s'il se commet une bourde par trop grosse, ordre est donné de n'en rien dire.

Qu'en résulte-t-il ?

Que le public sachant d'avance que dans la feuille en question on ne trouvera jamais rien qu'une approbation, endormante à la fin, de tout ce qui se dit et se fait à droite, ne se donne même plus la peine d'ouvrir le journal.

Une élection se produit, on fait des envois gratuits.

Les électeurs ne brisent même pas la bande.

ils mettent la feuille dans un coin en se disant :
« Je connais l'antienne ! »

Et le jour du scrutin on est tout surpris de voir que non seulement on n'a pas gagné une voix, mais qu'on en a perdu grâce aux abstentions tous les jours plus nombreuses.

Les résultats seraient tout différents avec une presse libre.

Les droites certaines d'être blâmées quand elles feraient une sottise, comme celle de leur union avec M. Rouvier par exemple, y regarderaient à deux fois avant de fronder l'opinion de leurs électeurs.

Le public voyant un journal sincère, blâmant le mal et louant le bien d'où qu'ils viennent, serait séduit par cet ascendant qu'a toujours et partout la vérité.

Les journaux seraient lus, parce que les amis n'étant pas sûrs d'avance de n'y trouver que des éloges, voudraient voir si quelquefois il ne s'y glisserait pas un blâme. Quand une période électorale arriverait, les électeurs suivraient le journal qui leur aurait toujours dit la vérité, et la liste du parti passerait comme une lettre à la poste.

Si nous voulons arriver à quelque chose, nous royalistes, la réforme de notre presse s'impose.

Les catholiques sont écoutés et goûtés précisément parce qu'ils ont des journaux indépendants.

J'ai déjà parlé de la *Croix*, je n'y reviendrai pas, mais je tiens à constater que partout où un journal catholique se fonde, il réussit admirablement.

Outre cette sincérité et cette liberté d'appréciation qui charment, il a en outre pour lui la protection de Dieu dont il défend les droits.

Je me suis longuement étendu sur cette étude du parti royaliste, parce que royaliste moi-même, je voudrais voir triompher mes idées, et voir surtout mes chefs entrer dans une voie franchement chrétienne, la seule qui puisse leur assurer la victoire; j'ai aussi donné du développement à mon idée, parce que j'ai tenu à prouver que ce n'est pas M. le comte de Paris qui mérite les reproches de Drumont, mais bien plutôt ceux qui l'approchent, ceux qui se donnent comme ses porte-parole, ceux en un mot qui, au lieu de soutenir sa cause, la compromettent.

Je crois avoir réussi sur ce dernier point, je souhaite de tout mon cœur de ne pas avoir prêché dans le désert sur le premier.

Je reviens à la *Fin d'un monde*.

En étudiant ce que pourra être le gouvernement de M. le comte de Paris, Drumont s'est occupé de la question des fonctionnaires, et comme moyen pratique d'économie a proposé d'investir de certaines charges publiques les gens à l'aise qui voudraient bien les accepter gratuitement.

L'idée est assurément ingénieuse, mais je ne la crois pas très pratique; dans tous les cas, elle n'est pas conforme à nos idées modernes qui veulent que toutes les fonctions soient accessibles aux riches comme aux pauvres et soient par conséquent rétribuées.

Mais sans aller aussi loin que la gratuité absolue, il est bien certain que de sérieuses réformes sont nécessaires, et qu'il importe que ceux qui travaillent le plus soient mieux rétribués que ceux qui ne font rien. Jusqu'ici c'est le contraire qui a eu lieu, il faut espérer que cela cessera.

Drumont en doute parce qu'il semble ne pas croire à la monarchie; en cela il a tort, et je le trouve bien facile à adopter en revanche l'idée du boulangisme.

J'ai déjà qualifié le boulangisme de pis-aller, je ne retire pas le mot, je l'accentue même en ajoutant que ce pis-aller serait déplorable.

Je sais que, malheureusement, une foule de conservateurs, de ceux qui n'ont pas d'opinion fixe, qui ne sont pas assez sérieux pour s'en faire une, sont boulangistes.

C'est tout simple; ils ne croient pas à grand'chose, pas plus en religion qu'en politique, et pour eux le sabre est le plus éloquent des arguments.

Or, dans le général Boulanger, ils ne voient qu'un sabre.

L'acier même le mieux trempé se brise assez facilement, surtout lorsqu'il affecte la forme d'une épée; celle du général, déjà pas mal ébréchée, ne résisterait pas longtemps si elle devait soutenir les destinées de la France.

Qu'est-ce, en somme, que M. Boulanger?

Un de ces hommes que Drumont a si bien fouaillés dans ce sanglant chapitre qu'il consacre au monde politique, un de ces hommes qui, après avoir fait les processions, marchent côte à côte avec les briseurs et les profanateurs de crucifix.

Dans l'Ain, M. Boulanger, alors clérical, suivait le Saint-Sacrement un cierge à la main, il assistait aux agapes fraternelles de certain petit séminaire et y buvait à la prospérité des écoles chrétiennes.

Dans l'Isère, il était un des flatteurs du duc d'Aumale alors chef de corps d'armée, lui écrivait les lettres que l'on sait et l'assurait de son inaltérable dévouement; il était un de ceux qui, près du prince, abusaient du « monseigneur » malgré sa défense.

Ce qu'il a fait ensuite, chacun se le rappelle, il a repris l'idée du grotesque Labuze, député blackboulé de la Haute-Vienne, aujourd'hui trésorier général des Bouches-du-Rhône à raison de 300,000 francs d'appointements, et s'est fait l'apôtre de la formule : « Les séminaristes sac au dos ! »

Qu'a-t-il fait encore ?

Il a consenti à accomplir cette besogne malpropre qui consistait à arracher les étoiles des manches de celui qui l'avait fait nommer général et qu'il avait assuré de tout son dévouement.

Après ces divers exploits, il s'est cru un grand homme, et lors de l'affaire Schnæbelé, sans une énergique intervention, il nous jetait dans une guerre dont l'issue pouvait être désastreuse, nos régiments n'étant pas prêts, nos provisions, notre matériel n'étant pas organisés en vue d'une entrée subite en campagne.

Que les officiers des garnisons de l'Est disent si j'exagère !

Se rappellent-ils de ce jour où ils reçurent l'ordre de se tenir prêts à se mettre en route dans les 24 heures, où ils firent nettoyer leurs cantines, les garnirent et les firent porter au quartier ?

Voilà les titres de M. Boulanger à la couronne de France !

Quand je pense qu'il y a des hommes assez aveuglés pour pouvoir songer à la lui donner, à lui confier les destinées de leur pays, l'avenir de leur patrie, je me demande si ceux-là ne sont pas fous, ou s'ils n'ont pas cette maladie qui déprave le goût et pousse ceux qui en sont atteints à manger de la terre glaise en guise de chocolat.

Franchement, cet enthousiasme pour un homme qui ne le mérite pas, c'est tout simplement de l'hystérie, le résultat du détraquement national !

Remarquez bien que je ne dis pas que le général n'arrivera pas à ses fins; il peut se faire qu'il réussisse; en France, actuellement, tout est possible; mais s'il arrive, nous en verrons de belles !

L'élection de la Seine qui, le 27 janvier, lui a donné une écrasante majorité, semble lui dire qu'il peut tout oser. Il ne faudrait cependant pas s'exagérer les choses.

En votant pour Boulanger, les Parisiens ont surtout voulu manifester leur antipathie pour le gouvernement, et le général aurait tort de considérer ses 250,000 voix comme la première marche du trône.

Drumont dit au général qu'il peut être un sauveur ou un monstre.

Il ne sera, à mon avis, ni l'un ni l'autre.

Les sauveurs ont du génie, les monstres de la perversité. M. Boulanger, n'a lui, que l'enivrement, la folie d'un homme qui n'était rien et qui brusquement, à cause du costume qu'il portait, est devenu le semblant de quelque chose et se croit tout.

Toute l'histoire de cet officier de fortune vient se résumer dans sa triste aventure de divorce.

Je ne veux pas, Dieu m'en garde, toucher à sa vie privée et surtout porter la main pour le soulever, sur le voile derrière lequel on pourrait trouver l'explication de l'absence de Mme Boulanger du domicile conjugal; mais il est certain qu'il est arrivé au général ce qui arrive à tous ceux qui, n'étant pas fortement trempés, n'ayant pas de principes solides, n'ayant pas Dieu pour guide et pour appui, se voient jetés dans la vie facile qu'ils n'avaient jamais osé rêver.

Le général vivait modestement entouré de sa famille.

La foule stupide, un jour de revue, lui fit une ovation ; les uns diront que ce fut le commencement de sa fortune, mais je crois que ce fut le signal de sa dégringolade morale.

On l'acclama, on lui fit une cour dont Drumont a dépeint peu flatteusement l'un des principaux sujets; l'argent arriva, on ne sait d'où ni comment, et avec la popularité et les billets de banque, la vie à grandes guides, les soupers chez Durand et ailleurs, devinrent le pain quotidien de l'idole.

Adieu le foyer domestique, adieu les douces joies de la famille, adieu la vie honnête, sérieuse, laborieuse du soldat et du père; M. Boulanger encadré de Laguerre et de Naquet devait fatalement arriver au divorce.

Et l'on en veut faire un chef d'État !

Mon Dieu, Gambetta le noceur civil a bien manqué l'être, il est bien possible que Boulanger le viveur militaire puisse le devenir.

Ce serait une nouvelle honte pour la patrie.

Je voudrais pouvoir partager les illusions de certains de mes amis qui m'écrivent souvent qu'ils ont mis en lui tout leur espoir, qu'il ne peut pour le moment se débarrasser des Laguerre, des Suzini et des Naquet, mais que lorsqu'il sera le maître, il agira comme tel, donnera le coup de balai que nous attendons tous, et qui sait? sera peut-être le Monck de la monarchie française !

Le Monck de la monarchie française! voilà donc le grand mot lâché !

Va-t'en voir s'ils viennent, Jean !

J'ai la bêtise d'être de ceux qui croient que le général ne travaille que pour lui; ce qu'il fera? je n'en sais rien; mais ce que je sais bien, c'est que s'il réussit, ce ne sera que par la volonté de Dieu.

J'adorerai alors les secrets desseins de sa divine Providence et je penserai dans ma pauvre cervelle d'humain, que la divinité, en nous envoyant un sabre, a jugé que nous n'étions pas assez châtiés et que nous ne méritions pas encore un père.

Beaucoup de royalistes sont dans cette illusion que je signalais plus haut; ils sont si faciles à rouler, ces braves gens, que je ne suis pas surpris qu'ils soient tout disposés à se laisser faire par le général, comme ils se sont laissé faire par les opportunistes, comme ils se laissent faire par les bonapartistes, en somme un peu par tous ceux qui veulent mettre à profit leur faiblesse et leur loyauté.

Ah! certes, Drumont les dépeint bien quand il les montre toujours prêts à cacher les hontes de leurs adversaires, toujours disposés à pardonner les rebuffades et les horions.

C'est malheureusement là le défaut de leurs qualités. Comme ils sont incapables de fourrer les autres dedans, ils s'y laissent mettre avec une incomparable facilité.

Et puis, il faut bien le dire, ils n'ont pas pour la plupart cet entrain que donne la foi.

Je l'ai déjà fait remarquer, au lieu de défendre et leur Dieu et leur roi, ils ne se dévouent que pour le dernier; c'est ce qui explique leur tiédeur et leur mollesse.

Ah! Drumont parle de sacrifice! Je lui accorde que chez les Jacobins dont il fait l'apologie, il y a eu des coups de tête, mais il n'y a jamais eu cet oubli de soi-même qu'il croit y voir.

Le sacrifice est une plante chrétienne qui ne pousse pas à côté de l'égoïsme, fruit du rationalisme.

Les Jacobins qui risquaient leur vie, le faisaient par ambition, pour arriver à fonder le gouvernement dans lequel ils eussent pu devenir quelqu'un et gagner quelque chose, c'était bien plus l'intérêt qui les poussait que le dévouement.

Le sacrifice véritable est le fait de ceux qui, sans ambition, sans arrière-pensée, offrent leur vie pour sauver celle d'un autre.

Le sacrifice est personnifié dans cette lettre d'un gentilhomme, d'un de Roffignac qui écrivait à la Convention, pour offrir de mourir à la place du roi Louis XVI afin de conserver à la France un roi chrétien.

Les républicains, les socialistes n'ont jamais eu de pareils sentiments; pourquoi? Parce qu'avant de penser aux autres ils pensent surtout à eux-mêmes.

Ce sacrifice, qui n'est pas toujours aussi complet que celui que se proposait de faire le gentilhomme dont je viens de parler, Drumont a bien fait de le montrer dans ces petits qui luttent pour la bonne cause avec plus d'énergie et de ténacité que les grands.

Ils n'ont rien à attendre de leurs efforts, eux non plus, et cependant ils sont fidèles, inébranlables à leur poste; c'est leur gloire, ils auront leur récompense près de celui qui n'oublie pas.

Parmi eux, il faut placer ces journalistes de province dont Drumont s'est occupé.

J'ai déjà montré qu'ils n'étaient pas libres, il ne faut donc pas leur reprocher de ne pas répondre aux infamies de la presse juive et républicaine par des coups d'éclat, en racontant par exemple tous les scandales qu'ils connaissent et qui sont à l'actif de leurs adversaires.

Outre que cette campagne de diffamation pourrait répugner à la plupart, s'ils l'entreprenaient, ils auraient pour accabler leur feuille sous une pluie d'amendes, les tribunaux d'aujourd'hui, si indulgents pour les diffamateurs de gauche et si durs pour les diffamés de droite.

Malheureusement, mais fatalement, dans les feuilles conservatrices, comme ailleurs, on est obligé de songer à la caisse et de la sauver du naufrage.

Cependant on pourrait se défendre, et une excellente chose à instituer serait une société de laïques ayant des représentants dans chaque département, bien décidés à ne pas rater un seul diffamateur et à traîner en justice tout journal qui se permettrait de propager la calomnie.

Si cette société se fondait, elle rendrait de réels services.

Je ne veux pas terminer ce long chapitre, que j'aurais pu allonger encore, car il y a à dire sur la politique de la droite une foule de choses que je suis obligé de passer sous silence, je ne veux pas, dis-je, terminer ce chapitre, sans adresser un dernier reproche à Drumont.

Il a bien durement parlé de M. le comte de Chambord et de la comtesse sa femme! Je n'aurai pas la cruauté de reproduire ici la lettre que fit publier à ce sujet l'un des anciens fidèles de Frohsdorff; mais je dois déclarer hautement que si l'historien a le droit de critiquer, il n'a pas celui de ridiculiser ceux qu'il juge.

Drumont semble avoir voulu jeter le ridicule sur deux vies qui furent toujours le modèle de l'honneur, de la bonté et de la sainteté.

M. le comte de Chambord, en mourant, n'a

pas légué sa fortune à ceux qui l'avaient défendu, parce qu'il savait bien que le dévoûment ne se paie pas avec de l'argent, parce qu'il n'ignorait pas qu'un mot de lui, une poignée de mains payait de tous les travaux, de toutes les luttes, de tous les sacrifices.

Il n'a pas pensé à l'argent, et en l'oubliant il a prouvé qu'il connaissait bien ceux qui ont soutenu ses droits, défendu sa cause.

Ils n'avaient jamais rien réclamé de son vivant, ils ne s'attendaient à rien à sa mort, si ce n'est à ce que leur prince se souvînt d'eux devant le trône de Dieu.

Ce dernier espoir ne sera pas trompé.

Ce désintéressement est encore un des défauts des catholiques; mais ils ne veulent pas s'en corriger.

Drumont prétend qu'ils ont déjà une tare dans le cerveau, qu'ils se figurent qu'ils ont été créés et mis au monde pour recevoir tous les jours sur la tête les égouts collecteurs de l'humanité, autrement dit que leur rôle est de tout souffrir.

Eh, mon Dieu, il serait à souhaiter qu'ils fussent tous dans ces idées-là, ils ressembleraient un peu mieux à leur divin modèle qui a tout souffert pour eux, même l'ignominie du Calvaire, et dans tous les cas, ils ne feraient qu'accepter de gaité de cœur ce que leur a promis l'Évangile, des luttes, des mépris et des croix.

Les heureux et les arrogants de ce monde ne seront pas les bienheureux de l'éternité ; ce seront les sages qui faisant leur choix, préfèrent être marqués du mépris des hommes pendant leur vie que de celui de Dieu après leur mort.

Si nous acceptions tous aussi docilement la volonté de ce Dieu qui nous châtie de nos fautes, la punition, soyons-en convaincus, serait moins longue et nous verrions luire bien plus vite l'aurore de ce demain glorieux et paisible après lequel nous soupirons.

Il viendra, mais quand au lieu de nous révolter nous adorerons, quand au lieu de vouloir toujours rire nous aurons pleuré, quand au lieu de jouir nous aurons souffert volontiers.

Drumont, vous êtes un chrétien, comment nous parlez-vous toujours de révolte !

VIII

Bravo Drumont! — Paris n'est pas la France. — Une infime minorité. — Vive la province et les marquis de Gascogne. — Une pensée de Châteaubriand. — Elle est incomplète. — Les deux camps de l'aristocratie. — Salade russe. — La vie sérieuse. — Une journée au château de B... — Domestiques et maîtres. — Aux vacances. — Un budget honnête. — A la gentilhommière. — En ville. — On ne songe plus au plaisir. — Réparation. — Un lieutenant de Charette. — Le colonel d'Albiousse. — Les femmes de province. — Dans les mansardes. — Au jour de Noël. — Comment s'est incrusté le sentiment du devoir. — La question du prêtre. — Pourquoi Drumont l'a-t-il négligée? — Le prêtre a sauvé ce qui reste de sain dans la société. — L'influence des jésuites. — Ils font la part du feu. — Le père Truck et ses Auvergnats. — Deux sortes de jésuites. — Celui de Vaugirard et celui d'Iseure. — Pourquoi on arrondit les angles. — A Notre-Dame. — Un plaisir de blasés. — Remède radical. — Nouvelles Madeleines. — Le clergé français est admirable. — Un écueil à éviter. — Saluts en musique. — Ce qui est permis. — Résumons-nous. — A Montmartre!

Voilà un fameux chapitre que le huitième de la *Fin d'un monde!* quels vigoureux coups de fouets aux viveurs parisiens!

C'est parfait!

Aux faits signalés par Drumont je pourrais en ajouter d'autres, mais ce n'est pas le but que je me suis proposé en écrivant ce volume. Je veux, aux pourritures que nous montre la *Fin d'un monde*, opposer les réconfortantes réalités d'un autre monde qui n'est pas prêt de finir.

Le huitième chapitre, dont je faisais l'éloge à l'instant, nous transporte en plein Paris, dans ce Paris viveur et élégant qui a pour organe le *Figaro;* ce Paris est dépeint et fustigé de main de maître; mais ce Paris-là est-il la France?

Les gentilshommes qui vont chez Mme de Sagan, qui vivent en bons camarades avec les financiers Juifs sont-ils les seuls Français sur lesquels la patrie, l'Église puissent compter?

Ah! Il y en a d'autres, heureusement, il y en a une foule d'autres et les vôtres, mon cher Drumont, ceux dont vous vous occupez, sont une infime minorité.

Je vous abandonne Paris, — pas tout entier cependant, car s'il n'est pas de ville où la débauche s'étale plus cyniquement, il n'en est pas où l'on prie davantage, il n'en est pas où une partie de l'aristocratie et de la bourgeoisie se mortifie plus durement; — je vous laisse toute cette gentilhommerie dégénérée; je conviens avec vous, que le coin de Lesbos dont vous avez parlé, que l'impudicité que vous avez dévoilée, que l'amour effréné du plaisir, amèneront fatalement une catastrophe; mais laissez-moi ma province, laissez-moi mon aristocratie chrétienne qui fuit Paris et habite la campagne à cent lieues de la capitale, laissez-moi mes honnêtes femmes de Draguignan, mes solides gars de Quimper-Corentin, et mes rudes marquis de Gascogne

Ceux-ci font oublier ceux-là.

Ce n'est pas dans le *Figaro* qu'ils vont chercher une distraction, une lecture réconfortante, c'est dans l'*Univers* ou dans la *Gazette de France ;* si les vôtres préparent la catastrophe, les miens la retardent et obtiennent de Dieu le temps qui leur est nécessaire pour que, des ruines inévitables, sorte une France forte et régénérée.

Je ne suis pas de l'avis de Chateaubriand; c'est un grand penseur, un esprit profond, cependant je n'hésite pas, moi pauvre observateur, à trouver son appréciation incomplète lorsqu'il dit « qu'une aristocratie passe par trois phases : celle des services, celle des privilèges et celle des vanités. » Cela est vrai, lorsque le gouvernement du pays où se trouve cette aristocratie est lui-même aristocratique, mais cela est faux, lorsque cette aristocratie est gouvernée par un pouvoir qui lui est hostile.

Chez nous, après les services et les privilèges, la noblesse s'est partagée en deux camps : le camp de ceux qui s'amusent, et le camp de ceux qui prient.

Le premier est moins peuplé que le second.

Vous nous avez admirablement stéréotypé ce *high life*, ce *tout Paris* corrompu, composé de rastaquouères ayant acquis droit de cité dans les grands salons, et de gentilshommes fourvoyés, qui se laissent entraîner par le courant ; laissez-moi parler de ma vie de province, laissez-moi dire ce que sont mes campagnards.

A vos beautés du bois de Boulogne ou de l'Opéra, laissez-moi opposer mes figures de vierges, mes violettes de cathédrales ; au portrait que vous faites de Charette homme du monde, laissez-moi opposer la silhouette d'un de ses subordonnés ; laissez-moi dire enfin ce que vous n'avez pas dit : pourquoi un grand nombre de vos parisiens se perdent, pourquoi la plupart de mes provinciaux se sauvent, et lorsque ce sera fait, vous conviendrez avec moi, que le bien l'emporte tellement sur le mal, qu'au lieu de désespérer comme vous le faites, il faut avoir confiance dans l'avenir, il faut compter sur un relèvement et non sur un effondrement général.

Pendant que les grands noms de France font avec ceux de chevaliers interlopes, dans les salons de Paris, l'étonnante salade russe que vous avez si bien secouée, mon cher Drumont, dans les châteaux, en province, on mène la vie sérieuse, la vie forte qui élève les sentiments, anoblit les caractères et rassérène les cœurs.

Au château de B... que je ne veux pas désigner autrement que par la première lettre de son nom, parce que ceux qui l'habitent ne me pardonneraient pas de les avoir mis en scène, on porte très haut le blason des aïeux.

L'habitation est princière, elle a été construite à grands frais par des ouvriers du pays.

Les boiseries ont été sculptées et travaillées par un artiste de la ville voisine, la serrurerie a été forgée tout à côté, par un obscur mais adroit manieur de marteau. Il a suivi les plans, exécuté les dessins de la marquise.

La chapelle est un petit chef-d'œuvre d'art gothique; la haute tour domine tout le pays; les escaliers sont une merveille.

Aux écuries, trois beaux chevaux, au chenil quelques chiens de prix.

La maison est habitée par les descendants d'une race dont le sang s'est jadis mêlé sur la terre de Palestine à celui dont le Christ l'avait arrosée déjà.

La vie s'écoule doucement, dans le grand domaine, heureuse pour tous, maîtres et domestiques.

A huit heures, on entend la messe dite par un prêtre des environs; la matinée se passe en visites faites aux pauvres de la commune, en travaux d'intérieur pour la maîtresse de la maison, en promenades à cheval pour le marquis, promenades qui toutes ont un but bien déterminé et utile.

Au déjeuner, tout le monde se retrouve.

On ne le commence pas sans avoir élevé son cœur à Dieu.

Il est court, simple et frugal.

L'après-midi, on fait sa correspondance, on va courir les bois, surveiller les travailleurs. Au retour, visite à la chapelle, après laquelle chacun monte dans sa chambre et s'habille pour le dîner.

Il affecte une certaine solennité, est servi avec quelque luxe par les domestiques en livrée.

La soirée se passe à lire, à faire de la musique, à jouer au whist.

M. le curé vient souvent, il est si bien reçu!

A dix heures, on fait la prière en commun et l'on se sépare.

Les gens de la maison servent leurs maîtres depuis un nombre considérable d'années, ils les aiment, les respectent, et leur vie s'écoule près d'eux comme auprès de bons parents, d'amis véritables sur lesquels ils savent pouvoir compter.

Aux vacances, des cousins et des cousines viennent passer deux mois.

On organise quelques parties de chasse, on va visiter les sites curieux des environs; on déjeune sur l'herbe, le soir on essaie des charades innocentes, et quand le moment de la séparation arrive, on s'est tellement amusé, on a si bien respiré l'air si pur de la campagne et l'atmosphère si sérieuse, si noble du château qu'on est fatalement triste et qu'on suppute le nombre des jours qui s'écouleront jusqu'à la prochaine visite.

Les grandes soirées, lorsqu'il y en a, entraînent une dépense de cent francs. Le train de maison nécessite un budget de sept ou huit mille francs, et comme les revenus s'élèvent à vingt-cinq mille et qu'on ne fait pas d'économies, tout le reste va aux pauvres, aux bonnes œuvres, aux fondations pieuses, aux écoles chrétiennes, au denier de saint Pierre, aux petites orphelines, etc., etc.

Quand les châtelains circulent dans le pays,

tout le monde se découvre devant eux, on les aime, on les respecte, personne n'oserait leur manquer ; par leur exemple et leurs aumônes, que d'âmes ils ont ramenées à Dieu !

Cette vie est celle d'un grand château.

A la gentilhommière que j'ai dans la mémoire, les dépenses sont moins fortes, l'existence est aussi régulière.

Là, il y a des garçons qui sont à Sarlat, chez les Jésuites ; quand ils reviennent au mois d'août près de leur père et de leur mère, ils jettent une note bruyante dans le calme de la maison, mais si bruyants qu'ils soient, leur gaîté ne leur fait pas perdre de vue les grandes leçons qui leur ont été données au collège, et ils grandissent sous l'œil paternel, loin des dangers du monde, forts dans le présent et préparés aux luttes à venir.

A la ville, c'est comme à la campagne ; les gens de Paris ont pris tous les plaisirs pour eux, ils ne nous en ont pas laissés.

Depuis dix-neuf ans, c'est à peine si l'on se voit deux ou trois fois par hiver.

Les réceptions sont modestes et honnêtes.

Dans un certain monde on les a même totalement mises de côté.

On échange des visites, on vit beaucoup en famille ; en revanche, les jours de fête, les églises sont pleines; les hommes, même les jours ordinaires, assistent aux premières messes; à Lyon, Bordeaux, Nantes, Angers, Rouen, Lille, et dans bien d'autres villes, ils les servent eux-mêmes.

Les œuvres leur prennent tout leur temps; partagés entre les conférences de saint Vincent de Paul, les cercles catholiques, les patronages, les fondations d'écoles libres, ils n'ont pas une minute pour songer au plaisir. Les fervents ont pris l'habit de saint François d'Assise, obéissant au Pape qui l'a recommandé, et aux jours de grandes débauches, tandis qu'une certaine partie de l'aristocratie parisienne passe ses nuits à donner des cotillons de vingt-cinq mille francs, eux organisent l'adoration nocturne et donnent leurs économies aux malheureux.

Voilà la vie des gentilshommes de province!

A eux se joignent les bourgeois et les ouvriers; ils n'ont pas la morgue de l'aristocratie de la capitale et ouvrent les portes de leurs associations pieuses à tous les hommes de bonne volonté.

Parmi les noms que Drumont a écrits, j'ai lu celui du général de Charette. J'aime à penser que l'auteur de la *Fin d'un monde* ne le met pas sur le même pied que ceux qu'il a si sévèrement fustigés.

Je me fais de lui une tout autre idée.

J'avoue que je le connais peu, mais j'ai vu de près l'un de ses lieutenants, et si l'élève tient du maître, le général doit être bien dépaysé au milieu de tous les embaumés de Paris.

On a aussi beaucoup parlé des zouaves dans la *Fin d'un monde*, et je dois avouer qu'on ne les y a pas montrés sous un bien beau jour.

Voici le portrait de l'un d'eux, le second de Charette, qui, après avoir vaillamment combattu, attend, malgré son âge, qu'on lui fasse signe, il est tout prêt à reprendre son épée.

C'est d'Albiousse, le colonel des zouaves du Pape.

Il habite le département du Gard, jadis Uzès, Nîmes maintenant.

C'est un petit homme sec, pâle, mais d'une énergie sans pareille.

Après avoir longtemps habité Rome, être allé souvent saluer Henri V en exil, il s'est retiré sous sa tente et y vit modestement, ne songeant plus au plaisir depuis que le Pape est captif, que son prince est mort et que son successeur n'a pas encore le trône.

Son excellente et charmante femme lui a donné de nombreux enfants, il passe son temps au milieu d'eux, plein de ses souvenirs ; il aime à parler de l'Italie, de Mentana, de Pie IX; il raconte aux intimes ses visites à Frohsdorff, et laisse deviner que, dans le fond de son cœur, il nourrit l'espérance que tout n'est pas fini pour son glorieux régiment.

Lorsque du temps d'Henri V on organisait là-bas sous le beau ciel du Midi, des réunions ou des banquets royalistes, le colonel d'Albiousse était toujours au nombre des orateurs inscrits. Il faisait acclamer toutes nos grandes causes, il parlait surtout du drapeau de Patay, et alors sa voix si mâle, si énergique, tremblait.

Il est toujours resté soldat.

Charette fait-il un signe? Il accourt! Il n'a pas de fortune, et cependant sans hésiter, il se met en route, traverse la France, arrive au rendez-vous la moustache relevée, l'œil vif, le cœur joyeux, fredonnant le refrain de la *Vendéenne :*

Nous serons là!
Nous serons là!

Il ne va pas dans le monde, il prie, travaille, songe au passé et compte sur l'avenir.

Je n'ai cité que lui, ils sont légion cependant ceux qui vivent de sa vie, espèrent de ses espérances!

Voilà certes des gentilshommes dont les habitudes consolent des turpitudes que la vie parisienne fait naître.

Je n'ai parlé que des hommes; si j'arrive aux femmes, le contraste est plus frappant encore.

Aux cent gourgandines de Drumont, aux cent Parisiennes du grand monde qui ont suivi la morale de *Figaro* et qui mettent en pratique l'art de tromper un mari, je puis facilement opposer plusieurs millions de provinciales, modestes et pures, compagnes fidèles, mères modèles, chrétiennes d'un grand cœur.

La femme du monde qui oublie ses devoirs est si rare en province, que lorsque le fait se produit, il donne lieu à un épouvantable scandale.

Aussi cette pureté de mœurs, cette honnêteté de vie, cette foi profonde donnent-ils naissance à tous les grands sentiments, à toutes les délicatesses.

La charité et la bienveillance sont les plus ordinaires.

Toutes les femmes comme il faut, sont dames de charité, elles ne se bornent pas à faire des trousseaux, à verser de grosses sommes entre les mains des prêtres, à assister aux offices avec recueillement ; elles paient de leur personne, visitent les pauvres, montent dans de misérables mansardes, à travers des escaliers noirs, glissants, boueux, s'assoient aux lits des moribonds, leur adressent de bonnes paroles, multiplient les consolations, embrassent les enfants malpropres, aident à les nettoyer, prennent au besoin le balai, et après avoir fait acte de vertu au milieu des pauvres, rentrent chez elles le cœur léger, l'âme remuée par la misère d'autrui, l'esprit plein de saines pensées.

Au jour de Noël, quand elles se disposent à donner à leurs enfants les bonbons et les jouets apportés par le petit Jésus, elles n'oublient pas qu'il y a de pauvres petits êtres qui ne peuvent pas en avoir de leurs parents sans ressources, et elles font double provision.

Chez toutes ces femmes, de même que chez tous les hommes dont j'ai déjà parlé, il y a un profond sentiment du devoir.

Il ne s'est pas incrusté tout seul dans les cœurs, il y a été enfoncé peu à peu, à coup de sermons pratiques, prononcés du haut de la chaire chrétienne.

Les générations de catholiques sont d'autant plus fortes que ceux qui sont chargés de les instruire ont été plus actifs, ont mis plus d'énergie à la besogne.

Lorsque Drumont a parlé du rôle des Jésuites sur la société, j'ai cru un moment qu'il allait traiter cette épineuse, mais bien importante question du prêtre et de sa mission.

Malheureusement, il ne l'a pas fait!

Il faut une main douce pour toucher au sacerdoce, il faut, avec un profond respect, un ardent désir de proclamer le vrai, mais il le faut faire si posément que cela a peut-être effrayé l'auteur de la *Fin d'un monde*.

Il s'est, en effet, jeté au milieu de la société avec la fougue d'un vengeur, il a multiplié les personnalités, les persiflages cruels, les mises à la lumière crue de sujets scabreux, et après son passage le monde parisien ressemble un peu à un magasin de bibelots dans lequel on aurait lâché un poulain en belle humeur.

Était-il convenable de mêler à tous ces débris, la silhouette de notre excellent clergé?

Évidemment non.

En y réfléchissant, on comprend cette lacune dans le livre de Drumont.

Dans ce volume où j'oppose aux ignominies mises à nu, les actes héroïques et les vertus cachées d'un monde trop oublié qui veut vivre, qui a besoin de durer dans l'intérêt de l'Église et de la France, il me semble que je puis parler du prêtre, que je dois même le faire, car si la majorité de la société française est encore forte et saine, c'est grâce à lui. Cette force est son œuvre, cette vitalité est le résultat de ses efforts, mais aussi, il faut bien le dire pour être sincère, si une fraction du grand monde parisien a peu de bon sens, si le libertinage, le luxe effréné, les folies mondaines, ont pris les proportions que l'on sait, ne faut-il pas l'attribuer un peu à ce qu'on n'ose pas porter franchement le fer dans la plaie?

Drumont a dit un mot des Jésuites.

Leur influence n'est pas aussi mince qu'il le croit, ou du moins qu'il le prétend.

A Paris, ils font la part du feu et il est certain que le Père Truck ne tient pas à ses Auvergnats le même langage qu'aux jeunes gens de la rive droite qui, de temps en temps, viennent écouter ses conseils.

En province, au contraire, leur action est très grande et leur influence énorme. Ils font un bien immense tant dans leurs missions que dans les œuvres ouvrières dont ils s'occupent.

Partout ils restent hommes du monde, durs à eux-mêmes, indulgents aux autres.

Cela tient à leur recrutement, et aussi au milieu dans lequel ils vivent continuellement.

Cependant, il y a deux sortes de Jésuites, aussi bien dans les collèges que dans les résidences.

Du temps où ces rois de l'enseignement avaient encore leurs magnifiques établissements, les Pères de l'*Immaculée Conception* de Metz, ceux d'*Iseure* de Moulins, de *Saint-François-Xavier* de Vannes, ne ressemblaient en rien à ceux de Vaugirard, de Poitiers ou d'Avignon.

La différence n'était cependant qu'apparente, tous les Jésuites étant coulés dans le même moule; mais, suivant les milieux dans lesquels ils étaient placés, leur attitude se modifiait, leurs procédés changeaient.

A Vannes, à Moulins, à Metz, où jamais les enfants ne se fussent permis d'appeler un de leurs professeurs par son nom en parlant de lui, sans faire précéder ce nom de celui de *Père*, dans ces collèges où l'esprit mondain n'existait pas, les Jésuites n'étaient pas des maîtres, ils étaient des amis.

A Vaugirard, où les élèves se préoccupaient, les jours de parloir, de la voiture dans laquelle était venue la mère de X... ou de Z..., où en cour, au lieu de dire le *Père* un tel, on disait tout simplement... *un tel*, les Jésuites étaient raides, sévères, et gardaient vis-à-vis des enfants une retenue indispensable pour le maintien de leur autorité.

Dans le premier cas, ils faisaient le plus de bien possible, dans le second, ils empêchaient le plus de mal possible.

A la résidence de Brest, lorsqu'un Père allait donner une mission à Châteaulin, il ne parlait pas comme le Père de la rue de Sèvres pendant son Carême à Sainte-Clotilde.

Le premier avait l'éloquence rude des premiers apôtres, le second arrondissait les angles pour ne pas heurter de front les préjugés et les erreurs de son auditoire.

Les Jésuites font donc, comme je le disais, la part du feu.

Est-ce un bon système? Pour ma part, je ne le pense pas.

Malheureusement, les Pères, qui sont certainement tous de mon avis, ne peuvent guère donner le signal de l'intransigeance.

A Notre-Dame, pendant le Carême, je sais que les grands prédicateurs, comme les années dernières le Père Monsabré, taillent dans le vif et traitent le sujet palpitant du mariage chrétien et des devoirs qu'il impose; mais quel est le fruit que l'on retire de ces conférences où l'on va comme au spectacle, qui ne sont suivies ni précédées d'aucun service religieux; qui se donnent à une heure, c'est-à-dire longtemps après la dernière messe et longtemps avant vêpres?

La plupart des auditeurs vont là par genre et non par piété.

Il y a aussi un attrait particulier, on ne déteste pas de s'entendre dire quelques dures vérités une fois en passant; on a la ferme intention de ne rien changer à ses habitudes, mais on éprouve à s'entendre gronder, à se sentir un peu secouer, une émotion passagère fort agréable pour des blasés.

Autant, d'ailleurs, en emporte le vent.

A Montmartre en revanche, à la Basilique du Sacré-Cœur, que de magnifiques résultats obtenus par les mâles accents de nos prêtres et de nos religieux!

Que nous serions heureux, si, dans toutes nos paroisses, dans toutes nos chapelles, on se donnait le mot pour ne plus nous ménager! On mettrait les mondains dans l'obligation, ou de déserter l'église, ou d'entendre des reproches qui, à force d'être répétés, finiraient par produire de l'effet.

Or, comme il est de bon ton, même dans la *gentry* la plus échevelée, d'aller aux offices, de suivre les prédications du Carême, de quitter le sermon pour le théâtre, le bal pour la sainte messe, la mondanité finirait bien par céder le pas à la régularité des habitudes, les pensées sérieuses succéderaient aux folles imaginations, et une piété bien comprise et solide, prendrait la place d'une religiosité toute superficielle.

En province, nos prêtres sont très durs, et ils ont raison.

Leur action est secondée par des prédications étrangères, non moins énergiques que les leurs.

Les missions prêchées par les fils de saint François d'Assise ont surtout des effets merveilleux. J'ai vu des filles perdues, attirées à l'église par la curiosité, par le désir d'entendre un orateur, par la pensée peut-être de se moquer un peu de ces hommes qui vont pieds nus, qui ont la tête rasée, et qui sont vêtus de bure, tomber, nouvelles Madeleines, sous les coups de la grâce, aux pieds des hommes de Dieu, obtenir le pardon de leurs débauches, se réhabiliter dans les eaux de la pénitence, et recommencer, loin du théâtre de leurs excès, une vie nouvelle toute d'honneur et de repentir.

Dans nos cathédrales, dans nos églises de petites villes, on ne connaît pas les précautions oratoires, on parle sans détour, on condamne sans pitié, on flagelle sans se lasser.

Aussi le vice ne prend-il racine que chez ceux qui fuient la maison de Dieu.

Les camps sont bien tranchés, et il n'y a pas lieu de s'en plaindre.

J'ai fait beaucoup de compliments, mérités, d'ailleurs, au clergé de France; je lui demande, avant de terminer ce chapitre, la permission de lui signaler une habitude qui tend malheureusement à se généraliser.

Depuis quelques années, en province comme à Paris, d'où, du reste, la coutume est venue, on oublie trop facilement le respect dû à la maison du Seigneur.

Les chants liturgiques, si beaux, si graves, si bien faits pour porter à la prière lorsqu'ils sont bien exécutés, sont remplacés par de la musique de flon-flon, rendue par un orchestre d'opéra-comique, chantée par des femmes ou des artistes qui ne voient dans son exécution qu'un motif à jalousie et à vanité.

Nous avons tous assisté à quelque fête de ce genre. Je ne parle pas de Paris, où on transporte les sujets de l'opéra à l'église, où la foule s'oublie quelquefois jusqu'à applaudir; mais, en province, nous avons trop souvent été témoins de spectacles aussi désolants pour la vraie piété.

Avant la fête, les feuilles de bon ton comme

la *semaine religieuse* et le journal conservateur de l'endroit ont annoncé la cérémonie à grand renfort de réclame.

A l'heure dite, les nefs de l'église sont combles, on entend un frou-frou de jupons, des conversations dont le diapason monte de plus en plus; on chuchote d'abord, puis on cause.

Tout là-bas, devant le chœur, on a élevé une sorte d'estrade sur laquelle se rengorgent les exécutants.

Ils cachent absolument l'autel sur lequel va reposer le Dieu du ciel.

Le salut commence.

Cela va bien tout d'abord, c'est un *O salutaris* de Lefébure, il est très pieux et c'est un homme qui le dit, avec beaucoup de sentiment, ma foi.

Mais l'*Amen* est à peine prononcé que voilà toutes les femmes de l'estrade qui se mettent en mouvement, elles vont exécuter un chœur, en français!

Vite, on voile le Saint-Sacrement.

La foule écoute; derrière les piliers, de vieux beaux fredonnent les motifs saillants en faux bourdon; aux premiers rangs on bavarde. Ce sont les femmes qui ne vont que rarement à l'église qui ont accaparé les premières chaises.

— Oh! ma chère, mais elle n'a pas de voix du tout ce soir madame une telle!

— Pas plus ce soir que les autres jours!

— Et cette toilette!

— On croirait que c'est pour la voir qu'on a convoqué tout le monde!

— C'est d'une inconvenance!

— Madame X... est en noir, c'est plus décent.

— C'est qu'elle n'a pas de solo.

— Comment est-elle en avant?

— Elle est chef d'attaque!

Par derrière on monte sur les chaises, pour voir le maître de chapelle qui se démène dans son habit noir et bat la mesure à se désarticuler l'épaule; et pendant ce temps-là, derrière son voile de soie blanche ou de pourpre, le Dieu de l'Eucharistie prend en pitié tous ces étourdis, dont cependant au fond les intentions ne sont pas mauvaises. Les vrais fidèles, honteux de voir l'église transformée en salle de spectacle, se demandent si Jésus-Christ ne va pas apparaître le fouet à la main pour chasser de sa maison toute cette foule qui ne pense pas à lui.

Le lendemain, comptes rendus dithyrambiques dans les feuilles de l'endroit, qui arrachent à l'*Univers* avec raison attristé, les entrefilets comme celui-ci :

« Nous lisons dans une *Semaine religieuse* :

« ... Le prélat célébra ensuite la sainte
« messe, pendant laquelle une main exercée,
« un artiste habile comme chanteur et musi-
« cien, *charma* l'assistance par l'exécution de
« divers motets en s'accompagnant lui-même
« sur l'harmonium.

« Et la messe ?
« Dans une autre feuille diocésaine, nous trouvons ce
« programme de messe :

« Après la prédication, l'orphéon du cercle
« catholique chantera le *Credo de Feltz*.
« Pendant la messe, M. D... donnera le
« *Sanctus de Beethoven*.
« Après l'élévation, un solo de violon avec
« accompagnement d'orgue sera exécuté par
« M. L...
« Enfin, à la communion, M. l'abbé N...
« chantera : *Le Ciel a visité la terre*, de
« Gounod.

« Une troisième nous offre le menu d'une messe avec
« orchestre pour la Toussaint, commençant par la *Marche
« d'Idoménée* (Mozart) et finissant par la *Marche de Gali-
« rhou* (Destouches).
« Est-ce l'église ou le théâtre ? »

Voilà une tendance contre laquelle il faut
réagir.

Si on se laisse aller à ces exhibitions qui tiennent beaucoup plus du tréteau que du parvis, on provoquera l'amoindrissement de la piété sincère, et sur cette pente on peut aller très loin.

Comment nos prêtres, si pieux, si bons, tolèrent-ils cela?

Est-ce qu'ils ne veulent pas froisser le maître de chapelle qui a tout organisé? Est-ce qu'ils tiennent à faire plaisir à toutes ces dames qui se prennent pour des saintes Céciles parce qu'elles ont roucoulé sous les voûtes sacrées, oubliant que la musique de sainte Cécile ne ressemblait pas à la leur?

Évidemment.

Il importe cependant de réagir contre ces tendances-là. Il n'y a fort heureusement que dans quelques grandes villes que ces faits se sont produits, il ne faut plus qu'ils se renouvellent.

Il faut que le clergé use de son influence pour interdire aux bons journaux des comptes rendus qui indiquent, de la part de ceux qui les écrivent, un manque absolu de sens chrétien.

La grande musique est certainement la bienvenue dans les cérémonies religieuses, mais qu'on en laisse l'exécution aux maîtrises.

On est sûr qu'ainsi il n'y aura ni scandales,

ni papotages, ni jalousies, ni manque de respect.

Il résulte, il me semble, de cette étude de la société française, que, si quelques-uns de ses membres sont gangrenés, et c'est le petit nombre, la grande masse est parfaitement saine.

Que les décadents dont a parlé Drumont tombent de la folie dans le crétinisme et du crétinisme dans la décomposition, c'est probable, c'est même certain, mais encore une fois, ils ne forment que la minorité et leur disparition ne saura nuire au reste.

Que Paris s'effondre un jour, que le ciel irrité permette sa destruction, je l'ai pensé souvent et j'ai cru longtemps que cela pourrait être, cependant depuis qu'à Montmartre la grande basilique s'élève, je me suis pris à espérer.

Demain, quand la décentralisation aura fait de Paris une ville comme une autre, quand les épreuves et l'inévitable guerre l'auront purifiée de ses souillures, j'ai confiance qu'au lieu de courir aux spectacles et aux fêtes renouvelées du paganisme, les Parisiens graviront en masse la colline des martyrs et feront oublier, par une vie de travail, de sagesse, vraiment virile, vraiment française, vraiment chrétienne, les hontes du passé.

IX

Le chapitre des éloges. — Impartial examen. — La bonne intention. — L'exécution. — Ni médiocrité ni perfection. — Le trop et le trop peu. — Une répétition. — Un stoïque. — Fatalité! — Ce qu'il fallait faire. — Les simulacres. — Le monde est une grande comédie. — La cause des blâmes impitoyables. — Fausse route. — Taquineries de femmes. — Pas de respect humain. — Une belle réponse. — On voudrait donner des gifles. — Ni envie ni haine. — Bonnes résolutions. — On prend plus de mouches avec du miel qu'avec du vinaigre. — Le coup de pied de Drumont et les derrières qui l'ont reçu. — En prison. — Satisfaction refusée. — Ce qui sera. — Dans les brouillards de l'horizon. — *Sursum corda!*

Après avoir critiqué pendant plus de deux cents pages, il me semble que le moment est venu de louer l'œuvre puissante de Drumont.

Comme on l'a dit déjà dans tous les journaux catholiques, il fallait faire de cet ouvrage un impartial examen.

Je l'ai essayé.

Je crois avoir assez sincèrement blâmé le faux, critiqué les exagérations, pour avoir le droit maintenant de faire avec la même sincérité l'éloge que mérite l'auteur.

C'est en effet plutôt à l'auteur qu'à l'œuvre que ces éloges doivent s'adresser.

La raison en est bien simple.

En écrivant la *Fin d'un monde*, il n'est douteux pour personne que Drumont n'ait eu une excellente intention ; celle de dévoiler les hontes de la société parisienne, de fouailler tous les hypocrites, tous les pervertis, et d'essayer de ramener ainsi ceux qui sont ramenables, à de meilleurs sentiments.

Voilà l'intention, elle est parfaite.

L'exécution l'est moins, et a donné lieu à de vives et nombreuses critiques.

L'étonnante verve de Drumont, la masse de documents entassés dans son livre, son style, ont fait de son dernier volume une œuvre que personne ne pourra taxer de médiocrité.

Les pages que j'ai censurées, les affirmations que j'ai contredites, les violences que j'ai blâmées, les idées socialistes que j'ai déplorées, ne me permettent pas de dire que l'œuvre est parfaite, irréprochable.

Il y a du trop et du trop peu.

Du trop, je l'ai montré depuis le commencement de ce volume, du trop peu, c'est ce qui me reste à prouver.

Ce qui manque surtout dans la *Fin d'un monde*, c'est l'espérance.

Ce qui y est avec excès, c'est le désespoir.

J'ai déjà eu l'occasion de le dire, et je ne crains pas de le trop répéter, Drumont semble croire que tout est fini pour nous, Français, et malgré ses cris de rage contre ceux qui, d'après lui, nous vaudront la ruine, il s'enveloppe stoïquement dans son dédain pour tous ces gens-là, les regarde d'un œil fier et courroucé, mais ayant constaté que la violence même est impuissante à nous sauver, il attend cette fin d'un monde comme certains musulmans coupables attendent la mort à laquelle on les a condamnés, sans songer même à formuler une demande de grâce, se bornant à répéter tout haut : c'est la fatalité !

Il n'y a pas de fatalité pour les chrétiens, et lorsque les protestations ont été vaines, lorsque la force est inutile, lorsque les cris de désespoir ne remédient à rien, il leur reste un levier puissant, la prière qui rend l'espérance.

Si Drumont avait arraché à son manuscrit les cinquante pages qui m'ont décidé à écrire à la hâte ce volume, son œuvre eût moins prêté le flanc au blâme; s'il eût remplacé ces cinquante pages par cinquante autres disant aux viveurs : « Je vous ai dit ce que vous faites, je vous ai démasqués, je vais maintenant vous apprendre ce que vous devriez faire et vous expliquer ce que serait l'avenir si vous vouliez changer vos habitudes du présent, » son livre eût été plus complet.

Enfin, il eût été parfait si, ne se bornant pas à envisager le monde perdu de vices qui a fait de Paris une moderne Babylone, il avait opposé aux viveurs les continents, aux voleurs les probes, aux incrédules les croyants, aux *simulacres* la réalité.

Il eût été parfait si, en face de l'*aujourd'hui* dégoûtant qu'il a si bien dépeint, il avait esquissé le *demain* que tout chrétien a le droit et le devoir d'espérer.

Je veux essayer de combler cette dernière lacune, je le ferai dans un chapitre suivant ; dans celui-ci, envisageant les dernières pages de la *Fin d'un monde*, celles que Drumont a intitulées les *Simulacres*, celles dans lesquelles il a parlé des pauvres, de la justice et de la façon dont on reçoit les gens tarés dans certains salons, j'essaierai de répondre aux critiques qui ont déjà paru dans les journaux et qui me paraissent injustes.

Je ne sais plus qui disait que le monde était

une grande comédie; Drumont s'est inspiré de cette pensée lorsqu'il a intitulé son livre huitième les *Simulacres*.

Il a parfaitement montré, sous le masque où il se cache, le monde de Paris tel qu'il est.

Il a dévoilé l'égoïsme des riches, l'exploitation du pauvre, la dégradation, l'immoralité d'hommes dont l'action sociale ne saurait être saine, leurs mœurs n'étant pas pures.

Il a fait cela de main de maître, avec des détails parfois trop crus, bien que son livre n'ait pas été fait pour figurer dans la bibliothèque d'une jeune fille, mais avec une sincérité, une conviction parfaites. Ce sont ces avant-dernières pages (je réserve pour la fin les dernières, *En Forêt*), qui lui ont valu les haussements d'épaules, les blâmes impitoyables.

On lui eût pardonné ses idées socialistes, on eût passé l'éponge sur ses coups de boutoir contre l'Œuvre des Cercles, on eût oublié son chapitre contre les monopoles, on n'eût plus songé d'ici peu à ses critiques de la droite, à ses portraits de républicains viveurs, mais on ne pardonnera pas le livre des *Simulacres*, parce qu'il a porté juste, parce qu'il a froissé dans leur amour-propre une foule de gens qui ne vivent que sous des masques au milieu des conventions les plus étonnantes.

Je n'ai qu'un reproche à faire à cette partie de son travail, c'est que, comme partout, il a un peu trop généralisé.

Les Parisiens, — car je ne saurais trop le répéter, il n'est question dans la *Fin d'un monde* que des Parisiens, et il ne peut être question que d'eux seuls, — les Parisiens, dis-je, vivement froissés de voir qu'on les dénonçait aussi gaillardement, ont essayé de représenter Drumont comme un esprit envieux, haineux, ne frappant sur le grand monde que parce qu'il n'y est pas admis.

Ils ont fait fausse route.

Je sais qu'on n'a jamais fermé au nez de Drumont la porte d'un salon, et je suis intimement convaincu qu'il ne s'est jamais mis dans le cas de recevoir pareil affront.

On voudrait peut-être le faire aujourd'hui, mais il ne s'y exposera pas.

Ce que je sais aussi, d'une façon certaine, c'est qu'à plusieurs reprises, dans une maison que je ne veux pas nommer, des femmes — elles se croient tout permis — se sont donné le malin plaisir de taquiner celui qui n'avait alors à son actif que la *France juive*.

Elles pensaient trouver sous la peau du pamphlétaire, comme elles l'appelaient, ce sentiment pusillanime qui se nomme le respect humain et qu'on découvre si facilement sous presque tous les fracs qui noircissent la tapisserie d'un salon.

Un soir, paraît-il, une femme dit à Drumont :

— Alors, Monsieur, vous allez vraiment à confesse ?

— Mon Dieu oui, Madame, répondit-il tout simplement.

Peut-être ajoutait-il tout bas :

— Tu n'en pourrais pas dire autant, pécore !

Aujourd'hui, on n'en est plus à ces innocentes plaisanteries qui, toutes innocentes qu'elles soient, sont encore capables de faire commettre à beaucoup d'hommes la lâcheté de ne pas oser paraître ce qu'ils sont.

On voudrait pouvoir gifler celui qui a si bien mis en lumière les vices d'un certain monde, et, comme on ne le peut pas, on se rattrape en le traitant d'envieux et de haineux.

Non, Drumont n'a ni envie, ni haine; il observe, il étudie, il cherche, pour calmer par un travail opiniâtre les souffrances de son cœur, et, lorsqu'il a trouvé ce qu'il poursuivait, il le dépeint avec une vivacité de couleur qui blesse les yeux chassieux de la société corrompue.

A cette vivacité de tons, il mêle un peu du fiel que la douleur a laissé dans son âme, et il devient facilement violent, il dépasse, sans s'en douter, certaines bornes.

Il n'y a à critiquer très vivement Drumont, que ceux qui, se sentant touchés, ne veulent pas reconnaître leurs torts et entendent ne rien changer à leurs habitudes.

Les autres, ceux qui n'ont pas été ménagés non plus, ceux même qui ont été injustement attaqués, comme les membres de l'OEuvre des Cercles par exemple, laissent passer en souriant la boutade, et se disent entre eux :

— Il faudra que nous nous observions, car si ce qu'il dit était vrai, nous devrions immédiatement nous mettre en mesure de profiter de la leçon.

C'est évidemment la réflexion que se fait ce brave Drumont, dès qu'il lit une critique de ses œuvres.

— Tiens ! se dit-il, ils ont peut-être raison lorsqu'ils m'accusent d'avoir manqué de mesure, j'y veillerai dans mon prochain volume.

Mais comme il est homme, comme il souffre toujours, le prochain volume s'écrit avec la verve du précédent, avec les mêmes entraînements, et lorsqu'on l'ouvre, on y découvre les mêmes imperfections.

Quoi qu'il en soit, j'ai dit que, dans ce chapitre, je voulais faire succéder l'éloge au blâme.

je ne dois donc pas sortir de mon cadre.

C'est pour cela que, me résumant, je prétends que, dans la *Fin d'un monde*, si nous avons tous beaucoup à laisser, nous avons encore plus à prendre.

Jugeant l'œuvre de haut, comme il convient, je la trouve saine, brillante, attachante.

Sera-t-elle utile?

C'est une autre question.

Je suis de ceux qui pensent qu'on prend plus de mouches avec du miel qu'avec du vinaigre, et je crois fermement qu'une bonne prière et un conseil amicalement donné, valent mieux qu'un coup de pied quelque part accompagné d'un juron.

Je sais bien que les derrières qui ont reçu le coup de la botte de l'auteur ont le cuir singulièrement tanné, et par conséquent peu sensible, mais je n'en persiste pas moins dans mon appréciation.

Ce qu'il convient de louer sans réserve, c'est la franchise, c'est aussi le courage de l'écrivain.

En publiant son chapitre sur l'affaire Erlanger et la façon dont on paraît comprendre la justice dans notre pauvre pays, il pouvait se faire mettre en prison, il n'a pas hésité cependant. Il a d'autant moins hésité, qu'il eût été peut-être heureux d'aller passer quelques mois à Sainte-Pélagie, aux frais de cet État qu'il fustige si bien.

Il eût trouvé là matière à de bonnes et fortes études.

En en sortant, il eût porté chez Savine ou Marpon un nouveau volume.

Les hommes qu'il a si vivement attaqués ne lui ont même pas donné cette satisfaction.

Ce qui reste de la lecture de son livre, c'est, comme je l'ai déjà dit au début de mon ouvrage, le solide espoir que tout n'est pas fini comme il semble le croire, mais c'est aussi un sentiment profond d'admiration et de joie, mêlé de regrets.

On est heureux de voir le mal dévoilé, les méchants châtiés, on admire celui qui a osé les traiter aussi vigoureusement, et, en même temps, on regrette qu'il n'ait pas dit un mot aimable aux bons, à ceux qui contrebalancent l'influence du mal. Je me suis efforcé de montrer que ces bons sont nombreux, qu'ils suffisent pour arrêter le bras de Dieu prêt à frapper, je vais essayer maintenant d'opposer à ce qui est, ce que je voudrais voir être, ce que nous tous, chrétiens, nous songeons à fonder.

Je vais tout doucement lever un coin du rideau qui nous cache l'avenir, qui nous voile ce *demain* dont j'ai inscrit le nom en tête de mon travail, et, tournant le dos aux turpitudes actuelles, oubliant les odeurs pestilentielles de Paris, je regarderai, se dessinant dans les clairs obscurs de l'horizon, la régénération de la patrie française, la christianisation de l'État et de la société.

Ceux qui voudront bien me suivre verront dans le lointain, à l'ombre de la croix qui sauve, une France nouvelle, glorieuse et pure, protégeant une mère plus glorieuse et plus pure encore, l'Église, toujours pleine de tendresse pour tous ses enfants, mais surtout pour ceux qui furent prodigues.

Ce sera notre *Sursum corda!*

X

Léon XIII. — L'encyclique *Exeunte jam anno*. — Précieux encouragement. — Un historien dans trois siècles. — Quelques pages de l'histoire de France d'alors. — La banqueroute de la Révolution. — Les privilégiés d'autrefois et ceux de 1889. — Les orages à l'horizon. — La catastrophe. — .... — Sautons cent pages. — Le secret de Dieu. — Les nouveaux Français. — Le nouveau gouvernement. — A Reims et à Versailles. — Paris en ruine. — La France revit. — Plus de paperasses. — La vie provinciale. — Les gouverneurs. — Leurs droits et leurs devoirs. — L'assemblée provinciale. — Sa composition. — Ses droits. — L'assemblée nationale. — Son élection. — La revision du Code civil. — Effets de la décentralisation. — Repopulation des châteaux. — La terre l'emporte sur l'argent. — Le veau d'or a vécu. — Véritable renaissance. — La justice. — L'instruction publique. — L'organisation du travail. — Interdiction des sociétés secrètes. — Les droits de succession et la liberté de tester. — Le mouvement religieux. — La Famille. — Fermons l'histoire de demain et revenons à la *Fin d'un monde*. — Après la pluie le beau temps. — L'heure est à Dieu. — Hâtons-la.

Léon XIII, dont les armes ne sont pas un vain symbole, Léon XIII, que la prophétie de Malachie relative aux papes appelle : « *Lumen in cælo* », adressait, à l'occasion de Noël, une encyclique aux évêques dans laquelle le mal du XIXᵉ siècle était clairement signalé, mais dans laquelle aussi le remède à ce mal était non moins clairement indiqué.

Le Pape montrait dans sa lettre que la tendance du siècle se portait vers les intérêts matériels.

Cette tendance, disait-il, est développée par l'orgueil, la mauvaise presse, le théâtre, la démoralisation des arts, la modification de l'enseignement dans les écoles, les idées matérialistes et athées, l'obscurcissement des vraies notions du droit et la perturbation de la vie privée et publique.

Le socialisme, ajoutait-il, le nihilisme et le communisme sont aussi les fruits de ces tendances vers les commodités matérielles.

Il convient de citer le texte même de l'encyclique dans la partie qui a trait aux vices de la société actuelle ; le voici :

> Le goût du bien-être et du plaisir a naturellement pour compagnon le désir de ce qui peut nous procurer l'un et l'autre. De là cet amour effréné de l'argent qui aveugle ceux qui en sont saisis et dont l'ardeur, quand il s'agit d'assouvir sa cupidité, ne peut plus se contenir, foulant aux pieds la distinction du juste et de l'injuste, et affichant parfois pour la misère d'autrui le plus insolent dédain. C'est ainsi qu'un grand nombre, tout en passant leur vie au sein des richesses, se servent du mot de fraternité au-

près d'une foule pour qui leur cœur, au fond, n'a que de superbes dédains. Enflé pareillement par l'orgueil, le cœur rejette tout respect de la loi, toute crainte de l'autorité : l'amour de soi, voilà pour lui toute la liberté. *Il se croit né libre, comme le petit de l'âne sauvage* (1).

Ajoutons à cela ces séductions du vice, ces funestes invitations au péché : nous voulons parler de ces représentations théâtrales où s'étalent l'impiété et la licence; de ces livres et ces journaux écrits dans le but de ridiculiser la vertu et de glorifier l'infamie; de tous ces arts qui, inventés pour les besoins de la vie et les honnêtes jouissances de l'âme, sont mis au service des passions pour suborner les âmes. Et ce n'est pas sans frayeur que Nous portons Nos regards vers l'avenir, en pensant à ces futures moissons de maux dont on ne cesse de jeter les germes dans le cœur de l'enfance. Vous savez ce que sont devenues les écoles publiques : aucune place n'y est plus laissée à l'autorité de l'Église, et, à ce moment où il serait si nécessaire de travailler avec amour à façonner ces âmes encore tendres aux devoirs de la vie chrétienne, c'est alors qu'on impose silence à la voix de la religion. Ceux qui sont plus avancés en âge courent un péril encore plus grand : celui du vice même de l'enseignement, qui, au lieu d'initier la jeunesse à la connaissance du vrai, ne produit en elle que l'infatuation des doctrines les plus fallacieuses.

Après un tableau aussi saisissant, le Souverain Pontife montre comment la satisfaction des convoitises conduit les sociétés aux guerres fratricides :

Si l'âme n'est pas, de sa nature, distincte du corps, et, ce qui en est une conséquence nécessaire, si, lorsque le corps

(1) Job xi, 12.

retourne à la terre, aucune espérance ne nous est laissée d'une vie bienheureuse et immortelle, quel motif aurons-nous de nous imposer des travaux et des peines pour soumettre nos appétits à l'obéissance de la raison ? Le souverain bien consistera pour l'homme dans la jouissance des commodités de la vie et dans la possession des plaisirs. Et comme il n'est personne que l'impulsion et l'instinct même de la nature ne porte à rechercher le bonheur, chacun sera autorisé à prendre aux autres le plus qu'il pourra, afin de trouver dans leurs dépouilles le moyen de vivre heureux. Et il n'est point de puissance disposant de freins suffisants pour pouvoir maîtriser la surexcitation des convoitises ; car la conséquence de cette répudiation de la raison suprême et éternelle d'un Dieu nous imposant ses ordres ou ses défenses, c'est que la force des lois soit brisée et toute autorité réduite à l'impuissance.

De là cette perturbation inévitable jusque dans les fondements de la société civile ; de là cette lutte sans trêve entre les appétits inassouvis, chacun se mettant en guerre soit pour défendre ce qu'il a, soit pour acquérir ce qu'il convoite.

C'est la pente où notre siècle semble prêt à glisser. Il est pourtant une pensée capable de nous consoler du spectacle des mœurs présentes et de relever nos âmes par l'espoir d'un meilleur avenir. C'est que Dieu *a créé toutes choses pour la vie et qu'il a fait guérissables les nations de la terre* (1).

Puis le Saint Père dit qu'il a foi dans l'avenir et nous indique comment il faut préparer la véritable résurrection sociale que nous attendons :

Mais, de même que le monde visible ne peut être con-

(1) Sap. 1, 14.

servé que par l'action et la providence de Celui qui l'a créé par sa volonté, de même aussi les hommes ne peuvent être guéris que par la vertu de Celui-là même à la bonté de qui ils doivent d'avoir été rappelés de la mort à la vie. Car si la race humaine n'a été rachetée qu'une fois par l'effusion du sang de Jésus-Christ, permanente et perpétuelle est la vertu de ce grand œuvre et de ce grand bienfait, et il *n'y a de salut en aucun autre* (1). C'est pourquoi tous ceux qui travaillent à arrêter, par l'interposition des lois, l'incendie toujours croissant des convoitises populaires, combattent sans doute pour la justice ; mais qu'ils le sachent bien, le fruit qu'ils tireront de leurs travaux sera fort peu de chose tant que leur cœur s'obstinera à repousser la vertu de l'Évangile et à faire fi du concours de l'Église. Il n'y a qu'un moyen de guérison pour nos maux : réformer ses sentiments, et dans les mœurs privées comme dans les mœurs publiques, revenir au point d'où l'on s'est éloigné, à Jésus-Christ et à la loi chrétienne de la vie.

Or, toute la vie chrétienne peut se résumer dans ce devoir capital : ne point céder à la corruption des mœurs du siècle, mais lui opposer une lutte, une résistance constante.

Voilà donc le remède indiqué ; c'est le christianisme ! Le but à poursuivre est nettement défini ; il consiste à restaurer le règne social de Jésus-Christ : *Instaurare omnia in Christo!*

La parole du Souverain Pontife vient bien à point pour encourager les hommes qui n'ont jamais douté des destinées de leur pays et qui, depuis quelques années, ont dirigé tous leurs efforts vers cette restauration.

(1) Act. IV, 12.

Léon XIII dans son Encyclique *Exeunte jam anno* a donc admirablement tracé les grandes lignes du programme qui doit être le nôtre.

Qu'on le suive, qu'on s'efforce de le réaliser, et nous verrons alors revenir la paix sociale.

Dans trois siècles, les historiens, avec impartialité, raconteront nos luttes et proclameront notre triomphe. Je lis à l'avance dans leurs annales.

« Cent ans après ce qu'on avait appelé improprement la Révolution française, le pays se trouvait dans une situation plus critique encore qu'au siècle précédent.

« Lorsque les hommes du jour eurent la prétention de fêter le centenaire de la prétendue grande date, les privilèges étaient aussi exorbitants que sous l'ancien régime et ils étaient plus odieux.

« Autrefois, ceux qui en profitaient étaient tous des gens honorables, des prêtres donnant leur vie tout entière à l'étude, au service et au soulagement des pauvres, à l'éducation des ignorants; des gentilshommes destinés tous au service militaire, prêts à prendre les armes et à verser leur sang pour Dieu, pour la patrie et pour le roi; tandis qu'alors les privilégiés étaient des parvenus sans vergogne, n'ayant qu'un mérite, celui d'insulter les prêtres, occupant toutes les sinécures, évitant le service militaire, trouvant des motifs d'exemption pour leurs amis, tripotant avec les finances de l'État, entrant pauvres aux affaires, en sortant riches.

« Avant 1789, on avait le règne de l'aristocratie ; en 1889, c'était non pas le règne d'une démocratie honnête, ce qui eût été admissible, mais le règne des viveurs, des noceurs, des jouisseurs et des gens ayant au cœur deux passions, celle de l'argent et celle de la luxure qui donnent naissance à toutes les autres.

« On avait parlé des dévergondages de la régence, la régence était dépassée ; l'impudicité coulait à pleins bords !

« Les écrivains sérieux s'efforçaient de faire remarquer que la révolution avait fait banqueroute à toutes ses promesses, et invitaient les hommes de bonne volonté à reprendre avec fermeté le mouvement de 1789 tel que les réformateurs sages à la tête desquels se trouvait le roi Louis XVI l'avaient commencé. Malheureusement, ils n'étaient pas écouté, les sophismes amoncelés étaient tels que personne ne semblait pouvoir sortir du filet dont les mailles étouffaient la France.

« On vivait dans une atmosphère d'idées

fausses, au milieu d'un oubli complet de la morale, et les plus confiants ne pouvaient s'empêcher de trembler en songeant à l'avenir.

« Il était, en effet, gros d'orage.

« Il fallait une catastrophe pour anéantir cette génération perverse, ouvrir les yeux à ceux qui resteraient.

« Elle arriva ! »

. . . .

Je saute cent pages de ce livre qu'un auteur quelconque écrira plus tard; aussi bien il me serait pénible de dire ici ce que pourra être la catastrophe inévitable.

Après quelles épreuves verrons-nous luir, nous ou nos descendants, un soleil sans nuages? C'est le secret de Dieu !

Ce que nous savons bien, ce que nous ne craignons pas d'affirmer, c'est que la France restera France, c'est que cette France redeviendra chrétienne.

Continuons notre lecture :

« ..... Ces malheurs avaient purifié le sang français, les égarés d'autrefois qui avaient survécu aux désastres du commencement et assistaient émerveillés aux triomphes de la fin, rentrèrent en eux-mêmes et tous unis dans le même sentiment, tous convaincus que leurs maux n'avaient pris leur source que dans l'oubli de la mission de leur patrie, se rappelèrent ce que leur grand Pape de la fin du xixe siècle leur avait dit et ils allèrent se joindre à la vaillante armée de ceux qui luttaient depuis si longtemps pour le bien.

« La première chose qu'il importait de faire, c'était de remplacer le provisoire par le définitif.

« On organisa le gouvernement sur des bases solides ; le peuple se porta de lui-même vers l'héritier de ses anciens rois, vers le descendant de ceux qui avaient fait la vieille France d'avant 1789, il lui demanda de régner et de lui faire élaborer une constitution.

« Le prince avait pris part à la lutte sanglante, il avait été au plus fort de la mêlée, conduisant comme un simple général son armée à l'ennemi ; il avait vu de près le châtiment, il était apte à prendre les précautions nécessaires pour en prévenir le retour.

« Il se fit sacrer à Reims et revint à Versailles où devait être désormais son Louvre.

« Au fort de la tourmente, en effet, Paris la ville impudique, avait été à moitié détruite ; la Seine coulait entre des rives devenues silencieuses et presque désertes.

« Sur la colline de Montmartre la basilique grandiose dominait un lugubre panorama.

« Des ruines, partout des ruines !

« Quelques monuments, le Louvre, Notre-Dame, restaient debout, intacts, muets témoins du passé ; mais le Paris joyeux, le Paris viveur n'était plus ! Les étrangers avaient fui, seuls les propriétaires du sol étaient restés.

« La France, essentiellement monarchique, se prit à revivre dès qu'elle fut de nouveau pourvue de cet organe essentiel, la monarchie, qu'on lui avait arraché.

« Sans ressusciter un passé irressuscitable, sans restaurer l'ancien régime que personne ne regrettait, la monarchie rendit cependant à la nation les institutions du passé qui pouvaient par leur adaptation aux habitudes nouvelles, être favorables au relèvement national.

« C'est ainsi que l'administration fut décentralisée et débarrassée de la paperasserie dont, pendant tout le XIXe siècle, on avait tant eu à souffrir.

« La vie provinciale fut reconstituée.

« Les départements supprimés firent place aux anciennes provinces, remarquablement homogènes physiquement et ethnographiquement, toutes fort heureuses de voir ainsi protéger et fortifier des intérêts que l'ancienne division par département avait compromis.

« La ville la plus importante fut désignée comme capitale dans chaque province.

« On s'efforça de restaurer les vieux monuments, débris d'un passé glorieux.

« Un gouverneur, représentant l'autorité royale, fut mis à la tête de chaque division provinciale.

« Ce fut comme aujourd'hui, un homme ayant une grande situation personnelle, choisi par le roi, soit parmi les grands propriétaires du pays, soit parmi les généraux illustres, soit même parmi les princes du sang.

« Cette position très élevée fut, dès le début, entourée de garanties telles, qu'en supposant même que le roi eût été mal inspiré dans son choix, il était impossible au gouverneur indigne d'abuser de son autorité.

« S'il avait le droit de nommer et de révoquer les agents subalternes chargés d'assurer sous sa direction les services publics, tels que le recouvrement de l'impôt, le paiement des dépenses, la police, l'instruction publique, la justice, etc., il ne pouvait rien faire d'important cependant sans l'assentiment d'une assemblée provinciale, ressemblant beaucoup aux anciens États, un peu aux conseils généraux et se réunissant chaque fois que cela était nécessaire, mais régulièrement une fois par an après Pâques.

« Ce conseil se composait d'un élu par commune ou paroisse, choisi par le suffrage de ses concitoyens, puis de membres appartenant de droit à l'assemblée, tels que les évêques de la province, le premier président et les présidents de chambre, le chef de corps d'armée, les généraux de brigade et de division, le recteur de l'université provinciale, les chefs d'industrie occupant au moins un personnel de cent ouvriers.

« C'est entouré de ce conseil que le gouverneur administrait ; mais présidents et conseillers prenaient également part à la direction générale des affaires du pays.

« En effet, en matière législative, chaque fois qu'un projet était voté par l'unique Chambre siégeant à Versailles sous le nom d'assemblée nationale, et élue par tous les citoyens réunis dans leurs comices, les assemblées provinciales avaient mission de revoir le projet adopté, de le sanctionner ou d'y opposer leur *veto*.

« Ce droit de contrôle des assemblées provinciales s'exerçant sur le travail d'hommes envoyés au parlement à raison de neuf par province et choisis : trois parmi les grands industriels, trois parmi les propriétaires agriculteurs et les trois derniers dans la masse des citoyens appartenant à toutes les autres situations sociales, non seulement ne portait atteinte ni à l'unité militaire de la nation, ni à la centralisation du produit de l'impôt nécessaire, mais assurait au contraire le fonctionnement régulier des grands rouages de l'État, et mettait le pays à l'abri des surprises inévitables, lorsque des hommes chargés d'élaborer des lois, procèdent à leur travail sans que l'élite de ceux qui doivent y obéir ait pu s'assurer de leur caractère et de leur opportunité.

« En matière purement civile, les assemblées provinciales apportèrent d'heureuses modifications, et réformèrent l'ancien code, élaboré par des hommes imbus de ce principe que le droit du plus fort est le seul vrai.

« Cet état de chose succédant à l'unité absolue de législation produisit les meilleurs résultats.

« Quant aux lois dites d'intérêt local, il va sans dire qu'elles furent dès lors, non plus imposées comme naguère sans être seulement votées, mais sérieusement discutées par les assemblées de province et promulguées par le gouverneur.

« L'adoption de ce système de gouvernement et la décentralisation mise à l'ordre du jour, eurent pour effet premier et immédiat, de créer dans chaque province un centre de vie politique susceptible de donner satisfaction à toutes les ambitions légitimes du pays.

« Le palais du gouverneur était, comme actuellement encore, le centre de réunion de l'élite de la société.

« Les grands propriétaires terriens, ramenés en province par les désastres qui les avaient chassés de Paris, restaurèrent leurs châteaux, vinrent s'y fixer, s'occupèrent de l'exploitation de leurs terres, y vécurent en famille, au milieu des paysans jusque-là si délaissés, si oubliés, et la terre reprit son véritable prix, sa véritable importance, au détriment de l'argent et des valeurs fiduciaires, dont du reste un bon nombre avaient été depuis quelques années mises aux vieux papiers.

« Au règne du veau d'or avait succédé une ère nouvelle dont chacun se trouvait bien.

« C'était réellement une renaissance, renaissance dans l'art profane, renaissance des idées religieuses, renaissance de vie nationale, fortifiée par les forces prises dans la vie provinciale.

« Le commerce reprit son essor; la plupart des grandes villes eurent des écoles, comme autrefois il n'y en avait qu'à Paris; il se fonda des académies, des sociétés littéraires et artistiques.

« Chaque province eut, à des époques variées, des expositions de toute nature, les artistes trouvèrent sur place le moyen de faire valoir leurs talents, et à la dépendance absolue du temps passé succéda l'autonomie, c'est-à-dire la vie à la mort.

« Ces réformes furent surtout d'une importance capitale à plusieurs points de vue particuliers, par rapport à la justice, à l'instruction publique, à l'organisation du travail, à la conservation des fortunes, et enfin, par dessus tout, au point de vue religieux.

« Depuis de longues années, l'organisation judiciaire était absolument défectueuse; trop souvent, les juges, au lieu de rendre des arrêts, rendaient des services, il fallait donc apporter à leur recrutement une profonde modification.

« Ce fut la première réforme.

« De tout temps, en France, nous avons eu l'esprit de justice, nous avons aimé les justiciers ; il était naturel que le premier mouvement du peuple régénéré fût de réclamer des magistrats intègres et surtout indépendants.

« La magistrature fut donc l'objet de la sollicitude des législateurs.

« On décida que ce qu'on avait appelé autrefois le parquet ou magistrature debout continuerait à relever du gouvernement, mais, qu'en revanche, la magistrature assise serait élue par la nation.

« Dans chaque province, les citoyens furent convoqués pour nommer leurs juges. Ils étaient de trois sortes et formaient trois chambres par tribunal :

« La première était civile.

« La seconde, militaire.

« La troisième, ecclésiastique.

« Toutes jugeaient correctionnellement et civilement.

« Au criminel, la cour d'assises était présidée à tour de rôle par le président de l'une des deux premières chambres du tribunal de la capitale de la province; les coupables étaient jugés et condamnés par les juges réunis de ces deux chambres.

« Le jury était supprimé, et chacun, grâce à cette organisation, était jugé par ses pairs.

« La cour d'appel et le premier président étaient élus par l'assemblée provinciale.

« Les élections des juges avaient lieu d'une façon très simple.

« Les juges civils étaient nommés par tous les citoyens âgés de vingt et un ans.

« Les juges militaires, par les officiers et sous-officiers du corps d'armée provincial.

« Les juges ecclésiastiques, par le clergé de la province.

« Les élections avaient lieu tous les cinq ans.

« Pendant la durée de leurs pouvoirs, les juges militaires étaient mis hors cadre, et les juges ecclésiastiques remplacés dans leur service ordinaire.

« La justice humaine ainsi réformée donna satisfaction à tous et devint véritablement une sorte de délégation de la justice divine.

« Le corps judiciaire reconstitué, de nombreuses modifications furent apportées à tous les autres corps qui, jusque-là, avaient vécu de la chicane.

« Les avoués furent supprimés; la procédure, très simplifiée, fut dépouillée de cet inextricable fouillis de mailles dans lequel les plus adroits s'empêtraient. Le langage judiciaire fut modifié, on parla le français dans tous les tribunaux et on abandonna le charabia de l'antique basoche.

« Le droit de plaider ne fut plus un monopole. Chacun put se défendre et se faire défendre à sa guise.

« Enfin la justice fut absolument gratuite, seuls restèrent à la charge des plaideurs les frais de déplacement des témoins, lorsqu'il était nécessaire d'en entendre.

« La réforme de la justice entraîna celle du notariat.

« Les actes étaient passés par devant un fonctionnaire public appelé le notaire royal qui recevait un traitement fixe de l'État, et ne prélevait d'autres frais que le prix du papier timbré sur lequel les actes étaient établis. La charge de notaire royal imposait à celui qui en était titulaire des obligations donnant toute garantie aux citoyens.

« La suppression du notariat tel qu'il existait autrefois, eut pour première conséquence d'arrêter la ruine des familles, dont la fortune première après trois ou quatre générations, finissait naguère par être absorbée par les tabellions chargés jadis des testaments, inventaires, etc., etc., etc.

« L'instruction publique fut déclarée libre. — Tout le monde avait le droit d'enseigner, sous la protection et la surveillance de l'État.

« Dans la plupart des provinces, il y eut une école de droit, de médecine et de pharmacie. L'instruction secondaire y fut donnée dans de grands collèges qui n'avaient d'autre obligation que de suivre les programmes élaborés par les recteurs de toutes les facultés de France réunis en conseil d'instruction publique.

« L'État ne patronna plus aucun établissement, mais les protégea tous; il n'y eut plus d'université en tant que corps officiel.

« L'instruction primaire fut entourée de sérieuses garanties; dans chaque commune, l'instituteur fut mis sous la dépendance du conseil municipal et ne releva que de lui seul.

« Le recrutement du personnel enseignant n'eut pas à souffrir de ce changement.

« Les grades s'obtenaient devant des jurys d'examens, et tout diplômé, désireux de professer, posait sa candidature soit devant les conseils municipaux pour l'instruction primaire, soit devant la corporation des chefs d'institution pour l'instruction secondaire, soit devant le conseil de l'instruction publique pour les cours supérieurs et les chaires des facultés.

« Les recteurs de facultés, formant le conseil de l'instruction publique, étaient élus par tout le corps enseignant.

« Une des plaies vives du XIXe siècle avait été la crise ouvrière; elle fut guérie par l'organisation du travail.

« L'État avait commis la faute, sous la république, de donner suite aux projets de grands travaux imaginés par certains ministres.

« En se lançant dans cette voie, en multipliant les chantiers, auxquels les travailleurs étaient attirés par l'appât du gain, par la promesse de gros salaires, on avait enlevé à la campagne tous ses habitants, on avait privé l'agriculture de bras qui lui étaient nécessaires, pour agglomérer des foules de travailleurs sur des chantiers cédés à l'entreprise.

« Les premiers essais dans cette voie avaient assez bien réussi, lorsqu'une concurrence effrénée vint jeter de sérieux ferments de trouble.

« Les adjudications se firent avec de tels rabais qu'il devint impossible aux entrepreneurs de payer équitablement leurs ouvriers qui ne tardèrent pas à se mettre en grève.

« Cela devait arriver; bientôt, de l'avis de tous, le gouvernement fut rendu responsable de la crise ouvrière qu'il avait créée.

« Cet état de souffrance dans les chantiers s'était également introduit dans les ateliers.

« La révolution, en abolissant les corporations ouvrières, avait isolé le travailleur et l'avait laissé seul face à face avec les difficultés de la vie.

« Le nouveau gouvernement ne proclama pas la liberté absolue du travail, mais au contraire l'organisa.

« Il obligea les chefs d'usine, de chantiers et d'ateliers à laisser aux ouvriers un jour de repos par semaine, et le jour choisi fut le dimanche.

« Les monopoles et les privilèges furent tous supprimés, mais tous les ouvriers purent organiser, sous la protection de l'État, des corporations libres dans lesquelles se groupèrent les hommes du même métier.

« Le droit d'association fut l'un des bienfaits du nouveau régime.

« Les corporations, en effet, répondaient à un double but ; elles créaient des liens de sociabilité entre les ouvriers et les patrons, et leur permettaient de fonder des œuvres d'assistance mutuelle.

« Cependant ce droit d'association n'était pas sans limite ; il était sagement tempéré par certaines mesures restrictives.

« Il était défendu, par exemple, de s'associer dans l'intention de poursuivre un but contraire à la religion ou à la morale, à la suspension *systématique* du travail, à la destruction de la propriété, de la nationalité ou du gouvernement légitime.

« Les sociétés secrètes étaient surtout interdites. Cette prohibition porta un coup formidable à la franc-maçonnerie qui avait été toute-puissante sous la République et avait, par son athéisme, attiré sur la patrie les maux sans nombre dont elle avait souffert.

« Peu à peu, les ouvriers se sentant les coudes dans leurs corporations, débarrassés de la multitude de bras qui étaient retournés à la terre, s'inspirant surtout des principes chrétiens, méprisant le faux luxe d'autrefois, retrouvèrent un bien-être depuis trop longtemps inconnu et oublièrent les rêves du socialisme.

« Ce bien-être se fit également sentir partout, à la ville comme à la campagne, chez les artisans comme chez les bourgeois, chez les grands propriétaires comme chez les petits agriculteurs.

« Il fut surtout amené par la réforme des lois relatives aux successions.

« Dans bien des pays, les ruraux s'étaient toujours obstinément refusés à obéir à l'article du code qui exigeait le partage des biens à l'ouverture de toute succession.

« Nos paysans, comprenant sans peine ce que cette obligation avait de désastreux, ne voulant pas que le petit bien pour l'agrandissement duquel ils avaient tant travaillé, fût morcelé entre leurs héritiers, ou mis en vente pour que le prix en fût partagé, avaient pris l'habitude de léguer de leur vivant à l'aîné des héritiers, le bien tout entier, avec la charge de nourrir ses frères. On donna satisfaction à ces désirs très nettement exprimés, non pas en rétablissant le droit d'aînesse, mais en laissant la liberté de tester à tout citoyen Français.

« Cette liberté de tester a bien, il faut le reconnaître, quelques inconvénients, mais elle a encore plus d'avantages et a délivré le pays de l'exorbitante loi imaginée, depuis la révolution, relativement aux successions.

« Elle a rendu à chacun le droit inaliénable d'user à sa guise de ce qui lui appartient.

« Les droits de succession furent abolis.

« L'État ne fut plus le minotaure qui dévorait toutes les fortunes peu à peu, lentement, par des droits habilement combinés, et accaparait ainsi le bien d'autrui.

« Au-dessus de toutes ces réformes planait la grande idée qui, trop longtemps oubliée, avait repris son légitime empire, l'idée de Dieu.

« Les législateurs, profondément chrétiens, ne proposèrent que des lois en complet accord avec la doctrine catholique, et abrogèrent ou modifièrent toutes celles qui, dans leur application, étaient susceptibles de lui porter atteinte.

« L'État, donnant l'exemple du respect des droits de Dieu, fut suivi par toute la nation depuis si longtemps persécutée par les sectaires et les philosophes.

« La race Française retrouva sa force, son caractère particulier, et ne tarda pas à reprendre dans le concert Européen la place qu'elle y avait jadis occupée et que ses révolutions lui avaient fait perdre.

« En moins d'un demi-siècle, la nation tout entière fut aussi solidement reconstituée que le furent les familles.

« La désagrégation des forces vives de la France avait eu comme cause première la désorganisation des familles; l'effet contraire se produisit par la cause opposée.

« La vie provinciale avait rendu à la vie de famille toute son antique vigueur.

« La maison paternelle, que les lois relatives aux successions n'obligeaient plus à vendre, faute d'être partagée, resta le lieu de rendez-vous de tous les enfants que leurs situations toutes locales n'éloignaient plus de la souche d'où ils étaient sortis.

« Les fils se reprirent à succéder aux pères, à continuer les travaux commencés par eux, à perpétuer leurs habitudes, leurs traditions.

« Avec ce nouveau *modus vivendi*, les exploitations industrielles prirent des proportions colossales et répandirent autour d'elles le bien-être basé sur la sécurité.

« Lorsqu'un homme fondait une œuvre, organisait une grande entreprise, il agissait avec toute l'audace et la sûreté de vue que donne la certitude du lendemain; il savait qu'après lui, son travail, au lieu d'être abandonné à d'autres mains ou mis de côté, serait continué et dirigé par ses descendants.

« Les maisons de commerce qui pendant un siècle n'avaient pas changé de raison sociale étaient avant cette époque une exception ; elles sont aujourd'hui la généralité et toutes nos industries florissantes datent de ce temps-là, et sont la propriété des arrière-petits-enfants de ceux dont les grands-pères assistèrent à cette seconde mais sérieuse renaissance..... »

Ainsi s'exprimera l'historien qui dans un temps donné rendra compte des modifications profondes que l'avenir nous réserve et pour la réalisation desquelles nous ne cessons de lutter avec le ferme espoir, la foi profonde que nos efforts non seulement ne seront pas inutiles, mais seront couronnés d'un éclatant succès.

Me voilà bien loin de la *Fin d'un monde!* Je vais y revenir.

Aussi bien, ce chapitre qui n'est que l'expression des aspirations de toute la France chrétienne, devait avoir sa place dans ce volume qui n'a d'autre but que de protester contre le découragement né du dégoût causé par le spectacle des vices contemporains.

Drumont avait montré les plaies, j'ai essayé

d'indiquer les remèdes; j'ai surtout voulu mettre en lumière le nombre et la qualité de ceux qui veillent près de la patrie malade et la soignent avec dévouement.

Drumont avait aussi convoqué le fossoyeur pour l'inviter à creuser la tombe de notre monde pourri, j'ai voulu opposer à ce tableau triste et propre à faire naître le désespoir, un aperçu de ce que nous entrevoyons dans les brumes de l'avenir.

J'ai levé, comme je l'avais promis en finissant le précédent chapitre, un coin du rideau qui nous cache ce demain que Drumont semble ne pas attendre et sur lequel, avec beaucoup d'autres, je compte fermement, et j'ai vu qu'il serait beau, calme et pur comme un lendemain d'orage.

En effet, de même qu'après un cataclysme atmosphérique, l'astre des jours paraît plus brillant et plus beau inondant de ses clartés chaudes tous les êtres encore éblouis et troublés par les éclats et le grondement de la foudre; de même, lorsque les épreuves que nous avons méritées seront passées, je vois la croix du Sauveur du monde plus vénérée que jamais, étendant sa douce et réconfortante influence sur cette France encore toute tremblante des blasphèmes d'aujourd'hui.

J'ai montré ce que sera certainement notre France de demain et ce tableau, je l'espère, est propre à rendre l'espoir aux cœurs ébranlés.

Nous ne le verrons peut-être pas ce demain séduisant, mais qu'importe!

Nous ne sommes pas des égoïstes, nous ne devons pas penser qu'à nous; si nous ne prenons pas part au triomphe, nos fils y assisteront, c'est pour eux que nous travaillons.

L'heure est à Dieu, disait M. le comte de Chambord avec cette foi profonde qui est le caractère distinctif de sa race.

Nous répétons le mot après lui.

L'heure est à Dieu, c'est vrai, lui seul sait quand elle sonnera, mais ce dont nous ne pouvons pas douter, c'est qu'infailliblement elle sonnera un jour et qu'il dépend de nous de hâter la venue de ce jour.

Les fous que Drumont a si bien flagellés y travaillent aussi sans s'en douter.

C'est l'heure du cataclysme qu'ils avancent par leurs révoltes et leur oubli volontaire de la toute-puissance divine.

C'est l'heure de la réparation et de la renaissance que tous les catholiques de France préparent par leurs œuvres méritoires et leurs incessants travaux.

Il me reste à montrer comment Drumont

pourrait les aider et se rendre à lui-même ce calme et cette paix qui, en lui manquant, font souffrir son cœur et arment son vigoureux poignet de verges souvent trop aveugles.

XI

En forêt. — La pensée de la mort — Bob. — Rapprochement bizarre. — Drumont souffre. — Les mondains et la mort. — Vie brisée. — Pourquoi Bob? — Explication. — Plus j'étudie l'homme, plus j'aime la bête. — Sanglante ironie. — Sucre et cravache. — Un parallèle. — Souvenirs d'autrefois. — Triste aveu. — Il faut réagir! — Avis divers. — Un journal à faire. — Difficultés de l'opération. — Un coup de trique par jour. — Frappons à la caisse. — Maison ruinée. — Avis nouveau. — Si j'étais Drumont. — Conseil d'ami. — Mon examen de conscience. — Souvenir à ma bonne. — Lettre à mon curé. — Rue de la Santé. — Pardonnez-moi, mon père. — En route pour Orihuela. — Le père Édouard. — Vie nouvelle. — Comment ce livre a paru.

Me voilà au dernier chapitre de la *Fin d'un monde*, à celui que Drumont a intitulé *En Forêt*.

Il y a deux choses qui me frappent dans ces dernières pages écrites avec autant de verve que les premières, mais avec une tristesse qui perce à chaque instant, et à laquelle, finalement, l'auteur se laisse aller de tout cœur; ces deux choses sont la pensée de la mort et la grande importance que Drumont donne à Bob, le cheval qu'il acheta, dit-il, après s'être fait la réflexion suivante : « Tu n'as peut-être pas très longtemps à vivre, qu'il ne soit pas dit, au moins, que tu aies traversé la vie à pied, tandis que tous les sales usuriers de Francfort, de Hambourg et d'Odessa ont eu des chevaux fringants entre les jambes (1). »

Le rapprochement que je fais entre ces deux idées qui sont les dominantes du dernier chapitre de Drumont, la mort et Bob, peut paraître tout d'abord bizarre, il est cependant très naturel à qui a étudié l'ouvrage tout entier avec attention.

J'ai la prétention, peut-être mal fondée, mais à coup sûr sincère, d'avoir lu dans l'âme de l'auteur en suivant des yeux toutes les lignes qui sont tombées de sa plume. Or, je trouve dans ces deux pensées la confirmation de ce que j'affirmais au début de cette étude.

Drumont souffre!

Il souffre, et comme tous ceux que la douleur torture, il pense souvent au jour où la mort viendra le saisir au collet et lui crier brusquement à l'oreille : c'est fini!

---

(1) *Fin d'un monde*, page 512.

Étant courageux et chrétien, sans forfanterie comme sans peur, cette idée lui sourit et cette phrase coule tout naturellement sur son papier :

« Tu n'as peut-être pas très longtemps à vivre ! »

Voilà une pensée qui ne vient pas aux mondains ! Elle les effraie..., ils la fuient... quand une circonstance quelconque, une cérémonie funèbre, un accident, une exécution capitale, vient la leur remettre dans l'esprit, vite ils la chassent, ils pensent à autre chose, cherchent une distraction qui les en débarrasse.

C'est qu'elle leur apparaît si laide, si hideuse, la mort !

C'est qu'elle est si lugubre pour eux !

C'est qu'elle les séparera de tant de choses auxquelles ils tiennent comme à la prunelle de leurs yeux !

On ne saurait raisonnablement leur demander de l'envisager sans trouble.

Drumont juge les choses tout différemment.

Comme je le disais dans mes premières pages, où j'essayais de le faire comprendre avec toute la délicatesse dont j'étais capable, sa vie a été brisée du jour où Dieu lui a repris l'être si cher avec lequel il avait espéré passer de longues années.

Dès lors, qu'a été pour lui l'existence, pour lui surtout qui vit au milieu du tohu-bohu de Paris, entouré d'égoïstes et d'indifférents ne pensant qu'au plaisir? Ç'a été le vide, l'ennui, la tristesse et l'exil!

La mort, au contraire, sera la fin de sa souffrance, la vue du Dieu qui l'a créé; ce sera l'être perdu retrouvé, ce sera la paix pour toujours, la paix qui le fuit ici-bas, la paix qui lui manque, qu'il cherche en vain.

Pour chasser ces idées sombres, Drumont étudie, pioche sans cesse, observe, écrit; et comme on l'a vu, son travail consiste surtout à frapper un peu en aveugle sur ce qui se trouve à portée de son bras.

Mais voilà le travail achevé, voilà les grands coups donnés; alors la lassitude l'emporte, il songe à se reposer et instinctivement il pense à ce lit froid qui s'appelle la tombe.

Pourquoi Bob au milieu de tout cela, dira-t-on?

J'admets qu'un cœur déchiré aspire à la fin de ses douleurs, qu'un homme malheureux n'envisage le trépas que le sourire aux lèvres; mais je ne vois pas ce que vient faire là le fringant cheval...

Je vais essayer de l'expliquer.

Bob a pu devenir la propriété de son maître

pour deux raisons; non pas pour celle que Drumont a indiquée, — il s'est trompé lui-même, s'il a cru véritablement qu'il n'achetait un cheval que pour ne pas aller à pied pendant que tous les Juifs de Paris font de l'équitation, — mais, parce que, quelque ulcéré que fût son cœur, il y avait encore tout au fond ce sentiment, si naturel à l'homme, qui le porte à s'attacher à quelqu'un ou à quelque chose.

Seul, ayant perdu ses meilleurs amis, il s'est dit : plus j'étudie l'homme et plus j'aime la bête ! achetons Bob !

A sa place, j'aurais pris un chien, il a choisi un cheval; affaire de goût !

Dès ce jour, l'animal est devenu l'objet de ses préoccupations, il a été le compagnon fidèle de ses promenades, il a été l'ami qu'il allait voir tous les jours après son déjeuner; c'est à lui qu'il donnait des caresses après avoir fouaillé ses semblables.

Cela le reposait.

Voilà la première raison; passons à la seconde.

Drumont a peut-être acheté Bob pour un autre motif qu'il n'avoue pas; pour pouvoir écrire son dernier chapitre comme il l'a fait, d'une façon un peu problématique, avec un air de dire au lecteur : comprends si tu peux la sanglante ironie de ces dernières lignes !

Il est certain, qu'après avoir fait défiler sous les yeux du public, les princes et les rois, les magistrats et les financiers, les hommes politiques et les hommes d'affaire, les gentilshommes et les bourgeois, les jacobins et les royalistes, les libre-penseurs et les catholiques, après les avoir tous durement traités, après les avoir pour ainsi dire pris par les oreilles et mis en pénitence dans le coin avec le bonnet d'âne, après s'être montré impitoyable pour tout le monde, injuste pour quelques-uns, présenter au lecteur un peu abasourdi par cette longue procession, Bob, son cheval, et n'avoir de mots gracieux et flatteurs que pour la bonne bête, c'est un peu raide !

N'est-ce pas dire à ceux dont il a parlé, qu'en somme, entre eux et Bob, il ne saurait hésiter; c'est au cheval qu'il donne le sucre et c'est pour leurs dos qu'il réserve sa cravache?

Je puis me tromper, mais il me semble que cette exhibition de Bob est le dernier coup de pinceau donné à son tableau de maître; l'homme et la bête mis en parallèle, et la bête, dans son œuvre comme dans sa pensée, primant de cent coudées la plus noble créature de Dieu défigurée par la luxure et le vice.

Je ne sais si beaucoup de lecteurs auront

jugé comme moi, mais quelque hasardée que soit mon appréciation, j'ai tenu à donner une idée de l'impression que j'ai éprouvée en lisant ces pages consacrées à chanter les qualités, les preuves d'instinct — Drumont dirait presque les preuves d'intelligence — de cet excellent animal, que son maître a appelé Bob!

Après avoir fait l'éloge de son cheval, Drumont se sent cependant pris comme d'un remords, il se demande si cette exaltation de Bob n'est pas exagérée.

Il se dit à lui-même :

— Mais, je viens de parler de cette bête avec complaisance pour me reposer d'avoir remué tant de saletés pendant cinq cents pages, je ferais bien mieux de donner un souvenir à ceux que j'ai perdus.

Et voilà la tristesse qui reprend son empire!

Le brave garçon! Il ne nous dit pas tout, il n'ouvre pas complètement son cœur, il ne parle pas de ce qui le touche le plus, de ce qui le fait le plus souffrir, mais il se jette avec une joie amère dans le souvenir de ceux qui surent son bonheur d'autrefois, qui en étaient heureux et qui peut-être, après en avoir été les sympathiques témoins, vinrent avec la délicatesse que donne la véritable amitié, panser les blessures que causa son effondrement.

Oh ! comme je comprends bien cette évocation d'Albert Duruy, de Raoul Duval, les intimes d'antan ! comme je m'explique l'âpre plaisir qu'a dû éprouver l'écrivain à revenir sur un passé qu'il pleure et ne saurait oublier.

Relisez ces pages, on y trouve Drumont tout entier, on le devine, on s'explique tous ses emportements, toutes ses injustices, toutes ses aspirations, on comprend qu'il souffre et qu'il doute.

Son doute, je me hâte de le dire, son doute ne porte évidemment que sur la possibilité de retrouver ici-bas un peu de calme, de paix et de bonheur.

Je veux reproduire les lignes qui accompagnent ces douloureuses évocations, elles prouveront la vérité de ce que j'avance :

« Ne croyez pas que je sois triste quand je cause avec tous ces amis disparus, dans les allées mystérieuses de la forêt.

« Au fond, je les trouve très heureux d'être partis. Ils ne verront pas ce que nous verrons, l'état de plus en plus misérable où tombera cette France qui fut si grande (1). »

N'est-ce pas le cri d'une âme en peine, ce : *Je les trouve très heureux d'être partis!*

(1) *Fin d'un monde,* page 520.

C'est plus que cela, c'est un accent de désespoir !

Eh bien, mon cher Drumont, vous êtes trop droit, trop profondément chrétien pour être de ceux qui désespèrent !

Votre *Fin d'un monde* a trahi un découragement contre lequel il faut réagir.

Vous avez regardé autour de vous, vous n'avez vu que honte, misère et abjection ; levez les yeux plus haut et vous emploierez plus utilement le talent que Dieu vous a donné.

Je vous promettais de vous indiquer le remède, certain, infaillible au mal dont vous souffrez, je vais le faire.

Il y a quelques semaines, je dînais chez un ami ; nous étions cinq à table et nous causions de vous, de vos œuvres, de votre verve, nous nous occupions surtout de votre dernier ouvrage.

Chacun donnait son avis.

Je dois dire, pour rester absolument dans le vrai, que tous nous vous étions favorables et que nous ne partagions pas l'opinion qui m'avait été donnée la veille par un homme qu'évidemment vous aviez chiffonné. Il m'avait dit :

— Drumont est un roublard ! ne me parlez pas de ses ouvrages, ce sont des pamphlets qui n'ont qu'un mérite, celui de lui rapporter beaucoup d'argent.

Quand un homme écrit en parlant d'un autre : « Il est Juif, ou s'il ne l'est pas, il devrait l'être ! » il est toisé !

Drumont voit juif comme d'autres voient rouge.

J'avais énergiquement protesté contre cette appréciation, mais je n'avais pas pu convaincre mon interlocuteur.

A table, nous partagions tous le même avis, quelques-uns faisaient des réserves, mais nous étions unanimes à proclamer la droiture de vos intentions. Je dois ajouter que nous reconnaissions aussi que votre œuvre, quelque puissante qu'elle fût, ne produirait aucun effet.

Dans un pays comme le nôtre où la liberté de la presse a permis au premier venu de jeter de la boue au visage de son voisin, la calomnie seule a quelque force parce qu'elle va souiller les immaculés; la vérité, en revanche, démasquant le vice, passe sans laisser de trace, comme l'eau sur une toile cirée.

Le récit des hontes que vous avez dévoilées aurait dû impressionner, d'abord ceux qui se savaient coupables et ceux ensuite qui les apprenaient de vous.

Il n'en a rien été et il n'en sera rien.

Les premiers avalent l'iniquité comme du lait et vos critiques ne les ont pas fait changer une seule de leurs habitudes, n'ont pas modifié une seule de leurs idées.

Les seconds ont été secoués de prime abord, ont trouvé que vous faisiez grand, en tombant aussi vigoureusement sur vos contemporains, mais ils s'en sont tenus là.

Chez eux, l'action n'a pas succédé à l'admiration, ils ont continué à recevoir de mauvais journaux, ils ont persisté à conserver leurs relations avec des tarés de grande marque, à ne songer qu'à s'amuser en faisant leur le mot égoïste : Après nous le déluge !

Seuls, les catholiques, je crois l'avoir dit, se sont demandé si quelque chose n'était pas à modifier dans leur manière de faire et ils se sont mis résolument à éplucher leur conscience, bien décidés à réformer ce qui ne leur paraîtrait pas irréprochable.

Naturellement nous avons cherché quelle pouvait être la cause de la stérilité de vos efforts.

L'un prétendait que votre action ne pouvait être efficace parce qu'elle n'était que passagère.

— Un livre se lit une fois, disait-il, puis on le laisse dans le coin de sa bibliothèque et on n'y revient plus.

— Mais M. Drumont n'en est pas à son premier volume, objectait un autre.

— C'est parfaitement exact, répondait le

premier, seulement ses livres ne se succèdent pas avec assez de rapidité ; on ne pensait déjà plus au premier quand le second a paru. L'on avait totalement oublié l'un et l'autre quand le troisième a vu le jour.

Je fis observer qu'un ouvrage comme ceux que vous nous donnez, ne s'écrit pas en quarante-huit heures.

Et chacun de reconnaître la vérité de mon dire.

— En somme, ajoutai-je après une assez longue discussion, si vous étiez Drumont, que feriez-vous?

— Je fonderais un journal, me répondit l'un des convives, et avant trois mois je voudrais tirer à cent mille exemplaires.

L'idée me parut originale, cependant j'expliquai pourquoi je ne la trouvais pas pratique.

Pour faire un journal à Paris, il faut beaucoup d'argent, car si les premiers numéros s'enlèvent grâce à la curiosité publique, il faut prévoir que l'engouement peut se lasser.

Alors, après un magnifique début, on arrive vite à cette période où l'éditeur constate tous les jours le nombre croissant des numéros invendus.

Je sais bien qu'un journal ayant Drumont comme directeur et rédacteur en chef ne manquerait pas d'attrait; on pourrait y ménager sous la rubrique « un coup de trique par jour », un entrefilet quotidien consacré au redressement d'un tort, à la dénonciation d'un tripotage, à l'enlèvement d'un masque, à la besogne enfin que nous voyons accumulée dans la *Fin d'un monde* comme elle l'était dans la *France juive;* mais cette médaille aurait son revers, et même un double revers qu'il n'est pas possible de mettre au rang des quantités négligeables.

Si, à la rigueur, on consent à se laisser un peu houspiller dans un volume qui coûte trois francs cinquante, qui n'est en somme acheté que par les gens ayant une certaine aisance, et qui, une fois lu, sera jeté dans le sac aux oubliettes; si on se console d'avoir été l'objet de la curiosité publique et des conversations pendant huit jours, on digère difficilement, en revanche, un éreintement qui se reproduit, sous une forme ou sous une autre, trois cent soixante-cinq fois par an et trois cent soixante-six lorsque l'année est bissextile; on ne se laissera pas déshabiller publiquement dans une feuille tirant à je ne sais combien de milliers d'exemplaires, ne coûtant qu'un sou, pouvant entrer partout, séjourner sur les tables de tous les cafés, être lue par le premier venu.

Dès le premier coup de trique, il y aura un

branle-bas général dans le camp des attaqués, et comme les infortunes rapprochent les hommes, on ne tarderait pas à voir viveurs et hommes politiques, faux conservateurs et républicains, gentilshommes dégénérés et rastaquouères, se donner la main pour monter à l'assaut du nouveau bureau de rédaction, former la ligue de la défense du plaisir et des tripotages et inviter le gouvernement à débarrasser le pays d'un gêneur impudent.

Vous voyez cela d'ici, les magistrats de la république ne se feraient pas tirer l'oreille, ils n'ont pas eu à se louer de Drumont et ils ignorent totalement la mansuétude du roi de France oubliant les injures faites au duc d'Orléans.

Tous les matins, Drumont recevrait non pas des témoins, à quoi cela sert-il? mais une nuée d'huissiers.

On laisserait le duel de côté; car, à moins qu'on ne se décide à embrocher son homme comme un coléoptère ou qu'on soit bien sûr de lui loger une balle dans la peau, direction du cœur, le duel qui est toujours un crime social, une faute condamnée par l'Église, devient alors une immense plaisanterie, qu'on jugerait insuffisante pour museler l'aboyeur.

On voudrait mieux que cela.

Ce mieux n'est pas difficile à trouver; Gambetta l'a défini le jour où il a dit : Frappons à la caisse!

On frapperait donc à la caisse et il est plus que probable qu'on n'irait pas de main morte.

En moins de huit jours, Drumont recevrait quelques douzaines d'assignations, comparaîtrait et serait condamné à des amendes assez savamment combinées pour faire rapidement dans ses tiroirs l'effet d'une machine pneumatique.

En moins de quinze jours, s'il y avait récidive, la prison suivrait l'amende, et le malheureux directeur irait, honteux et confus, jurer un peu tard, sur la paille humide des cachots, qu'on ne l'y prendrait plus.

Le lendemain, le journal ne paraîtrait pas, les employés s'en iraient piteusement chez eux, la tête basse, et l'administrateur laisserait la clef à la caisse vide et collerait sur la porte: *Immeuble à louer par suite de ruine.*

Dans les salons très mondains que n'aurait pas ménagés le rédacteur, on se frotterait les mains et on se flatterait de dormir tranquille, après avoir chanté un hymne d'action de grâce au dieu gouvernement protecteur de l'innocence.

L'idée du journal à créer ne parut pas

sérieuse après ces quelques explications, et comme chacun gardait le silence, je le rompis en m'écriant :

— Savez-vous ce que je ferais, moi, si j'étais Drumont? Je vais vous le dire et, un jour ou l'autre, je le lui écrirai.

Je sais bien que les conseilleurs ne sont pas toujours les bienvenus, mais peu m'importe; il me semble que Drumont a trop d'esprit pour ne pas savoir écouter un conseil d'ami, et je crois que je ne saute pas dans des plates-bandes en indiquant quel devrait être, à mon sens, le dénouement d'une vie jusqu'ici très agitée, très douloureuse, au courant de laquelle il nous a mis, volontairement ou non, par ses ouvrages.

Je commencerais par m'examiner moi-même et je me tiendrais le raisonnement suivant.

Mon bonhomme, tu es un drôle de corps, tu détestes tout ce que tu vois autour de toi, tu es écœuré de toutes les turpitudes dont tu es le témoin, tu es seul et triste, et tu continues à vivre dans ce milieu-là qui t'exaspère et te dégoûte? mais tu n'as pas pour deux liards de logique!

Il faut modifier tout cela et prêcher par l'exemple !

Tu as déclaré, dans tes œuvres, que tu méprises les grandeurs, les plaisirs et le luxe;

Tu t'es fait l'apôtre de la vérité, t'imposant l'obligation de ne jamais mentir et de dire aux autres leurs travers, de leur montrer leurs défauts;

Tu t'es posé en défenseur de l'Église et de ses biens;

Tu t'es montré ami du peuple, des petits, des humbles; tu as regardé de très haut le monde qui s'amuse, tu l'as flagellé;

Tu as dit comment l'Église comprend la loi du travail;

Tu as accablé les exploiteurs, les viveurs;

Tu as déclaré que l'idéal consistait à ne rien posséder, à vivre en collectivité, à partager son bien avec autrui;

Tu as eu des trésors d'indulgence pour les égarés, des sévérités excessives pour ceux qui tâchent de bien faire;

Tu as horreur de l'argent, tu te refuses à placer celui que tu gagnes; tu prétends qu'il faut vivre au jour le jour sans souci du lendemain;

Tu as déclaré que tu ne croyais plus au relèvement de ton pays;

Tu as fait du pauvre un tableau admirable et attendrissant;

Tu as crié à l'abomination de la désolation, et finalement tu t'es placé en face de la mort et tu as dit que tu enviais le sort de ceux qu'elle a déjà frappés;

Eh bien! il ne te reste plus qu'une chose à faire, chercher où se trouve ton idéal, le genre de vie qui correspond à celui que tu conçois, et l'embrasser immédiatement.

Après m'être tenu ce raisonnement, je passerais en revue toutes les situations sociales, et je ne tarderais pas à me convaincre que ce n'est pas dans le monde, sur le boulevard, au milieu des fous de Paris, qu'il est possible de réaliser ce programme.

Je me rendrais compte que, même en province, avec une ferme volonté, on ne peut arriver à un pareil degré de perfection.

Je chercherais et je finirais par reconnaitre qu'il n'y a que dans le cloître que la vie se présente sous l'aspect rêvé de la pauvreté, du sacrifice et de la justice.

Lorsque j'en serais bien convaincu, un beau soir je dirais à ma vieille bonne :

— Marie, je quitte Paris pour longtemps sans doute, je ne puis vous emmener avec moi, voici un petit souvenir qui vous aidera à attendre que vous ayez trouvé une nouvelle place.

Et puis je lui donnerais une poignée de billets de banque prise au hasard dans le tiroir où je laisse traîner l'argent que je ne veux pas placer.

Marie verserait quelques larmes, irait faire sa malle, et nous nous séparerions.

Le lendemain, j'irais trouver le curé de ma paroisse et je lui remettrais un pli cacheté que je le prierais de n'ouvrir qu'au bout de vingt-quatre heures. Il y trouverait une feuille de papier sur laquelle j'aurais écrit :

« Monsieur le Curé,

« Lorsque vous lirez ces lignes, je ne serai
« plus parisien, je ne serai plus Drumont! Ne
« me cherchez pas, vous ne pourriez pas me
« trouver. Contentez-vous d'exécuter ce que je
« ne crains pas d'appeler mes dernières vo-
« lontés.

« Ne vous troublez pas !

« Je ne veux plus mourir, je vais simple-
« ment quitter ce monde pourri, qui me
« répugne, et chercher ailleurs le calme et la
« paix que je n'ai pu y trouver.

« Allez chez moi demain, rue de l'Université,
« j'ai laissé ma clef chez le concierge de la
« maison avec ordre de vous la remettre ; vous
« verrez dans mon cabinet de travail des
« livres que je vous prie de faire parvenir sans

« mé nommer aux bibliothèques chrétiennes..

« Dans mon secrétaire vous trouverez plu-
« sieurs mille francs, c'est tout ce que je pos-
« sède, je puisais à même; je vous charge de
« les distribuer aux pauvres de la paroisse.

« Mes meubles, vous les partagerez entre
« les conférences de Saint-Vincent-de-Paul qui
« distribueront ceux qui sont modestes et
« feront de l'argent des autres.

« J'ai réglé tous mes comptes avec mes édi-
« teurs; je ne dois rien à personne.

« Il me reste un ami que je ne veux pas
« oublier, c'est Bob, mon cheval!

« Pauvre bête, je l'aimais bien!

« Vous prierez les petites sœurs des pauvres
« de le faire prendre, je le leur lègue, il traî-
« nera leur voiture de provisions.

« J'espère qu'au milieu d'elles il n'aura plus
« de fantaisies.

« Je crois avoir disposé de tout ce qui m'ap-
« partenait; il me reste, M. le curé, à vous
« remercier et à vous prier de penser quelque-
« fois devant Dieu, à celui qui fut...

« E. Drumont. »

Pendant que le bon prêtre, un peu abasourdi
par la lecture de cette lettre, se rendrait chez
moi, j'irais, le cœur plein et les mains vides,

sonner à la porte d'une modeste maison située tout là-bas derrière le Val-de-Grâce, rue de la Santé.

Je me trouverais là avec des pauvres attendant leur soupe, le long du mur tout blanc.

Un homme barbu, pieds nus dans des sandales, vêtu de bure, ceint d'une corde à trois nœuds, viendrait m'ouvrir.

Je lui dirais :

— Je veux parler au père gardien !

Il me ferait entrer dans un pauvre petit parloir, meublé d'une table en bois blanc, de deux modestes chaises en paille grossière, et pendant que j'attendrais le père gardien, tandis que le cœur me battrait bien fort, je méditerais pour me donner du courage cette pensée de sainte Thérèse, je crois : *Le plaisir de mourir sans peine, vaut bien la peine de vivre sans plaisir.*

Puis le père gardien viendrait, je me jetterais à ses pieds, je lui confesserais les fautes de toute ma vie, je lui dirais mes espoirs trompés, mes rêves déçus, mes dégoûts du monde, mes irritations sourdes, mon trouble perpétuel, et j'ajouterais :

— J'ai lu dans la vie de saint François d'Assise comment ses premiers disciples allaient lui demander son saint habit, et j'ai voulu faire comme eux.

Me voilà !

Je ne possède plus rien, j'ai donné mon bien aux pauvres, j'ai fait mon testament en leur faveur, pendant que je vous parle, on exécute mes volontés suprêmes.

Mon père, recevez-moi au nombre des fils du Séraphin de l'Alverne, ordonnez que je me dépouille de ces vêtements, restes d'un passé qui me pèse, et que je revête la bure, l'habit des fiançailles avec la pauvreté.

Le père gardien me relèverait, me prendrait dans ses bras, et me répondrait avec douceur.

Il me ferait faire une sérieuse retraite de quelques jours, puis, lorsqu'il serait bien sûr de la sincérité de ma résolution, un beau matin, il me remettrait un peu d'argent, juste ce qu'il faudrait pour monter en chemin de fer, et rejoindre un noviciat de l'ordre, et me souhaiterait bon voyage.

Je partirais pour Orihuela sans doute, un grand village de la province de Murcie, où les capucins ont été reçus avec leurs novices lorsque la France ingrate et égarée les chassa du territoire national, et pendant que la vapeur m'emporterait, le cœur déjà libre et plus calme, vers les grandes plaines espagnoles, les gazettes que je ne lirais plus, se perdraient en conjectures, en suppositions, et annonceraient ma disparition.

Au bout de six mois, on m'aurait complètement oublié.

Pendant ce temps, je ferais mon noviciat monastique, et lorsqu'il serait terminé, devenu le père Édouard, j'attendrais les ordres de mes supérieurs.

Peut-être m'enverrait-on en France, dans un des couvents de l'ordre d'où j'irais de droite et de gauche porter la parole de Dieu et prêcher de ces missions comme les capucins ont seuls le secret d'en organiser; peut-être me donnerait-on l'ordre d'aller sur une terre étrangère planter la croix du Christ et, comme autrefois les premiers apôtres, baptiser les infidèles amenés à la vérité.

Dans l'un comme dans l'autre cas, commencerait pour moi une vie nouvelle, au cours de laquelle mes œuvres auraient un tout autre cachet, un tout autre caractère que celui dont elles étaient autrefois marquées. Mon but serait sensiblement le même, avec la grandeur et la sublimité en plus, mes moyens et mes résultats différeraient essentiellement.

De même que lorsque j'écrivais jadis les pamphlets que le public s'arrachait, mon rôle serait de prendre la défense des humbles et des faibles, de réprimander les méchants, de prêcher la justice et le règne de Jésus-Christ.

Mais combien mes moyens d'action laisseraient loin derrière eux la plume acérée d'autrefois !

Au lieu d'exciter à la haine, à la révolte, à la violence, à l'émeute, comme je le faisais jadis, je m'inspirerais de cette parole de mon maître :

« Bienheureux ceux qui sont doux ! »

Au lieu de propager, comme le faisaient, en 1562, les Huguenots, selon l'expression du poète Ronsard,

> ..... Une doctrine armée,
> Un Christ empistolé, tout noirci de fumée,
> Qui, comme un Méhémet, va portant à la main
> Un large coutelas, rouge de sang humain,

je montrerais, en l'imitant, comment le plus doux des hommes, le Dieu compatissant et bon revêtu de notre chair, conquit l'univers. Je prêcherais d'exemple : contre le luxe j'aurais mes pieds nus, ma robe de bure et ma corde ;

Contre la vanité et les soins exagérés de soi-même, ma tête rasée et toujours nue ;

Contre les plaisirs de la table, mes jeûnes et mon abstinence ;

Contre les impudicités, mon inébranlable pureté ;

18

Contre l'avarice, ma pauvreté ;

Contre l'amour du bien-être, mon lit de camp ;

Contre l'orgueil, mon humilité ;

Contre la soif des honneurs et de la puissance, mon obéissance passive.

Au lieu de mes accents vibrants et furieux d'autrefois, j'aurais l'éloquence entraînante mais austère de l'orateur sacré.

Au lieu de me préoccuper du lendemain, je ne penserais qu'à Dieu et me confierais à lui seul, et je serais peut-être un jour ou l'autre appelé à visiter un de ces couvents de mon ordre devenus célèbres par le miracle des pains ou l'apparition du Christ.

Le miracle des pains ! quelle touchante preuve de la sollicitude de Dieu pour ceux qui se reposent en lui !

Dans les monastères franciscains où il s'est accompli, on lit à peu près ce qui suit sur une plaque de marbre blanc : « Le 25e jour de jan-
« vier de l'an de grâce... à l'heure de l'Angé-
« lus de midi ; la neige étant épaisse et le temps
« tellement mauvais qu'il avait été impossible
« depuis plusieurs jours d'aller quêter ; le mo-
« nastère se trouvant absolument dépourvu de
« toute provision ; tandis que pleins de con-
« fiance au Dieu qui nourrit toutes ses créa-

« tures, les Pères et les Frères l'invoquaient
« avec la certitude qu'il les sortirait de peine et
« leur permettrait d'aller bientôt chercher de
« quoi soutenir leurs corps affaiblis par un long
« jeûne, la cloche du portail tinta. Le très
« honorable frère X... ouvrit et trouva devant
« la porte, au milieu de la neige immaculée,
« ne portant la trace d'aucun pas, une corbeille
« pleine de pains ! »

Et l'apparition du Christ !

Elle est ainsi rappelée dans les couvents où elle eut lieu, par une inscription gravée au mur du réfectoire.

« Ici, le jour du Vendredi-Saint de l'an de
« grâce... à l'heure de midi, après la récitation
« du *Miserere* au cours de laquelle, en mé-
« moire de la flagellation, les Pères prenaient
« la discipline, le Sauveur Jésus s'est montré
« et a donné le baiser de paix à chacun des
« pénitents ! »

Visiter ces lieux sanctifiés serait ma première récompense.

Dans tous les cas, mes moyens étant changés, les résultats ne manqueraient pas de l'être aussi.

Tandis que naguère j'étais craint et haï, je serais aimé et béni.

Tandis que cette haine pouvait rejaillir sur la religion dont on me savait un fidèle, cet amour et ces bénédictions lui reviendraient directement.

Tandis que par mes sarcasmes, mes mises à l'index, mes coups de fouet, je n'arrivais à rien ; avec ma douceur, ma pitié, ma charité et mes pardons, je ferais une ample moisson d'âmes.

Tandis que j'étais irrité, troublé, plein d'une angoisse que je ne m'expliquais pas, je serais patient, calme et joyeux.

Tandis que je demandais contre les Juifs des mesures de rigueur, tandis que j'essayais inutilement d'ameuter contre eux le peuple et les grands, tandis que je les démasquais, les outrageais sans arriver à pouvoir en débarrasser mon pays, au jour anniversaire de la mort de leur innocente victime, au Vendredi-Saint, l'Église ma mère m'obligerait à prier pour eux et ces supplications ne resteraient certainement pas inefficaces !

Enfin, j'aurais un jour à quitter ce monde, à aller rejoindre ceux que j'aurais aimés, et ce jour-là je comprendrais combien était vraie la pensée que je méditais au parloir du couvent de la rue de la Santé, le jour où, quittant le siècle, j'y attendais le père gardien !

Voilà ce que je ferais si j'étais Drumont !

Mes auditeurs, voyant que j'avais fini, se levèrent de table en silence; je les suivis et lorsque nous eûmes dit les grâces, je leur demandai ce qu'ils pensaient de ce qu'ils venaient d'entendre.

— Ce serait bien beau! me répondit-on, puis nous changeâmes le sujet de la conversation.

Je m'étais promis d'écrire ces choses à l'auteur de la *Fin d'un monde*, et de lui signaler les erreurs et les exagérations qui me choquaient dans son livre, et j'avais déjà commencé ma lettre lorsque je m'aperçus qu'elle prenait les proportions d'un volume.

L'idée me vint alors de porter devant le public ces réflexions qui pourraient peut-être lui faire du bien.

Je m'adressai à messieurs Letouzey et Ané pour leur demander de m'aider à mettre mon projet à exécution.

Ils me répondirent avec la gracieuseté que chacun leur connaît et nous nous mîmes à l'œuvre.

Voilà comment ce livre a paru.

XII

Conclusion. — Le lis flétri de la *Fin d'un monde*. — Le lis vigoureux de *Demain*. — Origine des malheurs de la France. — La parabole du levain. — Les ouvriers de notre grandeur nationale. — Un coup d'œil vers le passé. — Restaurons ce qu'il nous avait donné de bon. — La monarchie très chrétienne. — La vision de saint Vincent de Paul réalisée. — Tu as vaincu, Galiléen!

Je touche au terme de mon travail; il ne me reste qu'à tirer une conclusion de ce que j'ai dit.

Arrivé au même point dans sa *Fin d'un monde*, Drumont a écrit les quelques lignes que voici :

« Bientôt le passant verra jeté sur le pavé, décoloré et flétri, le beau lis d'autrefois, le beau lis dont la tige était droite comme une lance guerrière. Et le passant dira ce que disent tous les étrangers : « Quelle noble fleur! quel pays « magnifique! quel peuple comblé des dons de « Dieu! quel dommage de finir ainsi! Seigneur!

« Épargnez-nous un tel sort, préservez-nous
« des sophistes, des francs-maçons et des
« juifs. *Miserere mei, Domine !*... (1) »

Tel est le résumé des cinq cent trente pages de la *Fin d'un monde*.

Il est court, mais il rend fidèlement la pensée de l'écrivain, et trahit son découragement.

La prière qu'il met dans la bouche des étrangers témoins de notre décadence, j'ai soutenu qu'elle partait du cœur de millions de Français qui ne désespèrent pas, j'ai dit qu'elle serait exaucée, je l'affirme de nouveau avec énergie.

Oui, le sort que Drumont croit entrevoir nous sera épargné !

Le lis n'est pas flétri, le lis n'est pas fané, le lis n'est pas mort ! Le fumier républicain, au contraire, lui a servi d'engrais et bien que le vent de l'adversité ait courbé souvent sa tige, il a fait comme le roseau, il a plié sans se rompre.

Je le vois dans l'avenir plus resplendissant que jamais.

Dans cette brochure, j'ai dit ce qu'il faut que nous soyons pour arriver au demain heureux et calme sur lequel nous avons le droit de compter; j'ai montré comme certaine la résurrection nationale; or, ne voulant pas qu'on m'accuse de n'avoir fait que de la théorie

(1) *Fin d'un monde*, page 530.

sans donner les moyens pratiques de parvenir au but indiqué, je vais en quelques lignes résumer toute ma pensée.

Je pars de ce principe que personne ne contredira, je l'espère :

Tant que la France fut chrétienne elle fut prospère, et nos malheurs ont daté du jour où le rationalisme a sapé les sentiments religieux du peuple.

Un grand orateur sacré, le Père Lacordaire rappelant le cri poussé par Clovis dans les plaines de Tolbiac a dit avec raison que la France était née d'un acte de foi.

Elle se meurt d'incrédulité.

Pour la ressusciter, rendons-lui donc ce qui faisait sa force.

Le Christ, un jour, au milieu d'autres paraboles sur le Royaume de Dieu, présenta celle-ci à la foule qui l'écoutait.

« Le Royaume de Dieu est semblable à du levain qu'une femme prend et met dans trois mesures de farine, jusqu'à ce que la pâte soit entièrement levée. »

Si nous avions su, ou du moins si nous avions pu comprendre le sens de cette parabole, et surtout si nous avions mis en pratique ses enseignements, Drumont n'aurait pas eu à écrire la *Fin d'un monde*.

Le levain qui soulève la pâte et lui donne de la saveur, c'est la foi, c'est l'esprit chrétien.

Lorsque Clovis eut jeté le levain dans la terre des Francs, elle se transforma ; l'Église et la monarchie furent les deux ouvriers bénis de Dieu qui firent si belle, si grande et si puissante notre patrie française, et la pétrirent de leurs mains.

Qu'il est donc réconfortant de jeter un coup d'œil vers ce passé si glorieux où les prêtres et les rois, se soutenant mutuellement, faisaient la France, les premiers en baptisant, instruisant, défrichant; les seconds en taillant à grands coups d'épée dans le sol de l'Europe les frontières de la Patrie!

La Gaule était une terre inculte, barbare, couverte d'épaisses forêts; des peuplades Germaines l'envahissent, mais n'en changent pas l'aspect; les Romains songent à la conquérir et finissent par y réussir ; ils la couvrent de monuments grandioses, y implantent leur langage, leurs mœurs, leur prétendue civilisation, mais le pays ne songe pas encore aux destinées qui l'attendent, il subit la domination étrangère pendant près de cinq siècles; il n'est pas une personnalité, il n'est pas lui-même, il est une chose, une possession, un esclave courbé sous le joug d'un maitre, adoptant le luxe du paganisme, tremblant devant la hache des licteurs.

Cependant, le premier siècle de notre ère n'est pas encore achevé que le christianisme fleurit déjà sur le sol gaulois, et tandis que la vieille Rome païenne y corrompt les mœurs, la Rome chrétienne à peine née, y fait sentir son action bienfaisante, y contrebalance la désastreuse influence des Césars.

Peu à peu la Croix étend ses bras sur le pays; à Lutèce, c'est Denis, le premier évêque de la future grande ville, qui a de son sang fertilisé le terrain.

A Lyon, c'est Pothin, c'est Blandine qui reçoivent les palmes du martyre.

A Marseille, c'est Lazare, le ressuscité, qui proclame les miséricordes du Christ.

Un peu plus loin, Madeleine la pénitente vient achever sur notre terre gauloise sa vie de contemplation.

A Limoges, c'est Martial; à Tours, c'est Martin. Partout, dans tous les coins de la conquête romaine s'élèvent des croix!

Le christianisme progresse, il accomplit son œuvre, et bientôt l'époux de Clotilde demande au Christ de lui donner la victoire, il l'obtient et la France est faite!

Les Romains sont chassés, le paganisme arraché, le royaume des Francs devient le soldat de Dieu.

Et alors, tandis que nos rois des trois races font la patrie française par leurs conquêtes et leurs victoires, les moines instruisent le peuple, épurent ses mœurs, font défricher les terrains incultes, conservent dans leurs couvents les annales du royaume qu'ils écrivent au jour le jour et commencent ainsi l'histoire de la nation.

Ils couvrent le pays de monuments magnifiques en inspirant aux artistes, leurs contemporains, l'idée qui nous a dotés de splendides basiliques comme celles de Tours, d'Amiens, de Paris.

Faut-il donc suivre pas à pas l'action bienfaisante, créatrice, de notre sainte religion?

Faut-il refaire ici ce que tant d'autres ont fait déjà, le récit de nos gloires passées?

A quoi bon?

Il suffit de consulter un historien quelconque, même le moins impartial, pour se rendre compte que les deux grands artisans de notre puissance, de notre grandeur, furent le christianisme et la monarchie.

Ce sont eux qui nous ont donné nos saints et nos grands hommes; c'est à eux que nous devons Geneviève, Radegonde, Louis IX, Vincent de Paul, et d'autre part, Charlemagne,

Jeanne d'Arc, Duguesclin, Bayard et Turenne.

C'est le christianisme qui donna à nos corporations anciennes si fortes, si riches, des patrons pour leur rappeler leurs devoirs religieux et sociaux, et c'est la monarchie qui, en les protégeant, assura leur fonctionnement régulier et par suite leur prospérité.

C'est le christianisme qui nous fit purs, forts, artistes, savants, civilisés; c'est la monarchie qui nous rendit redoutables, riches, enviés des autres peuples.

Voilà comment on fit la France!

Drumont a fort éloquemment dit comment on a voulu la défaire; je crois avoir montré comment agissent ceux qui luttent contre les démolisseurs.

Reprenons donc au passé ce qu'il a de bon, adaptons aux temps nouveaux les procédés anciens en les rajeunissant, en les mettant en unisson avec la situation présente, et nous ferons, nous aussi, ce qu'avaient fait nos pères.

Ils avaient fondé, nous restaurerons!

La révolution, d'où nous vient la ruine, a isolé l'homme, et en le précipitant dans l'individualisme, l'a tué traîtreusement.

Opposons au mal le vrai remède, l'association; groupons les individus, unissons-les, formons-les en bataillons invincibles.

Nous aurons alors une société solide, progressive et modèle.

De même qu'un vieux chêne qui a poussé dans le sol de profondes racines, donne de solides branches desquelles sortent de vigoureuses frondaisons ; la société française, inébranlablement assise sur le christianisme et la monarchie nationale « traditionnelle par ses principes, moderne par ses institutions », donnera des branches fortes qui seront les corporations, les associations, les confréries de métiers dont elle était si fière autrefois, et ses fruits seront le travail et l'honnêteté sortant pleins de sève des rameaux corporatifs.

Alors, avec la foi, l'esprit chrétien, jetés dans toutes les associations, qu'on appellera syndicats, puisque c'est le seul nom sous lequel, avec le gouvernement actuel, nous puissions commencer notre œuvre réparatrice, nous verrons se produire autour de nous le phénomène du levain dans la pâte.

Nous chercherons le royaume de Dieu et tout le reste viendra par surcroît !

La pureté des mœurs donnera la paix sociale ; le travail, fécondé par la prière, la foi par le respect du repos dominical, dont la violation est le grand crime national, engendrera la prospérité commerciale et la puissance matérielle.

La France reprendra son rang parmi les nations; elle redeviendra la fille aînée de l'Église.

Le lis se dressera majestueux et immaculé; le trône de nos rois, sur ce roc, n'aura plus à redouter de tempêtes, et nous assisterons à l'accomplissement de ce qu'entrevoyait, il y a plus de deux siècles, le grand saint Vincent de Paul, le conseiller de Louis XIII, l'ami des pauvres, le prêtre de Jésus-Christ, lorsqu'il disait, dans un élan prophétique :

« O Montmartre! sainte montagne! un jour, découleront de toi des flots de grâce qui se répandront sur la France entière! »

Les Juifs, les apostats, les francs-maçons, s'il en reste, pourront alors redire avec raison le mot de Julien : « Tu as vaincu, Galiléen! »

FIN

TABLE DES MATIÈRES

Avant-Propos.................................... v

I

L'héritier. — Un clou chasse l'autre. — Ce que nous espérons de l'héritier de demain. — La question des biens nationaux. — Ce qu'en pense l'Église. — Une première faute de Drumont. — La députation du Morbihan. — Le bisaïeul de de Lamarzelle. — Les Francs-maçons d'autrefois. — Le rôle des fils. — Ce que fait l'aristocratie. — Où est réfugié le dévouement. — Les éducateurs du peuple. — Ce que sera la prochaine émeute. — Flambez, finances! — Le bien d'autrui tu ne prendras. — La digue qui arrêtera le torrent. — La France vivra. — Les chutes prochaines. — Le sauvetage social s'organise. — La *Fin d'un monde* a eu tort de toucher à ceux qui le préparent..................................... 1

II

Pourquoi les rois s'en vont. — Les leçons de l'histoire. — Les vues de Dieu sur la France. — A Paray-le-Monial. — Louis XIV et la bienheureuse Marguerite-Marie. — Le roi n'obéit pas. — Singulières coïncidences. — A Patay. — Montmartre. — Le rôle du journal *La Croix* en cette affaire. — La bourgeoisie et la révolution. — Les travailleurs victimes de 1789. — Ce qu'ils réclamaient dans leurs cahiers. — Les cabaretiers et leurs réclamations. — Ils n'ont pas changé. — Suites de l'isolement de l'ouvrier. — Les turpitudes de l'usine. — Les Cercles catholiques et les ouvriers. — L'action de l'œuvre sur toutes les classes. — La *Jeunesse Française*. — Une journée à Angoulême. — M. Maurice Georgeon. — Les ouvriers de Paris. — Une retraite à Athis. — Un soir de 14 juillet. — Réflexion d'un brave petit soldat. — Il ne faut pas désespérer de l'avenir.................................. 15

III

La plaie du jour. — C'est la faute des chemins de fer. — Les Avignonaises d'autrefois et celles de 1889. — Les modèles de la maison Boucicaut. — Un remède radical. — Les accapareurs de blé. — Les anciennes ordonnances sur les marchands de grains. — Pas moyen de tripoter. — Le pain cher. — Les occupations de M. Carnot et du parlement. — Le tarif du pain il y a deux cents ans. — Ce qu'il vaut aujourd'hui. — Le remède proposé par les minotiers. — Ce qu'on fera demain. — La question des cuivres. — M. Lazare Weiller n'est pas Juif. — Drumont contre Hachette. — Que fait M. de Mun en cette affaire ? — — Quel est le tribun moins en vue ? — Les procédés du Gouvernement. — Les orateurs qu'on écoute au Palais-Bourbon. — Mgr Freppel et la Gauche. — Son attitude à propos des crédits du Tonkin. — L'ascendant de M. de Mun. — Pourquoi il ne pouvait pas plaider la cause de la *France Juive*. — Drumont reconnaîtra qu'il s'est trompé.. 39

IV

Deux chapitres à la fois. — Drumont étudie le socialisme avec son cœur et non avec sa raison. — Le socialisme n'est pas né d'hier. — Il repose sur une double erreur. — Erreur de point de départ. — Erreur d'arrivée. — Ce n'est pas la société qui est malade, c'est l'individu. — L'opinion du Père Félix. — Le christianisme doctrinal. — Les socialistes ne sont pas admirables. — Le rôle de l'Église n'a jamais varié. — Napoléon III socialiste. — Les Conférences de saint Vincent de Paul et Sa Majesté. — Drumont et la Commune. — L'éternelle tache des communards. — On se trompe sur les sentiments de Drumont. — La haine prêchée par les mauvais journaux. — Ce qui fait défaut, c'est l'esprit chrétien. — L'homme s'agite et Dieu le mène. — En 1873. — Les peuples n'ont que les gouvernements qu'ils méritent. — Ce qu'il faut penser de la chasse à l'homme. — Le rôle de Charette. — Épargnons nos braves. — Le socialisme à craindre. — M. le comte de Paris n'aime pas les Juifs. — Les Juifs redoutables — Le bazar de Royan. — C'est la faute des Royannais. — Ce que peuvent faire des pommes de terre. — Les joueurs à la Bourse. — Le krack de 1882. — La journée de M. Bontoux. — Le bien sort souvent du mal. — Quel malheur que Drumont soit violent. — Encore un coup d'épingle. — Les pleutres. — Ceux qu'il faut excuser. — Le coup de balai attendu................... 69

V

Il n'y a pas de socialisme catholique. — La loi immuable. — La discipline susceptible d'être modifiée. — De la propriété. — Les exagérations de Drumont constituent des erreurs. — Les Gnostiques et les Albigeois socialistes d'autrefois. — Droits et devoirs de ceux qui possèdent. — Les exagérations peuvent conduire à l'hérésie. — Les apostoliques. — L'intérêt de l'argent. — Orateurs et docteurs. — Ne touchez pas aux consciences. — Peut-on capitaliser? — Les exemples abondent. — Ce qui est permis. — Ce qui est défendu. — L'ouvrage de M. Gorce. — Pourquoi les Juifs sont usuriers. — Le bon moyen pour se défendre. — La loi à faire. — Le véritable but de l'Œuvre des Cercles catholiques. — Drumont s'encore trompé. — Les vrais catholiques. — Où on les trouve en grand nombre. — Ce dont ils sont capables. — Le portrait du comte de Mun. — Le secret de sa force. — Son défaut. — Les armes d'aujourd'hui. — Émeutier ou don Quichotte. — Drumont n'aime que les violents. — Le programme de l'Œuvre des Cercles. — M. Paul Schæffer. — Explication possible des critiques de Drumont. — Influence de la *France Juive* sur le Judaïsme et la vie tapageuse d'une certaine aristocratie parisienne. — Résultats obtenus par l'Œuvre des Cercles 104

VI

En pleine boue. — Pas assez de gendarmes. — La reine Luxure. — On ne s'amuse pas pour rien. — Comment on fait du *rabio*. — La France est une vache à lait. — Pourquoi l'on craint la guerre. — La devise des Jacobins. — On a pourri les campagnes. — Les paysans ont peur. — La ville vaut mieux que la campagne. — Pourquoi les catholiques craignent la guerre. — Les troupiers d'aujourd'hui. — La luxure engendre les traîtres. — Pour faire la noce on livre son pays. — Le courage de Drumont. — Ce que nous pensons de ceux qu'il a publiquement déshabillés. — Il eût mieux fait de ne nommer personne. — Les fonctionnaires et leurs *dames*. — Pourquoi M. Carnot ne parle pas. — Les fourvoyés. — Respirons un peu. — Ce qui nous donne de l'espoir. — Les chastes l'emporteront sur les impudiques. — La fin d'une race.................................... 150

VII

Question délicate. — Injustices de la *Fin d'un monde* à l'égard de M. le comte de Paris. — La vérité est toujours bonne à dire. — Les trois partis de la Droite. — République ou Royauté. — Les pis aller. — Les ennemis de la Royauté sont ses amis. — Un roi *in partibus*. — Nouvelles erreurs de Drumont. — La vérité. — Les fautes des Bourbons. — En France. — En Espagne. — A Naples. — A Parme. — Leurs punitions. — M. le comte de Paris profitera des leçons de l'histoire. — Ses sentiments chrétiens. — Un acte de foi. — Les protestations de M. Tristan Lambert. — M. le docteur Paul Charpentier. — La tradition des catholiques de l'Œuvre des Cercles sur 1789 expliquée par M. de Marolles. — L'opinion des vieux légitimistes proclamée par M. Noël Le Mire. — Le prince a compris. — La théorie du *Figaro*. — Les idées d'*Ignotus*. — Un homme convaincu. — Les amis de M. le comte de Paris. — Leurs idées fausses. — Ils commencent à revenir au vrai. — Les franchises de la *Gazette de France*. — Les catholiques. — Leurs torts. — Ils sont excusables. — Gare aux libéraux. — La presse de province. — Comment elle est. — Comment elle devrait être. — Le succès des journaux catholiques. — Les fonctionnaires pour rire. — Le boulangisme. — Hystérie. — La vie facile. — Le Monck de la monarchie française. — Va-t-en voir s'ils viennent, Jean. — Le défaut de nos qualités. — Le sacrifice. — La lettre d'un Roffignac. — Les petits. — Sauvons la caisse. — Drumont et le comte de Chambord. — Comment se paie le dévouement des légitimistes. — La tare des catholiques. — Soyons-en fiers. — Hâtons notre délivrance.... 166

VIII

Bravo Drumont! — Paris n'est pas la France. — Une infime minorité. — Vive la province et les marquis de Gascogne. — Une pensée de Châteaubriand. — Elle est incomplète. — Les deux camps de l'aristocratie. — Salade russe. — La vie sérieuse. — Une journée au château de B... — Domestiques et maîtres. — Aux vacances. — Un budget honnête. — A la gentilhommière. — En ville. — On ne songe plus au plaisir. — Réparation. — Un lieutenant de Charette. — Le colonel d'Albiousse. — Les femmes de province. — Dans les mansardes. — Au jour de Noël. — Comment s'est incrusté le sentiment du devoir. — La question du prêtre. — Pourquoi Drumont l'a-t-il négligée? — Le prêtre a sauvé ce qui reste de sain dans la société. — L'influence des jésuites. — Ils font la part du feu. — Le père Truck et ses Auvergnats. — Deux sortes de jésuites. — Celui de Vaugirard et celui d'Iseure. — Pourquoi on arrondit les angles. — A Notre-Dame. — Un plaisir de blasés. — Remède radical. — Nouvelles Madeleines. — Le clergé français est admirable. — Un écueil à éviter. — Saluts en musique. — Ce qui est permis. — Résumons-nous. — A Montmartre!...... 226

IX

Le chapitre des éloges. — Impartial examen. — La bonne intention. — L'exécution. — Ni médiocrité ni perfection. — Le trop et le trop peu. — Une répétition. — Un stoïque. — Fatalité! — Ce qu'il fallait faire. — Les simulacres. — Le monde est une grande comédie. — La cause des blâmes impitoyables. — Fausse route. — Taquineries de femmes. — Pas de respect humain. — Une belle réponse. — On voudrait donner des gifles. — Ni envie ni haine. — Bonnes résolutions. — On prend plus de mouches avec du miel qu'avec du vinaigre. — Le coup de pied de Drumont et les derrières qui l'ont reçu. — En prison. — Satisfaction refusée. — Ce qui sera. — Dans les brouillards de l'horizon. — *Sursum corda!* 251

X

Léon XIII. — L'encyclique *Exeunte jam anno*. — Précieux encouragement. — Un historien dans trois siècles. — Quelques pages de l'histoire de France d'alors. — La banqueroute de la Révolution. — Les privilégiés d'autrefois et ceux de 1889. — Les orages à l'horizon. — La catastrophe. — .... — Sautons cent pages. — Le secret de Dieu. — Les nouveaux Français. — Le nouveau gouvernement. — A Reims et à Versailles. — Paris en ruine. — La France revit. — Plus de paperasses. — La vie provinciale. — Les gouverneurs. — Leurs droits et leurs devoirs. — L'assemblée provinciale. — Sa composition. — Ses droits. — L'assemblée nationale. — Son élection. — La revision du Code civil. — Effets de la décentralisation. — Repopulation des châteaux. — La terre l'emporte sur l'argent. — Le veau d'or a vécu. — Véritable renaissance. — La justice. — L'instruction publique. — L'organisation du travail. — Interdiction des sociétés secrètes. — Les droits de succession et la liberté de tester. — Le mouvement religieux. — La Famille. — Fermons l'histoire de demain et revenons à la *Fin d'un monde*. — Après la pluie le beau temps. — L'heure est à Dieu. — Hâtons-la.. 262

XI

En forêt. — La pensée de la mort. — Bob. — Rapprochement bizarre. — Drumont souffre. — Les mondains et la mort. — Vie brisée. — Pourquoi Bob? — Explication. — Plus j'étudie l'homme, plus j'aime la bête. — Sanglante ironie. — Sucre et cravache. — Un parallèle. — Souvenirs d'autrefois. — Triste aveu. — Il faut réagir! — Avis divers. — Un journal à faire. — Difficultés de l'opération. — Un coup de trique par jour. — Frappons à la caisse. — Maison ruinée. — Avis nouveau. — Si j'étais Drumont. — Conseil d'ami. — Mon examen de conscience. — Souvenir à ma bonne. — Lettre à mon curé. — Rue de la Santé. — Pardonnez-moi, mon père. — En route pour Orihuela. — Le père Édouard. — Vie nouvelle. — Comment ce livre a paru.. 290

XII

Conclusion. — Le lis flétri de la *Fin d'un monde*. — Le lis vigoureux de *Demain*. — Origine des malheurs de la France. — La parabole du levain. — Les ouvriers de notre grandeur nationale. — Un coup d'œil vers le passé. — Restaurons ce qu'il nous avait donné de bon. — La monarchie très chrétienne. — La vision de saint-Vincent de Paul réalisée. — Tu as vaincu, Galiléen!....... 318

LETOUZEY ET ANÉ, Éditeurs, 17, rue du Vieux-Colombier.

VIENT DE PARAITRE :
LES CORPORATIONS DE MÉTIERS
LEUR HISTOIRE, LEUR ESPRIT, LEUR AVENIR
Par Hippolyte BLANC
Chef de division honoraire au Ministère de l'Instruction publique et des Cultes.

2e édit. — 1 vol. in-12 de 422 pag. — Prix : 3 fr. 80

Les conditions économiques au milieu desquelles se débat la société moderne, font peser sur elle une situation pleine de périls. Le travail est intermittent, le salaire irrégulier ou dérisoire, pour les femmes surtout, la concurrence étrangère nous déborde. De là, des souffrances aiguës dans la classe ouvrière, de là, un malaise social qui menace d'aboutir à l'effondrement.

Organiser le travail est de nos jours une question qui ressemble à un insaisissable mirage, tant elle demeure insoluble, malgré les enquêtes répétées du gouvernement ou des sociétés particulières. Néanmoins la France, pendant des siècles, a connu la paix des ateliers sous un régime économique qui donnait satisfaction aux besoins des travailleurs, puisqu'il a duré si longtemps. Ce régime, de plus, avait procuré à notre fabrication une supériorité telle, que même au XVIIIe siècle, époque de la décadence des corporations, on recherchait encore nos produits de tous côtés.

Un peuple, quelque soit la rupture violente opérée dans ses traditions nationales, n'en conserve pas moins les énergies intimes qui constituent les aptitudes de la race. Les Français d'aujourd'hui peuvent donc obtenir les avantages dont jouissaient leurs ancêtres, à la condition toutefois de rester fidèles à ces mêmes aptitudes.

En présence de la stérilité des tentatives faites jusqu'ici pour arriver à la pacification du monde du travail, on ne saurait, dans l'étude des remèdes à appliquer aux maux présents, tenir pour indifférent le système d'autrefois, qui assurait le calme de la vie industrielle, l'excellence de la production.

Ce livre a pour objet de montrer par l'histoire comment la paix sociale avait pris naissance chez les travailleurs, comment elle s'y conservait, comment le travail florissait, ce qu'il faudrait faire pour retrouver aujourd'hui ces biens.

On ne rencontrera pas chez l'auteur, de théorie préconçue, la parole est aux sources historiques. A elles seules donc le mérite de l'enseignement résumé dans cet ouvrage.

LETOUZEY ET ANÉ, Éditeurs, 17, rue du Vieux-Colombier.

VIENT DE PARAITRE :

LA GUERRE AUX ERREURS HISTORIQUES

Par LECOY DE LA MARCHE

Joli volume in-12 de 360 pages.

Prix : **3 fr. 50.**

Malgré les progrès énormes déjà réalisés par la science contemporaine, les erreurs historiques demeurées dans la circulation et entretenues par l'esprit de parti sont aussi nombreuses que les gouttes d'eau dans l'Océan. L'auteur n'a pas entrepris de les relever toutes, ni même de faire un choix des plus importantes. Il a pris au fur et à mesure les différentes questions que les événements publics, la polémique courante, ou l'apparition de livres nouveaux ramenaient sur le tapis, et sur chacune d'elles a lumineusement rétabli la vérité. Le nom du savant historien indique assez dans quel sens et avec quelle supériorité sont traités ces sujets d'actualité, dont les uns appartiennent à l'histoire générale, les autres au moyen-âge, et le plus grand nombre aux temps modernes. Jamais il n'a été déployé autant de verve que dans les études intitulées : *La patrie date-t-elle de 1789 ? — Les catholiques hors la science. — Henri Martin et son système. — Les prêtres soldats. — Mme de Maintenon. — L'avènement de Louis XVII. — L'enseignement avant et pendant la Révolution. — L'enseignement des filles. — Le mariage religieux de Napoléon et de Joséphine. — La crise Irlandaise;* etc., etc.

De fréquentes *indications bibliographiques* renvoient le lecteur aux ouvrages spéciaux.

Sans vouloir réfuter une à une les *objections* des incrédules, on les indique à l'occasion et on en donne une brève solution.

3º La NÉCESSITÉ d'un ouvrage de ce genre n'est pas douteuse. Depuis plusieurs années il est réclamé par les membres du clergé, plus spécialement par les professeurs et les élèves des grands séminaires. On trouve à bon droit Allioli insuffisant, et Ménochius, quoique si excellent, si judicieux, a besoin d'être rajeuni, ou plutôt refondu.

Etudes Religieuses (juillet 1888) :

Un texte d'une correction irréprochable, une traduction exacte, d'un style pur et grave, une analyse fort soignée sous forme de titres et de sommaires qui répondent à des divisions et à des subdivisions bien faites, des notes concises dans lesquelles est condensée la substance des meilleurs travaux anciens et modernes qui ont expliqué le sens littéral de l'Ecriture sainte : voilà ce que le lecteur trouvera dans la Bible traduite et commentée par M. Fillion.

L'auteur, aussi modeste que savant, n'a pas prétendu faire une version nouvelle, il s'est contenté de reproduire la traduction de Sacy qu'il a retouchée en bien des points.

Le commentaire est en français; c'est qu'il ne s'adresse pas seulement aux élèves de théologie et aux prêtres, mais encore aux laïques instruits qui ont du goût pour les études scripturaires. S'il rencontre des objections soulevées par les recherches des savants, il les dissipe en quelques mots, ou s'il en est besoin, il renvoie le lecteur aux ouvrages spéciaux où elles sont amplement réfutées.

Bibliographie Catholique :

M. Fillion, dont les commentaires sur les Evangiles et d'autres travaux exégétiques ont reçu un si bon accueil et si bien mérité, vient de commencer la publication d'un « commentaire succinct de toute la Bible », écrit en français, à l'usage spécialement des « jeunes lévites et des prêtres du ministère, qui n'ont pas le temps de lire les grands traités exégétiques ». On y trouve le texte latin de la Vulgate et, en regard, la traduction de Sacy, retouchée et corrigée; puis, au bas des pages, des notes brèves, où l'auteur s'attache, d'abord, à faire ressortir le plan et l'enchaînement des parties du récit sacré; puis, à éclaircir les passages difficiles et à expliquer, d'après les données les plus récentes de la science, ceux qui touchent à l'histoire, à la géographie, aux sciences de la nature; enfin, à faire remarquer les enseignements dogmatiques et moraux, et même les beautés littéraires du saint livre. Une courte introduction précède le tout; nous devons y signaler une belle dissertation sur ce thème : *Jésus-Christ, centre de la Bible*. L'œuvre du savant professeur de Lyon sera d'une incontestable utilité, et nous lui souhaitons volontiers beaucoup de succès. Ajoutons que l'impression est vraiment belle : d'ailleurs, il suffisait de dire que l'imprimeur est M. Mame, de Tours.

La Controverse.

Le commentaire est tout à la fois succinct et complet. L'auteur, bien au courant des travaux critiques et historiques a su préciser en quelques lignes l'état actuel des questions et suggérer, au besoin, des études plus approfondies. Nous le félicitons surtout d'avoir laissé de côté les explications inutiles, les réflexions oiseuses, si fréquentes dans les travaux de ce genre, même les plus estimés.

Le Muséon.

Nous recommandons cet ouvrage, à tous ceux qui veulent apprendre à connaître, à aimer les saintes Ecritures et à les lire avec utilité.

LETOUZEY ET ANÉ, 17, RUE DU VIEUX-COLOMBIER, PARIS 3

BIBLIA SACRA

JUXTA VULGATÆ EXEMPLARIA ET CORRECTORIA ROMANA
DENUO EDIDIT, DIVISIONIBUS LOGICIS
ANALYSIQUE CONTINUA SENSUM ILLUSTRANTIBUS ORNAVIT

Aloisius Claudius FILLION
Presbyter S. Sulpitii, in Majori Seminario Lugdunensi
Scripturæ Sacræ professor.

Magnifique volume in-8°, de près de 1,400 pages, orné de têtes de chapitres et lettres initiales, caractères très lisibles, *entièrement neufs*, imprimé sur beau papier teinté avec filets rouges.

PRIX................ 10 francs.

| 1/2 rel. chagrin pl. pap.. 2 fr. » | 1/2 rel. ch. pl. t. tr. r.... 2 fr. 75 |
| 1/2 rel. ch. pl. t. tr. jasp. 2 fr. 25 | Ch. pl. tr. d. marb. 1ᵉʳ ch. 10 fr. » |

Ouvrage approuvé par Leurs Éminences les Cardinaux Gibbons, *archevêque de Baltimore,* Langénieux, *archevêque de Reims,* Place, *archevêque de Rennes ; et par Nos Seigneurs les Archevêques et Évêques de* Lyon, Besançon, Bordeaux, Chambéry, Angoulême, Bayeux, Blois, Chalons, Clermont, Coutances, Dijon, Laval, Luçon, Metz, Montpellier, Nevers, Rodez, Soissons, Troyes, Viviers, *etc.*

Rendre la lecture des Saints Livres plus attrayante et plus utile, tel a été le but de M. Fillion en donnant cette nouvelle édition de la *Biblia Sacra*.

La division de la Bible en chapitres n'a pas toujours été très heureuse; de plus dans les éditions ordinaires, quel lecteur, lorsqu'il lui est arrivé de prêter quelque attention aux sommaires placés en tête des chapitres, n'a pas été surpris de voir qu'ils ne font connaître qu'imparfaitement et vaguement soit le fond même, soit la suite des raisonnements ou des faits?

L'auteur, pour remédier à ce double inconvénient, et surtout pour diriger l'esprit des lecteurs plus novices, a divisé le texte d'une façon logique, et l'a accompagné de notes marginales qui fournissent une analyse, succincte sans doute, mais suffisante, du texte sacré.

Les divisions les plus importantes (*parties, sections, paragraphes,* etc.), sont intercalées dans le texte même, de manière toutefois à s'en détacher nettement. La marche des idées ou des événements est indiquée par les notes marginales. Assurément, il eût été impossible de mettre en relief, par un titre rapide, *toutes* les pensées des écrivains sacrés; du moins l'essentiel est indiqué. Aussi est-il très facile, en parcourant ces titres et ces notes de se faire une idée claire de l'ensemble d'un livre et du rapport de ses parties entre elles.

Un autre avantage de cette nouvelle édition, c'est que la poésie s'y distingue de la prose au premier coup d'œil; et le parallélisme, parfaitement marqué, aide à comprendre le sens des morceaux poétiques.

A tous les mérites du fond, la forme du livre en ajoute qui ne sont pas sans valeur. Tous les titres et annotations se fondent harmonieusement dans la composition typographique; les pages ne sont pas surchargées; leur aspect se rapproche beaucoup des éditions les plus soignées des livres de luxe; la teinte du papier et les encadrements de pages en filets rouges, la netteté remarquable du caractère, aussi parfaite qu'elle puisse l'être avec un format aussi manuel, achèvent de donner au livre, dont le prix reste classique, un aspect agréable et attrayant.

Les Études religieuses des RR. PP. Jésuites (Février 1888) :

M. Fillion, dont les divers travaux sur la sainte Écriture ont été fort remarqués, vient de rendre un nouveau service aux lettres sacrées, en donnant une édition du texte de la Vulgate disposée selon une méthode spéciale. Naturellement, l'ordre des livres fixé par le Concile de Trente a été conservé, ainsi que la division par chapitres et par versets. Mais, à cette division traditionnelle, M. Fillion en superpose une autre, *logique et savante*, par livres, sections et paragraphes, sans compter les prologues et les épilogues. Les versets se suivent sans revenir chacun à la ligne; les alinéas répondent au sens. Les titres des principales divisions du texte se dégagent au milieu de la ligne; de courts sommaires émargent en manchettes et résument les faits saillants. Ces titres et ces manchettes sont une perpétuelle analyse du texte et sont d'un grand secours pour en comprendre et en retenir le sens. L'auteur a eu soin aussi de distinguer ce qui est écrit en prose ou en vers dans l'original, c'est-à-dire qu'il a rendu sensible à l'œil le parallélisme, qui est la principale ressource du vers hébraïque.

Disons enfin que la teinte du papier, le choix des caractères, l'élégant encadrement des pages et des marges soulagent les yeux du lecteur et recommandent le goût de l'éditeur et l'art de l'imprimeur.

La Controverse (Janvier 1888) :

M. Fillion était déjà connu et apprécié dans le monde savant par d'importants travaux d'exégèse; mais cette nouvelle édition de la Vulgate lui sera encore plus d'honneur à notre avis que tous ses travaux précédents.

Afin de rendre plus facile l'étude du texte sacré, il a résumé à la marge, dans une analyse logique et continue, la matière de chaque paragraphe.

Signalons aussi avec une toute particulière satisfaction l'impression des livres poétiques d'après le parallélisme des membres...

Le laborieux et savant travail de M. Fillion sera donc d'une incontestable utilité, non seulement aux étudiants de nos séminaires, mais encore aux ecclésiastiques absorbés dans les travaux du saint ministère. Il fera à tous gagner du temps, en fournissant immédiatement des titres, des plans, des divisions pour homélies et sermons. — Aug. LEMANN.

Le Monde (12 Janvier 1888) :

Tout le monde reconnaît l'avantage des versets, qui permettent de se reporter de suite à toute citation de l'Écriture. Mais il n'est personne aussi qui ne se plaigne et n'ait souffert du morcellement du texte qui en est la conséquence. Aussi, catholiques et protestants ont essayé de remédier à ce grave inconvénient. Personne toutefois n'avait conçu et exécuté le projet d'une façon aussi large que M. Fillion. Son ordonnance logique aide beaucoup à l'intelligence du sens général de chaque livre de la Bible : c'est un bienfait de lumière que je ne suis pas seul à avoir éprouvé déjà. Il me semble qu'il n'y a pas à hésiter; cette édition de la Vulgate offre au lecteur une commodité plus grande qu'aucune autre édition parue jusqu'ici; l'analyse qui fait son originalité peut rendre les plus sérieux services. — C. DOUAIS, *Professeur à l'Institut catholique de Toulouse.*

Polybiblion :

Aux anciens chapitres qui parfois troublent le cours de l'ouvrage plus qu'ils ne l'éclairent, aux sommaires de ces chapitres que nul ne lit, tant ils sont défectueux, M. Fillion substitue des divisions logiques qui partagent chaque livre selon l'ordre des faits ou des idées. La distribution en versets, nécessaire pour les citations de l'Écriture, est conservée, mais sans former comme dans les vieilles éditions autant d'alinéas distincts; tout passage à la ligne indique un véritable changement de sujet.

Ces améliorations suffisaient pour assurer à cette nouvelle édition une supériorité incontestable. Le lecteur y trouvera en outre l'avantage d'être guidé sûrement par le titre des sections et des paragraphes. M. Fillion en a fait une sorte de commentaire où il résume en quelques mots les analyses de nos meilleurs exégètes : les grandes divisions donnent leurs vues générales; des titres courants à la marge indiquent le contenu de chaque paragraphe et guident à chaque pas le lecteur. — C. FOUARD.

EXTRAIT DU CATALOGUE

ABELARDI (Petri) — **Opera** hactenus seorsim edita, nunc primum in unum collegit, textum ad fidem librorum editorum scriptorumque recensuit, notas, argumenta, indices adjecit Victor Cousin. 2 vol. in-4°.... 20 fr. »

ALFRED (de Carouge), des Frères Mineurs Capucins. — **Le Tiers-Ordre**, remède social et sanctification du prêtre. In-12 br. 1 fr. 25 ; franco...................... 1 fr. 50

Annuaire des Anciens Élèves de Saint-Sulpice (*Paris et Issy*).
    4ᵉ *Annuaire* (1884), in-12, br................. 1 fr. 50
    5ᵉ *Annuaire* (1888), in-12, br................. 1 fr. 50

ANTONINI (Paul). — **La Vie réelle en Chine**, Chang-Haï, beau vol. in-12...................... 3 fr. 50

<small>Ce livre a tout l'attrait d'un roman et en même temps c'est une œuvre forte, saine, écrite sans passion mais avec une vérité comme aussi avec une parfaite connaissance des mœurs des Chinois.</small>

AUBER (l'abbé), chanoine de Poitiers. — **Histoire et théorie du symbolisme religieux**, avant et après le christianisme, contenant l'explication de tous les moyens symboliques employés dans l'art plastique, monumental ou décoratif, chez les anciens et les modernes, avec les principes de leur application à toutes les parties de l'art chrétien, d'après la Bible, les artistes païens, les Pères de l'Église, les légendes et la pratique du moyen âge et de la Renaissance. 4 beaux vol. in-8............. 12 fr. »

— **Histoire de saint Martin**, abbé de Vertou et de Saint-Jouin de Marnes, et de ses établissements monastiques dans la Bretagne, la Vendée et les pays adjacents. 2ᵉ édit. in-12.. 1 fr. 50

AUBERT (Ed.), chevalier de l'Ordre de Saint-Grégoire-le-Grand. — **La Vallée d'Aoste**, description pittoresque historique et géographique. Beau volume petit in-folio, prix, cart. toile tr. dorées................. 20 fr. »

<small>Superbe ouvrage orné de 33 magnifiques gravures sur acier, 60 gravures sur bois, 30 sujets d'archéologie intercalés dans le texte, 40 écussons d'armoiries et 2 mosaïques en chromo-typographie ainsi qu'une carte de la vallée d'Aoste.</small>

AVRILLON (le P.). — **Conduite** pour passer saintement le temps du Carême, où l'on trouve pour chaque jour une pratique, une méditation et des sentiments sur l'Évangile, des Sentences de la Sainte Ecriture avec la Collecte de la messe et un point de la Passion de N.-S. Jésus-Christ, in-12, de 340 pages.................................. 50 c.

BARBIER (Ant. Alex.). — **Le Dictionnaire des ouvrages anonymes.** Nouvelle et dernière édition (*Paris, Daffis*), revue et considérablement augmentée par Oliv. BARBIER, R. et P. BILLART. 4 forts vol. gr. in-8, à 2 col.   40 fr.

En parlant du premier volume du *Dictionnaire des Anonymes*, nous avons dit les services considérables qu'il rend à tous ceux qui font de la bibliographie l'une des assises de l'histoire. Connaître tout ce qui a été écrit sur un point déterminé, ou sur un fait particulier, doit en effet être le premier soin de l'historien, son travail en quelque sorte préliminaire et préparatoire. Or, ce travail, qui n'est pas sans difficulté à l'égard des livres auxquels les auteurs ont mis leur nom, le devient beaucoup plus pour les ouvrages anonymes. Quelle créance, en effet, ajouter tout d'abord à des témoins dont on ignore l'individualité, la moralité et le rôle dans les événements qu'ils racontent? En publiant son *Dictionnaire des Anonymes*, M. Alexandre Barbier, en le complétant, MM. Olivier Barbier et Billart ont mis en quelque sorte en valeur une immense quantité de livres et de documents qui jusque là étaient en grande partie perdus pour l'histoire.

(*Moniteur universel.*)   Eugène ASSE.

BARBIER (l'abbé Paul). — **Vie de Saint Athanase,** patriarche d'Alexandrie, docteur et père de l'Eglise. Fort vol. in-12, de plus de 450 pages, prix.......... 4 fr.

Dans cette étude pleine d'intérêt, l'auteur a vraiment ressuscité pour les contemporains trop peu soucieux de ces grandes figures des premiers siècles, cet illustre évêque d'Alexandrie, dont l'existence offre, avec des leçons si hautement édifiantes, un intérêt si dramatique et si poignant. Cette histoire d'une grande âme dans un grand siècle a reçu de la plume de M. Barbier une animation merveilleuse. Les luttes du vieil athlète, son énergique apostolat, ses malheurs, ses exils, ses triomphes, tout est magistralement exposé dans un style qui révèle un écrivain. Ceux qui liront ce beau et bon livre y trouveront un charme profond et sauront gré à l'auteur de leur avoir à la fois fait tant de bien et procuré de si douces jouissances littéraires.

BAREILLE (l'abbé). — **Le Radicalisme de la Vérité,** études contemporaines, gr. in-8............... 5 fr.

Ouvrage tout d'actualité sur les questions les plus brûlantes: Le Suffrage universel. — La République. — Le Mariage. — Le Divorce. — L'Athéisme. — La Franc-Maçonnerie. — Le Théâtre. — Le Luxe. — La Famille: Père, mère, jeune homme, jeune fille. — La vertu chrétienne. — Le Corps humain. — Le Sacerdoce: Le Confesseur, l'Episcopat. — Le mystère chrétien. — La Conspiration de l'histoire.

BARONII, RAYNALDI et LADERCHI. — **Annales Ecclesiastici** denuo et accurate excussi. *Bar-le-Duc*, 1864-83, 37 vol. in-fol..................... 350 fr.

BASTARD-D'ESTANG (le vicomte). — **Les Parlements en France.** Essai historique sur leur usage, leur organisation et leur autorité. 2 fort vol. in-8, ornés des blasons des premiers présidents de Paris et de Toulouse.   10 fr.

BEDEL (le P. J.). — **La vie de Pierre Fourier,** dit vulgairement le Père de Mataincourt, réformateur et général des Chanoines Réguliers de la Congrégation de Notre-Sauveur et instituteur des religieuses de la Congrégation de N.-D. Beau vol. in-4°, de 477 pag.　5 fr.

BÉNARD (l'abbé). — **Les Épîtres et Évangiles** des dimanches et fêtes de l'année, expliqués et suivis d'instructions. 5 vol. in-8, de plus de 500 pages. ..... 12 fr.

> Le livre de M. Bénard est remarquable sous tous les rapports : doctrine saine, solide, approfondie ; style correct, élégant, énergique ; méthode claire et logique, tout lui garantit un succès sérieux et durable, malgré les misères et les difficultés de ces temps calamiteux.
> (*Extrait du rapport de M. le chanoine* Gridel, *de Nancy.*)

BÉRULLE (le Card.). — **Discours de l'Estat et des Grandeurs de Jésus.** N^{lle} édit. revue, corrigée et annotée par l'abbé Olivier Piquand. Pet. in-8...... 1 fr. 50

BILLUART. — **Summa Sancti Thomæ** hodiernis academiarum moribus accommodata. Editio nova optimæ Auctoris simillima, a mendis vero vindicata notisque illustrata cum appendice copioso et indicibus locupletissimis rerum scilicet et Scripturæ Sacræ, sub augusto nobilissimoque patrocinio Illustrissimi ac RR. DD. J. Lequette, episcopi Atrebatensis. 9 vol. in-4°, à 2 col............ 40 fr.

BLANC (Hippolyte), chef de division honoraire au ministère de l'Instruction et des Cultes. — **Les Corporations de Métiers,** leur histoire, leur esprit, leur avenir. 1 vol. in-12, br................................ 3 fr. 50

> La discorde divise les ateliers que la paix gouvernait autrefois. De là les grèves, le malaise du travail. Aussi, tout le monde, poussé par l'instinct du vrai, demande, sans connaître au juste l'histoire des corporations, le retour à leur régime. C'est afin d'éclairer la question que M. Blanc, exposant enfin la vérité jusqu'ici défigurée, sur la vie de ces anciennes associations, montre ce qu'elles étaient, ce qu'on y doit reprendre pour obtenir actuellement le bien. Œuvre d'érudition et de discussion, son livre renferme la solution du problème de l'organisation du travail ; il vient à son heure.

BLAVIGNAC. — **Histoire de l'architecture sacrée du IVe au Xe siècle** dans les anciens évêchés de Genève, Lausanne et Sion. 1 fort vol. in-8 de texte, et 1 volume in-fol. de planches.................................. 30 fr.

> Ouvrage fort estimé. Le volume de texte renferme une carte et 36 planches. L'atlas, de 82 planches in-folio, ne contient pas moins de 400 dessins d'ornement d'architecture.

BONNARDOT (Hipp.). — **L'Abbaye de Saint-Antoine-des-Champs.** Étude topographique et historique, 1 vol. gr. in-4°, enrichi de 5 planches et de 3 fac-sim.. 7 fr. 50

BOST (A.), avocat. — **Encyclopédie du contentieux administratif et judiciaire des Conseils de fabriques et des communautés religieuses.** Répertoire général par ordre alphabétique de la législation, de la jurisprudence et de la doctrine sur l'administration temporelle des paroisses et des établissements religieux, avec des formules pour tous les actes qui s'y rattachent. Fort volume gr. in-8, de 744 pages.................................... 5 fr. »

Cet ouvrage est un de ceux dont tout ecclésiastique, chargé de l'administration temporelle d'une paroisse, doit faire l'acquisition, s'il a le sincère désir d'éviter, soit à la fabrique de son église, soit à lui-même, des conflits plus ou moins sérieux.

BRALION (le P.) de l'Oratoire. — **La vie admirable de saint Nicolas.** Nouvelle édit. revue, annotée par le prince Augustin GALITZIN. Joli vol. in-16, sur beau papier vergé, titre rouge et noir, frontispice et fleurons...... 2 fr. 50

BUET (Charles). — **Paul Féval, Souvenirs d'un ami,** Beau volume in-12 de 400 pages............... 3 fr. 50

Une critique très analytique des œuvres du grand conteur, les détails les plus imprévus sur sa vie, sur sa famille, sur sa conversion, des anecdotes piquantes, de nombreux portraits des personnalités littéraires les plus en vue, une grande indépendance de jugement, des citations de Louis Veuillot, de M. de Pontmartin, de Brucker, une foule de notes et de notices suivant au jour le jour les menus incidents du journalisme, tout enfin contribue à faire de ce nouvel ouvrage de M. Charles Buet, un livre des plus intéressants.

— **Les premiers explorateurs Français du Soudan équatorial, Alexandre Vaudey, Ambroise et Jules Poncet.** Joli vol. in-12...................... 3 fr. 50

Il s'agit du consul Alexandre Vaudey, d'Ambroise et Jules Poncet, oncle et beaux-frères de M. Charles Buet, qui a trouvé dans leurs papiers et documents, dans des souvenirs de famille, dans une étude très précise des nouvelles découvertes africaines, de la politique européenne et musulmane en Egypte, les éléments d'un livre extrêmement intéressant.

— **Les Mystères de Villeblanche.** Scènes de la vie électorale en province. Joli vol. in-12 de 320 pages. 3 fr. »

LES MYSTÈRES DE VILLEBLANCHE ont le mérite d'être divertissants d'un bout à l'autre, et le rire y est de franc aloi. Ce serait du Paul de Kock, sans gros mots ni gaillardises : livre excellent à mettre entre toutes les mains, et duquel, sous une forme légère, un style vif et pimpant, ressort la plus sérieuse leçon. Excellent livre pour toutes les bibliothèques populaires.

BUTEL (Fernand), doct. en droit, ancien substitut. — **Le Péril de la Séparation de l'Eglise et de l'Etat.** Jolie brochure in-12 de 156 pages. Prix............ 1 fr. 50

Aucune question n'est plus brûlante que celle des rapports entre l'Eglise et l'Etat : la séparation inscrite dans le programme des radicaux aujourd'hui au pouvoir va, d'un moment à l'autre, être appelée à l'épreuve de la discussion publique. Ce livre donne à chacun les moyens de se faire à ce sujet une opinion sûre et raisonnée. L'auteur commence par poser les principes catholiques sur la matière. Il apprécie ensuite les différents systèmes exprimés ou dissimulés par ce mot « séparation », depuis la séparation libérale à l'américaine jusqu'à l'athéisme officiel de nos gouvernants. Après avoir montré comment la séparation a été préméditée dans les conseils de la Franc-Maçonnerie, et retracé les faits qui, depuis plusieurs années, en ont préparé la réalisation, il fait ressortir quels en seraient les funestes résultats aux points de vue *juridique, financier, politique* et *moral*. Un appendice expose la situation juridique de l'Église catholique dans les divers États chrétiens. Ainsi le lecteur a sous les yeux le résumé et comme le *manuel* le plus complet de la question.

CARTIER (E). — **Lumière et ténèbres.** *Lettres à un franc-maçon.* Un beau volume in-12, de 600 p. 3 fr. 50

L'auteur a évité de répéter ses devanciers et de réimprimer les rituels et les catéchismes des différents grades, que tout le monde connaît, il pénètre dans les arrière-loges pour en surprendre les véritables secrets. Il en dévoile les doctrines antisociales et immorales, d'après l'histoire et des documents d'une authenticité incontestable.

CIOLLI (l'abbé Alex.), examinateur pro-synodal du diocèse de Florence. — **Commentaire pratique des censures latæ sententiæ,** actuellement en vigueur dans l'Eglise, trad. sur la 4ᵉ édit. ital. par l'abbé Séaume, curé du diocèse de Belley. 1 vol. in-12, de 216 pages... 2 fr. 50

CLAIR (le P.) s. j. — **Dies iræ (le). Histoire, traduction, commentaire.** Grand in-16 elzévir, sur papier teinté chiné, orné d'encadrements gravés sur bois d'après les livres d'heures de Simon Vostre, Vérard, Pigouchet, etc.. 3 fr. 50

Ce beau volume, enrichi à chaque page d'encadrements artistiques admirablement appropriés au texte, contient, avec une étude historique et littéraire pleine d'intérêt sur l'admirable poème des Fins dernières, un commentaire tiré de l'Ecriture sainte et des Pères.

Des pages blanches sont réservées aux *souvenirs de famille*, triste et cher mémorial de ceux qui ne sont plus. L'office des Morts, imprimé en appendice, complète ce livre de méditation et de prière, le plus convenable présent qu'on puisse offrir à des parents, à des amis pour témoigner ou pour reconnaître une douloureuse sympathie.

CONSALVI (le Card.). — **Mémoires** publiés avec une introduction et des notes par Crétineau-Joly. 2 beaux vol. in-8, enrichis de 2 gravures en taille-douce et de 8 fac-similés... 10 fr. »

COLLECTION DES CHRONIQUEURS ET TROUVÈRES publiée par l'Académie Royale de Belgique. Beaux volumes gr. in-8ᵉ, sur papier vergé.

Chroniques de Froissart, publiées par le baron Kervyn de Lettenhove, 26 volumes avec cartes....... 70 fr. »

Poésies de Froissart, publiées par Aug. Scheler, 3 volumes... 12 fr. »

Georges Chastellain. Œuvres complètes, publiées par le baron Kervyn de Lettenhove. 8 volumes..... 24 fr. »

Les Chroniques de Jehan le Bel, publiées pour la première fois par Polain, 2 vol.................. 10 fr. »

Philippe de Commines. Lettres et négociations, avec un

commentaire historique et biographique, par M. le baron Kervyn de Lettenhove, 3 volumes............ 10 fr. »

Li Bastards de Buillon, poème du xiv⁰ siècle, d'après le manuscrit unique de la bibliothèque nationale de Paris, par Aug. Scheler, 1 volume.................. 5 fr. »

Bueves de Commarchis, par Adenès li Rois. Chanson de geste, publiée et annotée, par A. Scheler, 1 vol. 6 fr. »

Li Roumans de Cléomadès, par Adenès li Rois, publié d'après un manuscrit de la bibliothèque de l'Arsenal de Paris, par André van Hasselt, 2 vol.......... 10 fr. »

Li Ars d'Amour, de vertu et de bonneurté, par Jehan le Bel, publié d'après un manuscrit de la bibliothèque royale de Bruxelles, par Jules Petit, de la bibliothèque royale, 2 vol................................ 10 fr. »

Dits de Watriquet de Couvin, publiés d'après les manuscrits de Paris et de Bruxelles, par Scheler, 1 vol. 5 fr.

Dits et Contes de Beaudouin de Condé et de son fils Jean de Condé, publiés d'après les manuscrits de Bruxelles, Turin, Rome, Paris et Vienne, et accompagnés de variantes, de notes explicatives et d'un glossaire, par Aug. Scheler, 3 volumes..................... 12 fr. »

Trouvères du XII⁰ au XIV⁰ siècle : Quenes de Béthune — Henri III, duc de Brabant — Gillebert de Berneville — Mathieu de Gand — Jacques de Baisieux — Gauthier le Long, etc. — Chansons d'amour, jeux, partis, pastourelles, dits et fabliaux, publiés par A. Scheler, 1 vol. 5 fr.

COUTURIER. — **Histoire de l'Ancien Testament** rédigée pour l'instruction et l'édification des fidèles. 4 vol. in-12, précédés d'une notice sur M. Couturier. 4 fr. »

DARU, de l'Académie française. — **Histoire de la République de Venise**, 9 beaux vol. in-8, ornés de cartes. 25 f.

Quatrième et dernière édition, précédée d'une notice sur la vie de l'auteur, par Viennet, de l'Académie, et augmentée des critiques et observations de M. Tiepolo et de leur réfutation par le comte Daru.

DAVID (l'abbé). — **De Paris à Naples, ou les étapes du Pèlerin en France, en Suisse et en Italie**, joli vol. in-12, de plus de 500 p. orné de grav. et de cartes. 3 fr. 50

Ce livre est un véritable guide, indispensable pour les catholiques qui font le pèlerinage de Rome. Dans ce but, deux cartes, l'une des chemins de fer de France et l'autre des chemins de fer de l'Italie, ont été insérées dans le texte; elles suffiront amplement pour indiquer la route au voyageur.

DIGNAT (l'abbé Od.), du clergé de Paris. — **Manuel complet de la dévotion au Sacré-Cœur**, 2⁰ édit. in-18 de 200 pages.................................. 1 fr. »

Le même sur papier fort.................................. 1 fr. 25

Ce petit Manuel renferme les règlements et les pratiques en usage dans les Confréries de Saint-Sulpice et de Saint-Paul Saint-Louis, et la traduction du grand office du Sacré-Cœur. Il est orné d'une magnifique gravure sur acier.

DOMENJOU (l'abbé). — **L'Europe et le Pape**, in-8° de 117 pages.................................... 1 fr. »

DORÉ (Gustave). — **Des Agréments d'un voyage d'agrément**, joli album contenant environ 300 dessins format in-4 oblong.................................. 3 fr. »

Cet album, dû au crayon de Gustave Doré, a eu un véritable succès par la verve et le comique achevé; il rivalise avec avantage avec les Topffer et autres. Inutile de dire qu'il peut être mis entre les mains de tout le monde.

DU BOURG (Ant). — **Tableau de l'ancienne organisation du travail** dans le Midi de la France. Corporations ouvrières de la ville de Toulouse (1270 à 1791). In-12. br... 2 fr. »

DU CLOT (l'abbé). — **La Sainte Bible vengée** des attaques de l'incrédulité et justifiée de tout reproche de contradiction avec la raison, avec les monuments de l'histoire, des sciences et des arts, etc. Nouvelle édition précédée d'une notice sur l'abbé Du Clot, 3 vol. in-8°.. 3 fr. »

Les nombreuses éditions de cet ouvrage sont la meilleure preuve de son mérite ; on peut dire qu'il est toujours d'actualité.
Au flot d'écrits impies qui se sont multipliés de nos jours, à tous ces prétendus savants qui, sous prétexte que les sciences ont ouvert de nouveaux horizons, n'ont qu'un but avoué, détruire la religion, l'auteur a répondu victorieusement en réfutant un à un tous les sophismes, et avec un tel succès que son ouvrage a en quelques années atteint plusieurs éditions.

DUQUESNE. — **L'Evangile médité** et distribué pour tous les jours de l'année, suivant la concordance des Evangélistes, 3 vol. in-8...................................... 6 fr. »

FAILLON, prêtre de Saint-Sulpice. — **Vie de Monsieur Olier**, fondateur du Séminaire de Saint-Sulpice. 4ᵉ édit. revue et considérablement augmentée par l'auteur, 3 beaux vol. ornés de 30 grav. sur acier.................. 22 fr. 50

FARGES (Albert), prêtre de Saint-Sulpice. — **Etudes philosophiques** pour vulgariser les théories et d'Aristote et de saint Thomas et leur accord avec les sciences.

T. I. Théorie de l'acte et de la puissance, du moteur et du mobile, (théorie fondamentale), avec une lettre de M. Barthélemy-Saint-Hilaire, membre de l'Institut, forte broch. gr. in-8.. 2 fr. »

T. II. L'objectivité de la perception des sens externes et les théories modernes, forte br. gr. in-8............. 2 fr. »

T. III. Matière et forme en présence des sciences modernes (mémoire admis au Congrès scientifique international), gr. in-8, br.................................. 4 fr. »

T. IV. La Vie et l'Evolution des espèces, grand in-8 raisin de 280 pages. Prix.............................. 4 fr. »

FILLEAU (Jean). — La preuve historique des LITANIES de la grande Reyne SAINCTE RADEGONDE, contenant par abrégé les actions miraculeuses de sa vie, tirée des historiens français. Nouv. éd., annotée par Dom Henri BEAUCHET-FILLEAU, bénédictin, gr. in-8.................... 3 fr. 50

FILLION, prêtre de Saint-Sulpice, professeur au grand séminaire de Lyon. — **Biblia Sacra**, juxta Vulgatæ exemplaria et correctoria romana denuo edita, divisionibus logicis analysique continua sensum illustrantibus ornata. Magn. vol. in-8, de près de 1,400 pages, orné de têtes de chapitres et de lettres initiales, imprimé avec des caractères absolument neufs, sur beau papier teinté, avec filets rouges.................................... 10 fr. »

— **La Sainte Bible** (texte latin et traduction française), commentée d'après la Vulgate et les textes originaux à l'usage des séminaires et du clergé. 8 vol. in-8, br. 60 fr.

Pour les souscripteurs, le prix est réduit à **40 fr.** Le montant de la souscription est payable par fraction après la réception de chaque volume. Le 1er vol. (composé de 3 fascicules) est paru en décembre 1888, les autres suivront successivement. L'ouvrage sera complètement terminé dans les premiers mois de 1891, à moins d'événements imprévus.

FLEURANCE (Gustave de). — **Expulseurs et Expulsés**, précédé d'une préface de Ed. DRUMONT, fort vol. in-12, de plus de 500 pages.......................... 3 fr. 50

Ce livre paraît à son heure. Publié il y a huit ans, il eût semblé une œuvre de polémique; publié il y a trois ou quatre ans, il fût tombé au milieu de l'indifférence d'une nation lâchement résignée au triomphe de la scélératesse et de la force.

Aujourd'hui, il est véritablement un livre d'histoire, car il contient la leçon morale sans laquelle l'histoire ne serait qu'une accumulation de faits incompréhensibles.

FONTAINE, de la Compagnie de Jésus. — **La Chaire de l'Apologétique au XIXe siècle**. Etudes critiques et Portraits contemporains. 1 vol. in-12............. 3 fr. 50

La Chaire et l'Ecole naturaliste, *la Chaire et les Questions sociales*, *la Chaire et le Concile de Trente*, trois études délicieuses qui remplissent la première partie de ce volume.

Le premier chapitre se termine par une magnifique étude sur le P. Lacordaire. On remarque dans le second des pages pleines d'aperçus élevés sur la prédication du XVIIe siècle.

La seconde partie de ce livre offre un intérêt plus actuel encore. C'est tout d'abord la nature de l'apologétique que l'auteur étudie : elle devra être *explicative* et *polémique*. Viennent ensuite les lois de la haute apologétique et de l'apologétique populaire. On pourra peut-être contester çà et là quelques détails : mais les grandes lignes dessinées par l'auteur, demeurent certainement en dehors et au-dessus de toute atteinte.

Enfin le volume se termine par une étude approfondie sur l'apologétique et les sciences historiques.

FROISSART. — **Œuvres** publiées par le baron Kervyn de Lettenhove, 29 vol. ornés de cartes et de grav.   75 fr.   »

C'est l'édition la plus complète et la plus savante des ouvrages de l'illustre chroniqueur de la guerre de Cent ans.

L'éditeur a comparé, soit par lui-même, soit à l'aide de transcriptions partielles mises à sa disposition avec beaucoup d'obligeance, les manuscrits de Paris, Valenciennes, Cambrai, Besançon, Carpentras, Toulouse, Rome, Berne, Breslau, Bruxelles, Mons, La Haye, Leyde, Londres, Glasgow, Cheltenham, etc. Il a pu constater que les manuscrits où la forme s'est le mieux conservée, sont aussi les plus exacts sous tous les rapports.

GIBON, secrétaire de la Société générale d'Éducation. — **Les Lycées de filles en 1887**, précédé d'une lettre d'introduction de Mgr Perraud. In-8.............. 1 fr. 50

GRANGE (Jean). — **Les récits du Commissaire.** Un volume in-12..................... 3 fr. 50

Parmi les livres qui défendent la cause de la justice et de la vérité, les livres alertes et vaillants que M. Jean Grange prodigue depuis plus de vingt ans, avec une verve intarissable et un infatigable courage, ont leur place marquée non seulement dans les bibliothèques populaires, mais dans celle de tout homme de goût.

GRIDEL (l'abbé). — **De l'Ordre surnaturel et divin.** Beau vol. in-8, de VIII-512 pages.............. 2 f. 50

GUERIN (l'abbé). — **Manuel de l'histoire des Conciles**, ou traité théologique, dogmatique, critique, analytique et chronologique des Conciles et des Synodes, 2ᵉ édit., 2 forts vol. in-8..................... 5 fr.   »

HATIN (Eug.). — **Bibliographie de la presse.** Bibliographie historique et critique de la presse périodique française. Fort vol. gr. in-8 à 2 col............... 8 fr.   »

Catalogue systématique et raisonné de tous les écrits périodiques de quelque valeur publiés ou ayant circulé en France depuis l'origine du journal jusqu'à nos jours, avec extraits, notes historiques et critiques, indication des prix que les principaux journaux ont atteints dans les ventes publiques, etc., précédé d'un essai sur la naissance et les progrès de la presse périodique, etc.

— **Histoire politique et littéraire de la presse en France**, avec une introduction historique sur les origines du journal et la bibliographie générale des journaux depuis leur origine. 8 volumes grand in-12.............. 20 fr.   »

ISOCRATE. — **Œuvres complètes.** Traduction nouvelle avec le texte grec en regard, par le duc de Clermont-Tonnerre. 3 forts vol. gr. in-8.............. 10 fr.   »

Belle édition, jolis caractères et magnifique papier vélin

JAGER (Mgr). — **Histoire de l'Église catholique en France** d'après les documents les plus authentiques, depuis son origine jusqu'au Concordat de Pie VII. 21 volumes in-8, br........................ 45 fr. »

KELLERHOVEN. — **Légende de sainte Ursule et de ses Onze Vierges**, d'après les anciens tableaux de l'église Sainte-Ursule à Cologne, reproduits en chromolithographie, texte par Dutron. Beau vol. in-4...... 60 fr. »

Cet ouvrage est une des plus remarquables publications de Kellerhoven, à qui l'on doit tant de chefs-d'œuvre en ce genre. Outre les 22 superbes planches reproduites par la chromolithographie, chaque page du volume est entourée de larges encadrements gravés sur bois, dans le style du xve siècle, et représentant tous les actes et les miracles de sainte Ursule.

KLOPP (le doct. O.) — **Frédéric II, roi de Prusse, et la nation allemande**, traduit par E. de Borghrave, 2 beaux vol. in-8......................... 4 fr. »

Voilà un de ces livres consciencieux, solides, vrais, qui malheureusement sont trop rares. Disons de suite qu'il a le triple mérite d'être neuf, de toucher à un grand sujet et de briser le piédestal où avait été placé un despote, ennemi de l'Allemagne et de la France, non moins que de la religion, de la justice et de toute honnêteté. Cet ouvrage a été au-delà du Rhin salué par un cri d'admiration en même temps qu'il soulevait d'étranges colères. Il est calme cependant, bien qu'il ne manque pas d'une certaine chaleur communicative que son interprète français a rendu avec bonheur dans sa traduction élégante autant que fidèle. *Revue des questions historiques.*

LAMURE, chanoine de l'Église royale de Montbrison. — **Histoire des ducs de Bourbon et des comtes de Forez**, en forme d'annales sur preuves authentiques, servant d'augmentation à l'histoire du pays de Forez, et d'illustrations à celle des pays de Lyonnais, Beaujolais, Bourbonnais, Dauphiné et Auvergne et aux généalogies tant de la maison royale que des plus illustres maisons du royaume; publié d'après un manuscrit de la bibliothèque de Montbrison, par M. Chantelauze, 3 superbes vol. in-4. 70 fr.

LAPRADE (Vict. de), de l'Académie française. — **Pernette**, poème illustré de 27 compositions de J. Didier. Beau volume, grand in-8...................... 6 fr. »

Ce poème est certainement l'un des chefs-d'œuvre de V. de Laprade. Avec un goût exquis, le poète nous a retracé un de ces terribles épisodes des guerres du premier Empire. Il a su faire de son héroïne un type du plus mâle courage et aussi de la plus noble résignation.
Les illustrations sont à la hauteur du poème. J. Didier, avec un véritable talent, a donné la vie aux nobles pensées du poète.
Ajoutons que l'ouvrage a été imprimé avec le plus grand soin.

LE CAMUS (l'abbé) docteur en théologie. — **Vie de N.-S. Jésus-Christ**, 2e édit. ornée d'une carte de la Palestine et d'un plan de Jérusalem. 3 vol. in-8......... 18 fr.
Le même ouvrage, 4e édit. 3 vol. in-12......... 10 fr. 50

Ouvrage honoré d'un bref de Sa Sainteté Léon XIII, et de l'approbation de NN. SS. les Archevêques et Évêques de Carcassonne, Chambéry, Tours, Rouen, Rennes, Alger, Albi, Cahors, Nîmes, Autun, etc., etc.
Cette *Vie de N.-S. Jésus-Christ* était à peine en vente qu'elle prenait déjà

le meilleur rang parmi les plus importants travaux qui ont été faits sur la vie de N.-S.

Établir, comme ses prédécesseurs, une simple harmonie des Évangiles avec quelques rares commentaires, ne lui a pas semblé suffisamment répondre aux besoins de notre génération. Il a donc médité avec patience, pendant douze ans, les documents évangéliques, il les a envisagés sous tous leurs aspects, d'après les recherches de l'exégèse la plus moderne, et puis, faisant appel à la science historique la plus autorisée et aux relations des voyageurs les plus célèbres, il a écrit une véritable Vie de Jésus.

Théologien éminent, il y aborde les questions les plus hardies du dogme chrétien, de la morale évangélique et même de la plus haute spiritualité. Chaque parole du Maître appelle son attention et, avec une logique aussi nette que vigoureuse, il y fait entrevoir tout ce que l'Église catholique devait en tirer dans la suite des âges.

LECANU (l'abbé). — **Histoire de la sainte Vierge**, d'après les Évangiles, les prophéties, les documents des premiers siècles chrétiens, les monuments de l'Égypte et de la Palestine et l'enseignement de l'Église. Beau vol. in-8. 3 fr.

LECOY DE LA MARCHE. — **La guerre aux Erreurs historiques.** Beau vol. in-12 de 400 pages environ. Prix .... 3 fr. 50

Malgré les progrès énormes déjà réalisés par la science contemporaine, les erreurs historiques demeurées dans la circulation et entretenues par l'esprit de parti sont aussi nombreuses que les gouttes d'eau dans l'Océan. L'auteur n'a pas entrepris de les relever toutes, ni même de faire un choix des plus importantes. Il a pris au fur et à mesure les différentes questions que les événements publics, la polémique courante ou l'apparition de livres nouveaux ramenaient sur le tapis, et sur chacune d'elles a lumineusement rétabli la vérité. Le nom du savant historien indique assez dans quel sens et avec quel supériorité sont traités ces sujets d'actualité, dont les uns appartiennent à l'histoire générale, les autres au moyen-âge, et le plus grand nombre aux temps modernes. Jamais il n'avait déployé autant de verve dans que les études intitulées : *La patrie date-t-elle de 1789 ?* — *Les catholiques hors la science.* — *Henri Martin et son système.* — *Les prêtres soldats.* — *Mme de Maintenon.* — *L'avènement de Louis XVII.* — *L'enseignement avant et pendant la Révolution.* — *L'enseignement des filles.* — *Le mariage religieux de Napoléon et de Joséphine.* — *La crise irlandaise* ; etc., etc.

LE MAISTRE DE SACY. — **Le saint Évangile selon la concordance des quatre Évangélistes**, suivi des autres livres du Nouveau Testament, *Épîtres et Apocalypse*, fort vol. in-18 de 688 pages................... 0 fr. 75

LEMARCHAND (Le P.), s. j. — **Exercices spirituels de saint Ignace**, principes et vérités fondamentales de la vie chrétienne, 3ᵉ édit. 2 vol. in-8, br............. 7 fr. »

Ouvrage approuvé par Mgr Marchal, archevêque de Bourges, NN. SS. les évêques de Laval, Angoulême, Langres, Quimper, Nantes, Séez, etc.

En lisant les exercices spirituels de saint Ignace, on reconnaît avec admiration que leur auteur avait une profonde connaissance non seulement de la vie spirituelle, mais encore de la nature humaine qui veut embrasser les lois de cette vie pour arriver à la perfection.

On trouve dans les exercices une admirable stratégie la plus propre à assurer dans les âmes le triomphe de la vertu chrétienne. Aussi saint François de Sales disait que l'ouvrage de saint Ignace avait converti plus de personnes qu'il ne contient de lettres... Mais qu'on ne l'oublie pas, les Exer-

cices sont un simple canevas, un programme admirable qui demande des développements, aussi le chrétien qui les suit doit se soumettre à la direction d'un homme rempli de l'esprit de saint Ignace, et qui sache l'appliquer aux différentes conditions, aux divers états de la vie. D'habiles maîtres de la vie spirituelle en développant les Exercices, nous ont donné d'excellents ouvrages, parmi lesquels on compte plus d'un chef-d'œuvre. Celui du P. Lemarchand, nous n'en doutons pas, prendra rang parmi les meilleurs. Il donne à l'esprit et au cœur l'aliment le plus substantiel et le style est toujours à la hauteur du sujet sans rien perdre de sa simplicité. A plusieurs égards, on peut appliquer à ce commentaire ce que nous avons dit du texte lui-même. En un mot, cet ouvrage mérite au plus haut degré les éloges d'ailleurs si bien motivés que lui donnent plusieurs de nos plus illustres évêques.
(*Annales du Saint-Sacrement*).

LEROUX. — **La Franc-Maçonnerie sous la 3ᵐᵉ République**, d'après les discours maçonniques prononcés dans les loges par les FF∴ Brisson, Jules Ferry, Albert Ferry, Le Royer, Floquet, Andrieux, Clémenceau, Emmanuel Arago, de Hérédia, Caubet, Anatole de la Forge, Paul Bert, etc., 2ᵉ éd.; 2 beaux vol. in-12 de plus de 450 p. 7 fr.

Cet ouvrage, recueil unique de documents indiscutables, est un monument de la haine hypocrite que la Franc-Maçonnerie porte à la religion et à la société. Pris au milieu de mille autres, ils ont été groupés avec soin de manière à faire voir l'unité parfaite qui règne dans tout leur ensemble.

Ce genre de publication, dit le *Polybiblion*, était indispensable pour mettre aux mains des publicistes et des hommes politiques, un véritable arsenal où ils trouveront les meilleures armes pour confondre les sectaires qui sont en train de perdre la France.

LE ROY DE SAINTE-CROIX. — **Les quatre cardinaux de Rohan** (évêques de Strasbourg), en Alsace. Un joli vol. gr. in-8, br.............................. 2 fr. 50

MARIOTTE. — **Le suffrage universel en France**, 1 vol. in-12 de 180 pages................................. 1 fr. 50

Le but de cet ouvrage est de rechercher dans cette institution les causes des ruines qui ont assailli la France sous le second Empire et la troisième République, et de déterminer les modifications nécessaires pour en prévenir le retour.

L'auteur conclut en montrant la nécessité de la rectifier en conformité des enseignements de l'histoire, et il convie les hommes modérés de tous les partis à s'unir pour réaliser ce but suprême.

MASSILLON. — **Petit Carême** suivi du sermon sur les vices et les vertus des grands. In-12, br......... 1 fr. »

Cette charmante édition qui fait partie de la *Collection dédiée aux amateurs de l'art typographique*, est une véritable édition de luxe, remarquable par la correction.

MERIC, professeur à la Sorbonne, docteur en théologie des Facultés de Paris, Rome, et Wurtzbourg. — **Le Merveilleux et la Science**, étude sur l'*Hypnotisme*. Beau vol in-8, 5ᵉ édit. de 450 pages..................... 7 fr. »

Le même, 6ᵉ édit. in-12, de 450 pages......... 3 fr. 50

Dans ce remarquable ouvrage, le célèbre professeur de la Sorbonne, déjà connu dans toute l'Europe par ses écrits, M. Meric, s'est proposé de répondre aux objections des physiologistes contre le spiritualisme et le surnaturel; d'éclairer tous ses lecteurs sur le caractère, l'origine et la nature du merveilleux et d'indiquer au clergé en s'appuyant sur les décisions romaines, ce qui est permis et ce qui est défendu dans cette matière.

Un des grands avantages de ce livre si remarquable, c'est de nous donner enfin des idées claires sur tous les phénomènes confus de spiritisme, d'hypnotisme, de magnétisme, dont on parle sans cesse et qu'on connaît si mal. Aussi nous ne doutons pas qu'il fera la lumière dans un grand nombre d'esprits.

MICHAUD et POUJOULAT. — **Nouvelle Collection de mémoires sur l'histoire de France**, avec des notices pour caractériser chaque auteur et son époque et l'analyse des documents historiques qui s'y rapportent. 34 forts vol. gr. in-8 à 2 col., brochés.................... 175 fr. »

MIELOT (Jean), secrétaire de Philippe le Bon, duc de Bourgogne. — **Vie de sainte Catherine d'Alexandrie**, texte revu et rapproché du français moderne, par Marius Sepet, de la Bibliothèque Nationale. Beau vol. in-4, très richement illustré.................... 20 fr. »

Ce volume renferme 12 belles chromolithographies, dont 4 en camaïeu, exactement semblables à celles du manuscrit; 14 grandes gravures hors texte imprimées en noir, en ton Chine, avec réserve de lumière, et 24 jolies gravures dans le texte. En outre, chaque page est entourée d'ornements variés et de scènes de la vie de la Sainte, formant plus de 400 dessins imprimés en couleurs.

MOLINA (le P. A. de). — **Le Prêtre** d'après l'Écriture Sainte, les Saints Pères et les docteurs de l'Église. 2 beaux vol. in-12.................... 7 fr. »

Il y a peu d'ouvrages qui aient été plus généralement estimés et qui aient mérité une approbation plus particulière. Rien ne manque de tout ce qui sert principalement à relever le prix et l'excellence d'un livre; car, soit qu'on le considère par rapport au mérite et à la suffisance de l'auteur, soit que l'on en juge par la dignité des matières qu'il traite et par la manière dont elles y sont traitées, ou même par celle avec laquelle il a été reçu du public, on ne trouvera rien par tous ces différents endroits qui ne conspire à le faire regarder comme un ouvrage excellent en toutes manières.

MONBRUN (Alf.). — **Carmel et Sanctuaire du Pater Noster** à Jérusalem. 2ᵉ édition ornée de dessins, in-8, prix.................... 3 fr. 50

MONSEIGNAT (Ch. de). — **Un Chapitre de la Révolution** ou histoire des journaux de 1789 à 1799, précédée d'une notice historique sur les journaux. In-12. 2 fr. »

MORLOT (le Card.). — **Explication de la doctrine chrétienne** en forme de lecture tirée du Catéchisme dogmatique et moral de Couturier, ancien curé de Léry, 2ᵉ éd. revue et corrigée. 2 forts vol. in-12.................... 2 fr. 50

NETTANCOURT (De). — **L'Acqua Tofana**, recherche sur le poison maçonnique. Jolie brochure in-12.... 0 fr. 75

NEWMANN (le R. P.). — **Théorie de la croyance religieuse.** Discours prononcés devant l'Université d'Oxford, traduits de l'anglais par l'abbé Déferrière. 1 volume in-8.. 2 fr. »

NIQUET (doct. en théologie, ancien direct. au Grand Sém. de Sommervieu). — **Mois de Juin des Séminaires,** ou le Séminariste à l'Ecole du Sacré-Cœur de Jésus. Joli vol. in-18, orné d'encadrement rouges............. 0 fr. 80
Cartonnage toile...................................... 1 fr. 10

— **Mois de Mars** des grands et des petits Séminaires, ou le Séminariste à l'Ecole de Saint-Joseph, 2ᵉ édit. Joli vol. in-18, orné d'encadrements rouges............ 0 fr. 80
Cartonnage toile...................................... 1 fr. 10

PARISOT (l'abbé) professeur au Grand Séminaire de Nancy. — **Esprit de saint Charles Borromée,** cardinal-archevêque de Milan, précédé de l'abrégé de sa vie par un prêtre du diocèse de Nancy. Joli vol. gr. in-18, br.... 0 fr. 50

PETITOT (Em.), ancien missionnaire, officier d'Académie, lauréat des Sociétés de géographie de Paris et de Londres. — **En route pour la mer Glaciale,** beau vol. in-12, ornés de 6 grav. inédites hors texte............ 3 fr. 50
Vingt ans de séjour dans les territoires canadiens du Nord-Ouest, vingt-cinq mille lieues d'incessantes pérégrinations divisées en quatre-vingt-seize voyages de long cours, sur la terre et sur l'onde, voilà ce que l'auteur raconte avec verve et entrain.

PLACE (Vict.) consul général. — **Ninive et l'Assyrie,** avec des essais de restauration par F. Thomas. 3 vol. gr. in-fol... 200 fr. »
Splendide publication composée de deux volumes de texte et d'un volume de planches gravées sur acier par les meilleurs artistes, et imprimées en noir et en couleur. L'auteur après avoir examiné en détail toutes les ruines et restauré les monuments, retrace l'image de ce grand peuple disparu. Il fait connaitre le degré de civilisation qu'il a atteint et expose l'état des arts, des sciences et de l'industrie ninivites.

PROCLI philosophici Platonici, — pera Inedita quæ primus olim e codd. mss. Parisiensis Italicisque vulgaverat, nunc secundis curis emendavit et auxit Victor Cousin. Fort vol. in-4................................. 10 fr. »
Edition grecque-latine estimée et très recherchée.

Propres de Saint-Sulpice (prix nets).
Propres pour Missel, gr. in-fol............... 2 fr. »
— — petit in-fol............. 1 fr. 75
— — in-4°, encadré.......... 1 fr. 50
— — in-4°, non encadré...... 1 fr. 25

Propres pour Bréviaires, in-12.................. 1 fr. 10
— — in-18.................. 1 fr. 10
Offices notés.................................. 0 fr. 60

QUÉRARD. — **Les Supercheries littéraires dévoilées.**
Nouvelle et dernière édition (Paris, Daffis), revue et considérablement augmentée par G. BRUNET et P. JANNET, 3 forts volumes grand in-8 à 2 col............ 30 fr.

... Les *Supercheries*, ne s'adressent pas seulement aux savants de profession. Leur place est dans toute bibliothèque un peu complète, et les gens du monde trouveront dans la lecture — à petite dose — de cet ouvrage mille traits curieux de révélations malignes, qui ne touchent pas seulement aux auteurs des derniers siècles, mais à ceux du temps présent, et qui seront pour le lecteur une source féconde en surprises.

RENAUDET, prêtre de Saint-Sulpice. — **Mois de Marie** à l'usage des séminaires et du clergé, 7e édit. Joli vol. in-32, de 176 pages............................ 0 fr. 65
Cartonnage toilé........................... 0 fr. 90

On trouvera dans cet ouvrage la doctrine spirituelle la plus saine et la plus solide, exposée dans un langage clair, précis et ferme, nous espérons qu'il contribuera, suivant le désir de M. Renaudet, à répandre dans les âmes sacerdotales une tendre dévotion envers Marie, la reine du clergé, en même temps qu'un désir ardent d'imiter ses vertus.

RODRIGUEZ (le P. Alp.). — Jésus-Christ, *Trésor du Chrétien, la Sainte Communion et la Sainte Messe.* Nouvelle édit. par le P. Ch. CLAIR, de la Compagnie de Jésus. 2 jolis vol. in-8 elzévir sur papier teinté chamois, ornés de têtes de chapitre, culs-de-lampe, lettres ornées, et enrichis de deux belles gravures de Phil. GALLE. (XVIe siècle). Prix, les 2 vol................................... 1 fr. 50

ROHAULT DE FLEURY (Ch.), ancien élève de l'école Polytechnique, officier de la Légion d'honneur. — **Mémoires sur les instruments de la Passion**, de N.-S. Jésus-Christ. Magnifique volume in-4, imprimé en caractères elzéviriens, sur fort et beau papier vergé, orné de 23 planches sur acier et de nombreux bois dans le texte, broché...................................... 25 fr.
Richement cartonné, toile rouge, dentelles or sur plats, tr. dorées................................... 30 fr.
Demi-reliure chagrin rouge, dentelles or sur plats, tranches dorées................................... 35 fr.

Ce livre s'adresse à l'historien, à l'archéologue, à l'artiste, à tous les fidèles, et même au sceptique. Tous les soins apportés à l'impression de ce beau livre lui donnent place dans la Bibliothèque choisie des Bibliophiles, et les personnes pieuses y trouveront l'apologie des reliques de la Passion.

RONDOT (l'abbé Charles). — Histoire de la mère *Marie de Jésus*, fondatrice des Filles du Cœur Immaculé de Marie, à Saint-Loup-sur-Aujon (Haute-Marne), et sa correspondance avec Mgr Parisis. Beau vol. in-8 de 506 p. 5 fr.

SAULCY (F. de) de l'Institut. — **Numismatique de la Terre Sainte**. Beau volume gr. in-4, enrichi de 25 planches gravées par Bardel .... 30 fr. »

<small>Importante publication, fruit de vingt années de recherches. Outre les 25 grandes planches gravées, qui ne comprennent pas moins de 2,000 figures de médailles, on compte au moins 1,200 inscriptions relevées dans le texte. — Le tout accompagné de commentaires historiques et critiques. — Ouvrage tiré à petit nombre.</small>

TAXIL (Léo). — **Révélations complètes sur la Franc-Maçonnerie**, 4 forts volumes in-12 d'environ 450 pages. Prix de chaque volume .... 3 fr. 50

1° **Les Frères Trois-Points**, organisation, grades et secrets des Francs-Maçons, 40° édit. 2 beaux vol. in-12 de 430 pages et 460 pages. Prix .... 7 fr. »

2° **Le Culte du Grand Architecte**. Solennités des temples maçonniques, Carbonari, juges philosophes, liste des loges et arrière-loges. — 25° édit. Beau vol. in-12 de 416 pages. Prix .... 3 fr. 50

3° **Les Sœurs Maçonnes** ou Franc-Maçonnerie des dames, 28° édit. Beau vol. in-12 de 400 pages. Prix... 3 fr. 50

— **Les Mystères de la Franc-Maçonnerie dévoilés**. Beau vol. grand in-8 jésus, orné de plus de 100 magn. dessins par les meilleurs artistes. Prix .... 10 fr. »

Se vend aussi par séries à 50 cent. (20 séries).

<small>Cet ouvrage d'une importance capitale, est certainement le plus clair de tous ceux qui ont été publiés sur la Franc-Maçonnerie. Il n'est pas une révélation de l'auteur qui ne soit accompagnée d'un document à l'appui. Dès ses premières divulgations, en 1885, M. Léo Taxil a montré qu'il était armé de toutes pièces, et il a si bien établi que pas un Franc-Maçon n'a osé contester l'existence des rituels reproduits dans *les Frères Trois-Points, le Culte du Grand Architecte et les Sœurs maçonnes*, ni l'exactitude des récits impartiaux de l'auteur. Quelques journaux, inféodés à la Franc-Maçonnerie, ont crié à la trahison; mais aucun n'a songé un instant à nier : ils savaient bien qu'en présence d'une lumière aussi éclatante, le moindre démenti ne pouvait être opposé à une publication étayée par les documents les plus authentiques. M. Léo Taxil a donné à son œuvre une nouvelle forme ; c'est un ouvrage vraiment encyclopédique qu'il écrit au sujet de la Franc-Maçonnerie, Tout est passé en revue, tout est exposé avec une netteté et une précision dont personne n'a approché jusqu'à ce jour. Enfin, ce qui rend cet ouvrage parfait, c'est l'accompagnement du texte par des dessins explicatifs, rendant, d'une manière irréprochable, la physionomie de tous les incidents mystérieux les plus saillants des Loges et Arrière-Loges.</small>

— **Le Vatican et les Francs-Maçons**, ouvrage contenant comme documents tous les actes apostoliques du Saint-Siège contre la Franc-Maçonnerie. — Jolie brochure in-12, de 128 pages. Prix .... 1 fr. »

— **La Franc-Maçonnerie dévoilée et expliquée**, édition populaire résumant les révélations complètes. Fort volume in-8, de 320 pages. Prix .... 2 fr. »

<small>Ce volume est un abrégé fort bien fait des quatre volumes qu'a publiés M. Léo Taxil. Ses extraits sont habilement choisis; ils sont présentés</small>

sous la forme d'un récit complet parfaitement lié et offrent un vif intérêt à la lecture. C'est un excellent livre de propagande. Il convient non seulement au peuple, mais encore aux lecteurs qui n'ont qu'un temps limité pour prendre une connaissance générale de la question de la Franc-Maçonnerie, et qui sont disposés à croire l'auteur en sachant qu'il a publié ailleurs les documents sur lesquels il s'appuie. (*Polybiblion*.)

— **Confessions d'un ex-libre-penseur**, 42ᵉ édition, beau volume in-12 de 400 pages. Prix............. 3 fr. 50

Le succès de cet ouvrage est dû au nom de l'auteur et à la nature du sujet, l'un et l'autre étant évidemment propres à piquer la curiosité publique.

L'auteur! un homme encore jeune (il a trente-trois ans), qui fut pendant dix ans le plus résolu des soldats de l'armée antireligieuse, le plus entreprenant, le plus audacieux, sinon le plus haineux! Un homme dont l'effrayante réputation avait franchi même les frontières de son pays, et qui insufflait jusqu'à l'étranger la haine la plus ardente contre l'Eglise et ses ministres Cet homme, frappé un jour par un coup de grâce aussi miséricordieux qu'inespéré, regarde d'un œil épouvanté le chemin parcouru et le mal accompli. Pris de terreur, il songe un instant à s'ensevelir dans une retraite profonde et à faire oublier une renommée dont il a honte en ce jour. Mais une voix autorisée le retient et lui dit : « Avec cette même arme dont vous vous êtes si indignement servi contre Dieu, vous défendrez maintenant sa cause. Que votre plume fasse maintenant autant de bien qu'elle a fait de mal ! »

Léo Taxil a écouté cette voix et il a commencé son œuvre de réparation.

Aux catholiques qui se méfient, je ne puis que dire : « Lisez *les Confessions*, et si vous ne sentez pas l'accent de sincérité dans le repentir qu'elles renferment, je ne me sens pas de force à tâcher de vous convaincre. »

(*L'Eclair*, de Lyon, 5 février 1887.)

— **Histoire d'une chute et d'une conversion.** *Extraits populaires des Confessions d'un ex-libre-penseur*, In-18 de 123 pages. Prix............. 0 fr. 50

TESSIER, curé de Deuil. — **Saint Eugène.** Le culte de ses reliques à travers les siècles. Beau vol. in-8, orné de 6 gravures. Prix............. 6 fr. »

TISSOT, doyen de la Faculté des lettres de Dijon. — **Principes de morale**, leur caractère rationnel et universel, leur application. Beau vol. in-8 de 534 pages. . 3 fr. »

VECELLIO (Cesare). — **Costumes anciens et modernes.** 2 beaux volumes in-8............. 15 fr. »

Ce recueil contient *cinq cent treize figures* dessinées par Gérard-Séguin, gravées sur bois par Huyot, et accompagnées de l'explication en italien et en français; le tout dans de jolis encadrements historiés. Ce bel ouvrage offre aux artistes en tous genres un choix nombreux de modèles aussi exacts que pittoresques, et au public ami des arts un ensemble d'objets agréables et instructifs.

ZALENSKI (le P.) s. j. — **Les Jésuites de la Russie-Blanche**, ouvrage traduit du polonais, par le R. P. Alex. Vivier, de la même Compagnie. 2 beaux vol. in-8. 12 fr

L'histoire complète de la Compagnie de Jésus, depuis le bref de Clément XIV jusqu'à la bulle de Pie VII (1713-1814), n'avait pas encore été écrite. L'auteur, abondamment pourvu de documents authentiques, s'est bien acquitté de la tâche qu'il s'était imposée et a comblé cette regrettable lacune. Il a embrassé largement son sujet et mené le récit, non seulement jusqu'à 1814 ou 1831, mais jusqu'à 1875, année où il écrivait encore sous les yeux et comme sous la dictée des derniers survivants de la Russie Blanche.

Cours de Maçonnerie pratique, enseignement supérieur de la Franc-Maçonnerie, (rite écossais ancien et accepté), 2 très forts vol. in-12, de plus de 500 pages, ornés de planches explicatives.................................. 7 fr. »

Nous ne saurions trop attirer l'attention sur ce document d'une authenticité absolue. L'auteur, mieux que personne, pouvait juger la Franc-Maçonnerie. Pourvu de tous les degrés, il a passé la plus grande partie de sa vie à compulser tous les ouvrages secrets de la secte.
Mais les horreurs et la perversité que l'on rencontre à chaque page, nous n'avons pas hésité à publier cet ouvrage capital qui jette un jour tout nouveau sur les doctrines immorales et socialistes de la Secte.

L'Education des jeunes filles sous l'influence de la foi, par Mme AUGUSTINE DE G. R. Joli vol. in-12 de 380 p. 1 fr.

L'auteur développe avec succès la pensée de Fénelon : J'estime fort l'éducation d'un bon couvent, mais je compte encore plus sur celle d'une bonne mère.

Nouveau manuel de l'écolier chrétien, suivi des règles concernant la politesse. Ouvrage destiné aux élèves des petits séminaires et autres établissements religieux, par un Supérieur de Grand Séminaire. In-18 jésus de 350 p. br.. 0 fr. 70

Nous recommandons tout particulièrement à l'attention de MM. les Supérieurs de nos petits séminaires et de nos maisons ecclésiastiques le *Nouveau manuel de l'écolier chrétien*.
Ce livre, inspiré par le plus sincère dévouement à la jeunesse, dicté par une expérience consommée, écrit enfin avec la piété la plus tendre et la plus persuasive, nous paraît appelé à faire un bien réel à nos chers enfants et à concourir pour une part sérieuse au bonheur de l'Eglise, de la famille et de la société.

ABEL, *évêque de Coutances et d'Avranches.*

Vie de Mollevaut, prêtre de St-Sulpice, ancien supérieur de la Solitude, par un prêtre de St-Sulpice, 1 vol. in-12 de 470 pages, orné de gravures................... 2 fr. »

AVIS IMPORTANT

Nous possédons un assortiment des plus variés en livres d'occasion tant anciens que modernes. Le catalogue en est envoyé gratuitement à toute personne qui en fait la demande.

Dans l'intérêt des personnes qui auraient une bibliothèque à vendre ou des livres à céder, nous leur conseillons de ne pas s'en débarrasser sans nous avoir consultés.

Nous achetons au comptant et au maximum de leur valeur les publications des éditeurs Migne, Vivès, Gaume, Palmé, etc., et en général tous les ouvrages de théologie, littérature, histoire, etc.

24 LETOUZEY ET ANÉ, 17, RUE DU VIEUX-COLOMBIER, PARIS

(Nouvelle acquisition)

F. C. R. BILLUART

SUMMA SANCTI THOMÆ

HODIERNIS ACADEMIARUM MORIBUS ACCOMMODATA

EDITIO NOVA

optimæ auctoris simillima, a mendis vero vindicata notisque illustrata,
cum indicibus locupletissimis rerum scilicet et Scripturæ sacræ,

SUB AUGUSTO NOBILISSIMOQUE PATROCINIO ILLUSTRISSIMI AC RR. DD.

J.-J.-B. LEQUETTE

Episcopi Atrebatensis, Boloniensis et Audomarensis.

9 volumes in-4°, à deux colonnes. — Prix : 40 fr.

On sait avec quelle instance Sa Sainteté Léon XIII a recommandé de restaurer l'enseignement de saint Thomas, dans les écoles catholiques et principalement dans les universités et dans les séminaires. Mais si les vérités contenues dans les Saintes Écritures et la tradition n'ont jamais été recueillies, exposées, défendues et formulées plus scientifiquement que par saint Thomas, il faut bien reconnaître aussi que personne mieux que Billuart n'a saisi et commenté saint Thomas.

C'est, du reste, sur lui que se sont portés les préférences de Mgr Audisio, de Mgr Parisis, de Mgr Lequette, de Mgr de la Tour d'Auvergne et de beaucoup d'autres Théologiens.

Cette nouvelle édition de Billuart, reproduit textuellement la meilleure édition ancienne, celle de Maestricht qui a été imprimée immédiatement après la mort de Billuart, avec les notes qu'il avait laissées à un ami. Quelques additions ont cependant été faites, afin de le mettre d'accord avec les décisions nouvelles des congrégations romaines. Une table très détaillée de 280 pages, a été ajoutée ainsi qu'un appendice dans lequel ont été réunies toutes les décisions rendues depuis deux siècles.

On peut affirmer sans crainte d'être démenti qu'aucune autre édition n'est plus correcte et d'une exécution typographique aussi soignée.

Paris. — Imp. Gustave Picquoin, 51, rue de Lille.

LETOUZEY & ANÉ, Éditeurs, 17, Rue du Vieux-Colombier

BLANC (Hippolyte), chef de division honoraire au ministère de l'Instruction et des Cultes. — **Les Corporations de Métiers**, leur histoire, leur esprit, leur avenir, 1 vol. in-12, br. (2ᵉ édit.) revue et augmentée (432 pages).............. 3 fr. 50

LECOY DE LA MARCHE. — **La guerre aux Erreurs historiques**. Beau vol. in-12 de 400 pages environ. 3 fr. 50

MERIC, professeur à la Sorbonne, docteur des Facultés de Paris, Rome et Wurtzbourg. — **Le Merveilleux et la Science**, étude sur l'*Hypnotisme*, 7ᵉ édit. in-12, de 450 pages. 3 fr. 50

BUTEL (Fernand), doct. en droit, ancien substitut. — **Le Péril de la Séparation de l'Église et de l'État**. Jolie brochure in-12 de près de 200 pages......................... 1 fr. 50

FLEURANCE (Gustave de). — **Expulseurs et Expulsés**, précédé d'une préface de Ed. Drumont, fort vol. in-12, de plus de 500 pages................................ 3 fr. 50

BUET (Charles). — **Paul Féval, Souvenirs d'un ami**. Beau volume in-12 de 400 pages (2ᵉ édit.)............... 3 fr. 50
— **Les premiers Explorateurs français du Soudan équatorial, Alexandre Vaudey, Ambroise et Jules Poncet**. Joli vol. in-12.. 3 fr. 50
— **Les Mystères de Villeblanche**. Scènes de la vie électorale en province. Joli vol. in-12 de 320 pages..... 3 fr.

PETITOT (Em.), ancien missionnaire, officier d'Académie. — **En route pour la mer Glaciale**, beau vol. in-12, orné de 6 grav. inédites hors texte..................... 3 fr. 50

GRANGE (Jean). — **Les récits du Commissaire**. Un vol. in-12.. 3 fr. 50

TAXIL (Léo). — **Révélations complètes sur la Franc-Maçonnerie**, 4 forts volumes in-12 d'environ 450 pages.

1º **Les Frères Trois-Points**, organisation, grades et secrets des Francs-Maçons, 40ᵉ édit. 2 beaux vol. in-12 de 430 pages et 460 pages....................................... 7 fr.

2º **Le Culte du Grand Architecte**. Solennités des temples maçonniques, Carbonari, juges philosophes, liste des loges et arrière-loges. — 25ᵉ édit. Beau vol. in-12 de 416 pages. 3 fr. 50

3º **Les Sœurs Maçonnes ou Franc-Maçonnerie des dames**, 28ᵉ édit. Beau vol. in-12 de 400 pages............... 3 fr. 50
— **Confessions d'un ex-libre-penseur**, 42ᵉ édit. Beau vol. in-12 de 400 pages................................ 3 fr. 50

www.ingramcontent.com/pod-product-compliance
Lightning Source LLC
Chambersburg PA
CBHW052042230426
43671CB00011B/1751